Bode/Schulze-Marmeling

Tradition schießt keine Tore

Werder Bremen
und die Herausforderungen
des modernen Fußballs

Marco Bode
Dietrich Schulze-Marmeling

Tradition schießt keine Tore

Werder Bremen und die Herausforderungen des modernen Fußballs

VERLAG DIE WERKSTATT

Covermotiv (Weserstadion): Carsten Heidmann

Bibliografische Information der Deutschen Nationalbibliothek:
Die Deutsche Nationalbibliothek verzeichnet diese Publikation in der Deutschen Nationalbibliografie; detaillierte bibliografische Daten sind im Internet über http://dnb.d-nb.de abrufbar.

Auch als E-Book erhältlich: 978-3-7307-0620-6

6. Auflage 2025

Siekerwall 21, D-33602 Bielefeld
Tel.: 0521/559-955
E-Mail: info@werkstatt-verlag.de
www.werkstatt-verlag.de

Satz und Gestaltung: Die Werkstatt Medien-Produktion GmbH, Göttingen
Druck: CPI, Leck

MIX
Papier | Fördert gute Waldnutzung
FSC® C083411

ISBN 978-3-7307-0619-0

Inhalt

Prolog

22. Mai 2021, 00:02 Uhr

Dietrich erhält folgende Textnachricht von Marco:

„Die Zeit ist einfach verrückt geworden: Gestern wurden wir von unseren Sicherheitsleuten gebrieft, und die Polizei will bei unseren Privatwohnungen Streife fahren! Ich glaube, in Bremen würde nix passieren, aber allein die Vorstellung!"
#wirschaafendas

Es ist die Nacht vor dem 34. Spieltag der Saison 2020/21. Die Meisterschaft ist längst entschieden, aber noch ist unklar, wer den abgeschlagenen Tabellenletzten Schalke 04 in die zweite Liga begleitet. Um den sicheren Klassenerhalt auf Platz 15 und die Relegation auf Platz 16 ringen noch drei Teams: Arminia Bielefeld (32 Punkte), Werder Bremen (31 Punkte) und der 1. FC Köln (30 Punkte). Bielefeld muss in Stuttgart antreten, Köln empfängt Schalke 04. Weder für Stuttgart, geschweige denn für Schalke geht es noch um etwas. Werder spielt zuhause gegen Borussia Mönchengladbach. Für die Gladbacher hat das Spiel noch eine Bedeutung. Bei einem Sieg in Bremen und einer Niederlage von Union Berlin winkt die neue Europa Conference League.

Vor dem letzten Spieltag hat Werder den Trainer ausgetauscht. Florian Kohfeldt musste seinen Stuhl räumen. Alle Hoffnungen ruhen nun auf der Vereinslegende Thomas Schaaf.

Bielefeld gewinnt in Stuttgart mit 2:0, Köln schlägt Schalke mit 1:0, und in Bremen läuft alles schief. Werder, das in der „ewigen Tabelle der Bundesliga" unter 56 Vereinen Platz drei belegt, steigt durch eine 2:4-Niederlage nach 41 Jahren zum zweiten Mal aus der Bundesliga ab.

Nach dem Abpfiff lassen einige Hundert Fans ihrem Frust freien Lauf. Sie fordern lautstark den Rausschmiss von Frank Baumann und der gesamten Vereinsführung. Als die Polizei eine Absperrung entfernt, stürmen einige in Richtung Zufahrtstor und versuchen, ins Stadion einzudringen. Die Polizei setzt Pfefferspray ein, wird mit Glasflaschen beworfen und nimmt anschließend zwei Randalierer fest. Später verlassen die Spieler das Stadion durch einen Hinterausgang, wo Kleinbusse auf sie warten, die sie sicher nach Hause bringen.

DIETRICH: Ich wurde nicht als Werder-Fan sozialisiert. Aber natürlich habe ich am letzten Spieltag mit Werder gefiebert. Bitte nicht ein weiterer Traditionsverein raus aus der Liga! Ich fand Werder seit Mitte der 1980er sympathisch, als sich der Verein zum Bayern-Herausforderer aufschwang. Für viele Nicht-Bayern-Fans, gleich welcher Vereinsfarbe, hatte die Saison 1985/86 ein geradezu traumatisches Finale. Am 33. Spieltag empfing Werder die Bayern im Weserstadion und hätte durch einen Sieg den Titel klarmachen können. Abgesehen von den Bayern-Fans drückte ganz Fußball-Deutschland Werder die Daumen. Ich weiß noch heute, wo und mit wem ich dieses Spiel gesehen habe. Aber dann hämmert Michael Kutzop in der 89. Minute und beim Stand von 0:0 einen Strafstoß an den Pfosten … Am letzten Spieltag verlor Werder in Stuttgart, während die Bayern Gladbach mit 6:0 aus dem Olympiastadion schossen – und nun zum ersten Mal in dieser Saison Tabellenführer waren, dank des besseren Torverhältnisses. Und natürlich Meister. Ich fand das furchtbar ungerecht. Zumal Bayerns Klaus Augenthaler im Hinspiel Rudi Völler so schwer verletzt hatte, dass dieser fast die komplette Rückrunde ausfiel und erst beim Rückspiel gegen Bayern wieder mitwirken konnte – aber auch nur für 13 Minuten.

Aber zu Deiner Textnachricht und dem Finale der Saison 2020/21: Ich habe in dieser Nacht noch länger darüber nachgedacht. Und mich gefragt: Was macht der Fußball eigentlich mit uns, den Fans, den Journalisten? Und mit seinen Verantwortlichen, den Präsidenten, Sportdirektoren, Aufsichtsräten, Trainern und Spielern? Ist das vielleicht alles eine Nummer zu groß geworden? Sind wir nicht mehr dazu in der Lage, zu akzeptieren, dass Sport Sport ist? Wer ist denn noch bereit, Verantwortung zu übernehmen, Entscheidungen zu treffen, wenn dich das Fußball-Wutbürgertum im Falle des Scheiterns dermaßen an die Wand nagelt? Und die Polizei um dein Haus Streife fahren muss?

Verglichen mit einigen anderen Vereinen ging es in Bremen ja noch „harmlos“ zu. Nachdem der Hamburger SV im März 2018 beim FC Bayern eine 0:6-Klatsche bezogen hatte, stellten Fans am Zaun des Trainingsgeländes elf Kreuze auf. Dazu wurden Transparente aufgehängt, auf denen stand: „Eure Zeit ist abgelaufen! Wir kriegen euch alle!“ Und: „Bevor die Uhr ausgeht, jagen wir euch durch die Stadt.“

Am 30. Spieltag der Saison 2020/21 unterlag Schalke in Bielefeld mit 0:1, wodurch der Abstieg der „Knappen“ besiegelt war. Bei der Rückkehr nach Gelsenkirchen wurde die Mannschaft mit massiven Aggressionen konfrontiert. Einige Spieler mussten die Flucht ergreifen. Hatten sie in Bielefeld und davor etwa extra verloren, um die Fans zu ärgern? Oder war diese Mannschaft einfach nicht gut genug für die Liga? Wird demnächst jeder, der sich in seinem Arbeitsfeld mit Besseren messen muss und dabei den Kürzeren zieht, physisch bedroht und gejagt?

Mir taten die Schalker Spieler in dieser Saison extrem leid, besonders die jungen Spieler. Die hatten doch gar keinen Spaß mehr, am Wochenende aufzulaufen. Die haben doch vor jedem Wochenende gezittert. Denn anschließend konnten nicht nur sie, sondern auch ihre Freundinnen und Freunde, Eltern und sonstige Verwandte, Nachbarn usw. im Netz lesen, was für Luschen und Versager sie seien. Ich tippe mal: 99 Prozent derjenigen, die über die Spieler herfielen, würden so etwas im eigenen Job nicht aushalten. Und auch viele Journalisten nicht.

Fußball war immer auch eine Bühne für aufgeregte und empörte Bürger, aber es ist schlimmer geworden. Manchmal denke ich: Das Spiel ist krank! Du solltest nicht mehr die Sportseiten lesen! Und dabei geht es mir nicht nur um die extremen Summen, die gezahlt werden, oder um Korruption. Es gibt Momente, in denen ich der geschlossenen Gesellschaft des US-Sports etwas abgewinnen kann. Etwas weniger Dramatik, etwas weniger Existenzängste, etwas mehr Raum für nachhaltiges Denken und Handeln.

MARCO: Ich weiß noch, dass ich eher überrascht als schockiert war über die Frage, ob es in Ordnung wäre, wenn jemand in unserer Straße ein wenig aufpassen würde. Am Ende ist ja auch gar nichts passiert, und mir persönlich sind die Menschen in Bremen zu allen Zeiten sehr freundlich begegnet. In der wirklichen Welt. Im Netz sieht das leider anders aus, da fallen immer mehr sämtliche Hemmungen. Aber das ist ein Phänomen, das es nicht nur im Fußball gibt. Wenn ich daran denke, wie mit Annalena Baerbock umgegangen wurde – wir müssen auf uns, auf unsere Demokratie und unsere Kultur aufpassen. „Rücktrittsforderungen, ‚Empörungssummsumm', Vernichtungslust: Die spontane öffentliche Beschämung ist Teil der Alltagskultur geworden", schreibt die Kolumnistin Mely Kiyak in der *ZEIT*. Es ist nicht in Ordnung, wenn Menschen fertiggemacht werden, nur weil sie anderer Meinung sind, weil sie einen Fehler gemacht haben, oder weil sie irgendjemandem nicht gefallen.

Aber natürlich hatte ich Verständnis dafür, dass so viele Menschen traurig über den Abstieg von Werder waren, auch enttäuscht und verärgert. Und selbstverständlich habe ich mich auch mitverantwortlich gefühlt und viel darüber nachgegrübelt, welche Fehler ich und wir gemacht haben. Trotzdem habe ich versucht, alles auch ruhig einzuordnen. Im Sport lernst du schon als Kind, mit Niederlagen klarzukommen. Es tut immer weh, aber als Sportler hast du auch immer den Gedanken: Wie geht es weiter? Was muss ich tun, um wieder aufzustehen? Was kann ich lernen und besser machen? Auch wenn die Idee zu diesem Buch deutlich vor dem Abstieg entstanden ist, wollen wir uns ja auch auf eine Suche nach den Gründen für den Abstieg begeben.

DIETRICH: Mich hat in jenen Tagen noch etwas anderes sehr genervt. Und damit kommen wir zu dem Aspekt des Buches, den du ansprichst. Klar, vielleicht hätte man nur an diesem oder jenem Schräubchen drehen müssen und der Abstieg wäre vermieden worden. Werder wäre dann vielleicht 13. oder 14. geworden. Nachher ist man immer schlauer – vor allem im Fußball. Aber was mir viel zu wenig thematisiert wurde: Dass der Abstieg eine Vorgeschichte hatte. Dass man die Saison 2020/21, ja die gesamte Entwicklung des Vereins in den letzten zehn bis 15 Jahren in einem größeren Kontext sehen muss. Und dass der Abstieg auch etwas mit veränderten Rahmenbedingungen im

Fußball zu tun hatte. Stattdessen nur: Dass ein Klub wie Werder, der schon viermal Deutscher Meister war, absteigt, das kann und darf doch gar nicht sein! Das geht doch gar nicht! Diese Haltung zeugt von großer Ignoranz gegenüber den Veränderungen, die die Fußballlandschaft erfahren hat. Aber auch gegenüber Vereinen wie Freiburg, Mainz oder Union Berlin, den sogenannten „Kleinen", die einfach gut arbeiten.

Nach dem Abstieg warst du dir zunächst nicht sicher, ob wir das Buch noch machen sollten. Du hattest die Befürchtung, man könnte dies als Versuch einer Rechtfertigung betrachten. Ich sah dies anders. Ich dachte: Jetzt erst recht! Lass uns doch einfach mal am Beispiel Werder einen Abstieg sezieren, die Probleme von Traditionsvereinen wie Werder, Köln, Schalke oder dem HSV erörtern und der Frage nachgehen: Wie positioniere ich mich in einer sich stetig verändernden Fußballwelt, wenn ich ziemlich sicher sein kann, dass ich nie wieder Meister werde.

MARCO: Die Fragen, die du aufwirfst, haben wir ja auch schon vor dem Abstieg immer wieder diskutiert. Tatsächlich habe ich dann ein bisschen Muffensausen bekommen, weil ich befürchtete, dass alle sagen: „Jetzt will er uns erklären, was falsch gelaufen ist. Hätte er es doch gleich besser gemacht!" Aber mir ist inzwischen klar geworden, dass ich den Mut aufbringen sollte, mich diesen Fragen zu stellen und auch so unaufgeregt wie möglich meine Zeit als Aufsichtsrat bei Werder zu reflektieren.

Dabei wollen wir neben den Themen, die du genannt hast, über den Fußball hinausdenken und uns fragen: Wie treffen wir Menschen eigentlich Entscheidungen? Und wie beurteilen wir, ob diese Entscheidungen richtig oder falsch waren? Mich interessiert immer auch die Idee hinter der einzelnen Situation.

Und schließlich wollen wir mit diesem Buch ja auch nicht nur zurückblicken, sondern auch darüber nachdenken, wie sich der Fußball in der Zukunft entwickeln wird oder entwickeln sollte. „Fairer, nachhaltiger" vielleicht – „und auch weiblicher!", könnte man einwenden, denn das müssen wir wohl selbstkritisch feststellen: Wir reden in diesem Buch vor allem über den Profifußball der Männer.

Einleitung

„Geld schießt keine Tore.
Es sei denn, man hat sehr viel davon!"

So hat es Jens Jeremies mal humorvoll formuliert und damit dem vielzitierten Spruch von Otto Rehhagel eine weitere Pointe gegeben. Die allermeisten Fußballinteressierten verwenden das ursprüngliche Zitat allerdings auf falsche Weise und meinen, Rehhagel habe tatsächlich behauptet, dass Geld im Fußball nicht so bedeutend sei. Das ist in mancherlei Hinsicht unwahr, weil Rehhagel erstens sehr genau wusste, dass man mit Geld gute Spieler bekommen kann und gute Spieler nun mal den Unterschied im Fußball machen. Und zweitens war der wirkliche Zusammenhang des Zitates so: Werder Bremen hatte Rudi Völler zum AS Rom transferiert, und darüber war Rehhagel sehr unglücklich. Als der Präsident Franz Böhmert ihm entgegnete, dass dafür doch eine Menge Geld eingenommen wurde, erwiderte Rehhagel eben: „Ja, aber Geld schießt keine Tore!" und brachte damit zum Ausdruck, dass er lieber seinen besten Stürmer behalten hätte.

Dieses Buch ist ein Experiment. Auch, aber nicht nur, weil es zwei Autoren hat. Das allein ist ja auch noch nichts Besonderes, aber es hat doch Konsequenzen. Es erfordert, Entscheidungen zu treffen, wie man schreibt, wie man sich organisiert und wie man zu seinen Lesern spricht.

Hilfreich ist, wenn, wie in diesem Fall, die beiden Autoren hinreichend unterschiedlich, aber auch hinreichend ähnlich sind. Der eine war professioneller Fußballer und später Aufsichtsrat in der Bundesliga, zugegeben leider nur mit dem begrenzten Horizont eines einzigen Fallbeispiels, nämlich Werder Bremen. Der andere ist Autor von Fußballbüchern, die thematisch sehr vielfältig sind.

Der Fußball (und besonders das Fallbeispiel von der Weser) ist allgegenwärtig, und doch will dieses Buch nicht ausschließlich ein Fußballbuch sein.

Unsere Hoffnung ist zwar, dass es viele Fußballfans lesen und am Ende gnädig mit uns sein werden, wenn wir eben nicht nur liebevoll, sondern auch kritisch auf das erstaunliche Phänomen Fußball blicken.

Aber unsere Hoffnung im Hinblick auf unsere Leserschaft soll noch ein bisschen weiter gehen. Und deshalb werden wir uns auch mit dem menschlichen Denken, Entscheidungen, dem Zufall, Logikrätseln, kognitiven Verzerrungen und Statistik beschäftigen.

Wir haben die Erfahrung gemacht, dass nicht nur die Sprache des Fußballs wunderbar geeignet ist, Ideen aus anderen gesellschaftlichen Bereichen zu veranschaulichen, sondern dass es sogar zahlreiche Analogien zwischen den Ideen und Erfolgsfaktoren des Fußballs und den Ideen und Erfolgsfaktoren in der „normalen Welt“ gibt.

Wir werden hoffentlich verdeutlichen können, dass Menschen überall in ähnlicher Weise Entscheidungen treffen, Denkfehler begehen, in Teams arbeiten, den Zufall unterschätzen und (manchmal zu Unrecht) auf ihre Intuition vertrauen.

Kann ein Buch gelingen, das vielleicht selbst nicht so genau weiß, was es sein will? Stellte nicht schon Mark Twain fest: „Wer nicht weiß, wohin er will, der darf sich nicht wundern, wenn er ganz woanders ankommt.“?

Andererseits muss derjenige, der in ein Spiel geht, mit der Möglichkeit rechnen, dass er verlieren wird. Mut ist also angebracht. Und der eine Autor, der noch nie ein Buch geschrieben hat, ist ganz fest davon überzeugt, dass der andere Autor, der das schon sehr häufig getan hat, einschätzen können sollte, was wir hier getan haben.

Bevor wir im Überblick darstellen, wie dieses Buch inhaltlich strukturiert ist, soll hier noch gesagt werden, was wir mit diesem Buch *nicht* wollen. Das tun wir, weil auch am Beispiel Werder gezeigt werden kann, dass falsche oder zu hohe Erwartungen zu Problemen führen können.

Also, wir wollen nicht …

… den Eindruck erwecken, wir wüssten, wie alles im Fußball oder sonst wo funktioniert.

… Entscheidungen, die der eine Autor (als Aufsichtsrat) getroffen hat, rechtfertigen – eher schon unaufgeregt erklären.

… behaupten, früher sei (im Fußball) alles besser gewesen. Mit Hans Rosling[1] gibt es eher viele Hinweise, dass das Gegenteil der Fall sein könnte.

… Anekdoten über Werder Bremen erzählen. Es sei denn, sie sind gut!

---

1 Hans Rosling verdeutlicht in seinem Buch „Factfulness“, dass sich viele Dinge in den vergangenen Jahrzehnten positiv entwickelt haben. Allerdings geht es dabei nicht um Fußball. (Hans Rosling: Factfulness, Berlin 2018)

Wir sagen das mit den Erwartungen nur, damit die Leser und Leserinnen nicht am Ende enttäuscht sind. So wie beim Fußball, wo ein genialer Pass nur dadurch genial wird, dass ein anderer Spieler im richtigen Moment in einen freien Raum hineinläuft und diesen Pass erreicht, entsteht ein „Lesevergnügen“ erst im Zusammenspiel zwischen Buch und Leser.

Gegen die „Empörungsunkultur“

Wir haben uns um einen sachlichen, unaufgeregten Stil bemüht. „Unaufgeregt zu sein“ gehört zu den Dingen, die die beiden Autoren verbindet. Beide bevorzugen eine Herangehensweise, bei der man zwei- oder dreimal auf die Dinge schaut und auch aus einer gewissen Distanz, um anschließend möglichst rational zu entscheiden oder möglichst korrekt zu urteilen.

Das Buch ist deshalb auch hoffentlich ein kleiner Kontrapunkt zur übertriebenen – manchmal geradezu hysterischen – Aufregung im und um den Fußball. Und zu der Berichterstattung über ihn, in der ständig Zensuren verteilt werden, in der von „Schuld“, „Desastern“, „Katastrophen“, „Nieder- und Untergängen“ die Rede ist. Es ist auch ein bisschen der Versuch, den Fußball, ein überdrehtes Gewerbe, vom Kopf auf die Füße zu stellen. Aber auch die Autoren sind sich nicht immer sicher, wenn es um die Frage geht, was die richtige Entscheidung wäre. Auch sie können sich von Nebengeräuschen nicht völlig freimachen.

Manchmal haben wir die Form des Gesprächs gewählt. Denn große Teile des Buches entstanden im direkten Dialog. Wir trafen uns im Weserstadion, sprachen manchmal über vier Stunden miteinander und ließen das Aufnahmegerät laufen und laufen. Und sehr selten, wenn es sich nicht vermeiden ließ, sprechen wir von uns in der dritten Person (heißt übrigens „Illeismus“!). Das fühlte sich immer merkwürdig an.

An einigen (wenigen) Stellen sind die Autoren nicht einer Meinung. Dies ergibt sich auch aus ihren unterschiedlichen Perspektiven. Gerade diesen Austausch fanden wir spannend. Das muss Sie als Leser nicht weiter interessieren. Abgesehen von den Dialogen sprechen wir mit *einer* Stimme.

Darum soll es gehen

Der inhaltliche rote Faden des Buches ist die jüngere Geschichte von Werder Bremen als Beispiel eines Traditionsklubs, so wie wir ihn für uns definiert haben. Zunächst blicken wir kurz auf die „gute alte Zeit". Der Fokus liegt aber auf der Betrachtung des Zeitraumes seit der Saison 2010/11, die die letzte war, in der der Verein in der Champions League spielte.

Unterbrochen wird dieser Erzählstrang immer wieder von Exkursen zu verschiedenen Themen, die aus unserer Sicht eine Relevanz auch, aber nicht nur, für den Fußball haben. Ein zentrales Thema dabei ist die Betrachtung von *Entscheidungen*. Inspiriert wurden wir vor allem von den Arbeiten und Ideen des Psychologen und Nobelpreisträgers Daniel Kahneman, den beide Autoren sehr schätzen.

Schließlich behandeln wir im letzten Kapitel des Buches Fragen, die die Zukunft von Traditionsvereinen in einem veränderten Umfeld betreffen. Wie sollten sich die Klubs aufstellen, welche Strategien sollten sie verfolgen oder wie müssen sie sich verändern, um auch in Zukunft noch eine Bedeutung zu haben? Und wir diskutieren kritisch, welche Veränderungen im Fußball möglicherweise in eine falsche Richtung gehen, wie man einen integren und fairen Wettbewerb erhalten bzw. dazu zurückfinden könnte, und wie die Identifikation der Fans mit ihrem Lieblingssport erneuert werden kann.

Was meinen wir mit „Traditionsklub"?

Streng betrachtet kann fast jeder Klub das Etikett „Traditionsklub" für sich beanspruchen – abgesehen vielleicht von solchen wie RB Leipzig. Jedenfalls dann, wenn das vorrangige Kriterium das Gründungsdatum sein soll. Allerdings kommt kaum jemand auf den Gedanken, Hoffenheim als Traditionsklub zu bezeichnen – obwohl bereits 1899 gegründet und somit (theoretisch) älter als Bayern München, Borussia Mönchengladbach, Schalke 04 oder Borussia Dortmund.

Der Fußballhistoriker Hardy Grüne, ein Experte auf dem Gebiet der Fußballtradition, nennt deshalb andere Kriterien: sportliche Kontinuität und eine gewisse Sichtbarkeit über einen längeren Zeitraum hinweg, dazu eine echte Fanbasis. Auch der erst 1945 gegründete VfL Wolfsburg könne sich somit als Traditionsklub bezeichnen. Der VfL war immerhin fünf Jahre (1954 – 1959) in der alten Oberliga Nord dabei, bis zur Einführung der Bundesliga 1963 die höchste Spielklasse. In der Bundesliga spielt er seit 25 Jahren. Und Bayer Leverkusen? Die Fußballabteilung wurde 1907 ins Leben gerufen. Bayer gehörte zum Inventar der alten Oberliga West und ist in der Bundesliga seit 43 Jahren dabei.

Wir sehen: Mit der Tradition ist es nicht so einfach. Die Debatte über Traditionsvereine ist ein bisschen eine deutsche und auch ein wenig schräg. Auch gerät „Traditionsverein" manchmal zu einem Kampfbegriff, mit dem anderen Vereinen die Legitimität abgesprochen wird.

Wenn wir hier von Traditionsklubs sprechen, dann geht es um Klubs, die schon in den Anfangsjahren der Bundesliga dabei waren, in ihrer Geschichte schon Titel gewonnen haben, traditionell über eine große Fanbasis verfügen und mit denen sich hohe Erwartungen verknüpfen – also Bayern München, das mit Werder die meisten Erstligajahre auf dem Buckel hat (57), VfB Stuttgart, Hamburger SV, Borussia Mönchengladbach, Borussia Dortmund, Eintracht Frankfurt, 1. FC Köln, 1. FC Nürnberg, Schalke 04 u. a.m.

Zwei Gruppen von Klubs fallen hingegen aus unserer Definition von Traditionsklubs heraus: Klubs, für die die 50+1-Regel nicht gilt, also die „Werksklubs" Wolfsburg und Leverkusen sowie 1899 Hoffenheim. Auch RB Leipzig ist sicher kein Traditionsklub, obwohl die 50+1-Regel formal eingehalten wird.

Außerdem Klubs wie Mainz und Freiburg, von denen „unsere" Traditionsklubs sicherlich viel lernen können, weshalb wir immer mal wieder auf sie zu sprechen kommen. Aber jenseits dessen, was diese Klubs alles richtig gut machen, gilt auch hier: Ihre Probleme sind mit denen von Werder und Co. nicht komplett identisch. Beispielsweise müssen sie sich nicht mit dem Ballast einer glorreichen Vergangenheit herumschlagen und auch nicht mit übertriebenen, nicht mehr zeitgemäßen Erwartungen. Im Folgenden geht es also vor allem um Werder Bremen, dann um die Traditionsklubs und schließlich um alle Klubs und den Fußball ganz allgemein.

Am Ende dieser Einführung noch ein Hinweis zu den im Buch verwendeten Spieler-Marktwerten und Ablösesummen, die bei Transfers anfallen. Als Quelle verwenden wir sehr häufig *transfermarkt.de*, wohlwissend, dass die dort genannten Marktwerte nur geschätzt sind und auch die Ablösesummen nicht im Detail korrekt. Uns geht es aber eigentlich nie um die exakten Summen, eher schon um die relativen Dimensionen und Größenordnungen.

Die Autoren haben sich entschieden, bei Personenbezeichnungen die männliche Form zu verwenden. Da es in diesem Buch in der Regel um den Profifußball der Männer geht, bestehen die Mannschaften, die erwähnt werden, ausschließlich aus männlichen Spielern. Trotzdem haben wir ein ungutes Gefühl, weil dies für Trainer, Manager, Berater, Aufsichtsräte, Funktionäre in keiner Weise so gelten sollte – auch nicht im Männerfußball.

KAPITEL 1

Kick it like Kahneman

„Politische Kolumnisten und Sportexperten werden für ihre Selbstsicherheit belohnt."

DANIEL KAHNEMANN

Ein roter Faden dieses Buches ist die Beschäftigung mit unserem Denken und unseren Entscheidungen. Wir werden dabei natürlich immer auf den Fußball schauen, aber auf dem Spielfeld werden einige ungewöhnliche Spieler erscheinen, ein „kleines Team von Denkern", die uns dabei helfen, den Fußball anders zu sehen, als wir das bisher getan haben. Der zentrale Mittelfeldspieler in unserem System, unser „Zehner", ist der israelische Psychologe und Nobelpreisträger Daniel Kahneman.

Große und kleine Entscheidungen

Manchmal erzählt Marco bei Partys den Witz, dass es bei seiner Frau und ihm so funktioniert, dass er die großen Entscheidungen treffe und sie die kleinen … und dass er hoffe, dass es irgendwann auch mal große Entscheidungen geben werde. Tatsächlich werden wir im weiteren Verlauf feststellen, dass es gravierende Unterschiede gibt zwischen Entscheidungen, die wir in großer Zahl ganz einfach, automatisch und unbewusst treffen, und solchen Entscheidungen, die sehr wichtig sind, über die wir lange nachdenken (sollten) und die uns nachts nicht schlafen lassen. In Marcos Leben als Profi hat er Entscheidungen der ersten Art jeden Tag auf dem Platz getroffen, aber nur wenige der zweiten Art. Später als Aufsichtsrat war es genau umgekehrt!

Unsere menschliche Intuition ist ein grandioses Werkzeug. Blicken wir in ein uns bekanntes Gesicht, erkennen wir in Sekundenbruchteilen, wenn etwas nicht stimmt oder ob unser Gegenüber freudig oder wütend ist. Wird uns eine schwierige Frage gestellt, zum Beispiel, ob ein

17-jähriges Fußballtalent eine große Karriere vor sich hat, haben wir schnell einige Argumente im Kopf, die unsere intuitive Antwort stützen können. Und wenn ein überraschendes (Fußball-)-Ergebnis eingetreten ist, erfinden wir ad hoc eine Theorie, eine Geschichte, die alle kausalen Zusammenhänge mühelos erklärt.

Diese Intuition besitzen eigentlich alle Menschen. Wir alle sind sehr gut darin, Geschichten zu erfinden, kausale Zusammenhänge zu erkennen (auch wenn manchmal keine da sind ...) oder schwierige Fragen durch leichtere zu ersetzen.

Die Intuition der Experten

Noch beeindruckender als bei *allen Menschen* ist die Intuition von Experten auf einem bestimmten Gebiet. Wenn der amtierende Schachweltmeister Magnus Carlsen auf eine sinnvolle Stellung auf einem Schachbrett blickt, fallen ihm sofort mehrere starke Züge ein, und wenn die Stellung keinen Sinn ergibt, weil die Figuren vielleicht zufällig platziert wurden, irritiert ihn das unmittelbar. Wenn wir als Laien auf eine sinnvolle Stellung schauen und die Regeln des Schachspiels beherrschen, fallen uns auch Züge ein, allerdings lässt die Qualität dieser Züge vermutlich zu wünschen übrig, oder wir finden nur *zufällig* einen starken Zug.

Natürlich spielt diese besondere *Expertenintuition* auch im Fußball eine wichtige Rolle. Lionel Messi, der durch die gegnerische Abwehr dribbelt, oder „Raumdeuter" Thomas Müller, der durch den Strafraum schleicht, nutzen ihre besondere Intuition, um das Verhalten der Abwehrspieler zu antizipieren oder Räume zu erkennen, in die sie laufen müssen, um sich Sekunden danach einen Vorteil zu verschaffen. Fußballzuschauer erkennen diese besonderen Begabungen und können sich daran erfreuen. Im Schach dagegen bleibt sie den allermeisten Beobachtern verborgen. Ein genialer Zug von Carlsen wird nur von ein paar Hundert Menschen auf der Welt als solcher erkannt – und von einigen Computerprogrammen. Wenn man es genau bedenkt, dann ist es sogar so: Im Fußball erkennen wir außergewöhnliche Aktionen auf dem Platz sofort, sind aber Lichtjahre davon entfernt, sie selbst ausführen zu können. Im Schach ist es genau umgekehrt: Jeder von uns könnte eine bestimmte Figur von A nach B setzen, aber wir haben keine Ahnung von der Qualität dieses Zuges.

Wir tun den Genies, die in ihrer Welt über eine besondere Intuition verfügen, vermutlich kein Unrecht, wenn wir die These aufstellen, dass diese Begabung wenig mit allgemeiner Intelligenz oder klassischer Bildung zu tun hat. Vielmehr handelt es sich vermutlich um eine Kombination aus außergewöhnlichem Talent und sehr viel Erfahrung. Manche Psychologen sehen darin vor allem ein Wiedererkennen, so wie ein Kind, das gerade erst zu sprechen beginnt, einen Ball „Ball" nennt, weil es ihn wiedererkannt hat. Was es genau ist und wie man diese besondere Intuition erlernen und trainieren kann, ist eine sehr spannende Frage und mehr als nur relevant – für die Wirklichkeit in Schulen genauso wie für die in Fußballinternaten und Nachwuchsleistungszentren.

Schnelles und langsames Denken

Unsere Intuition lässt uns also selten im Stich. Nur manchmal machen wir die schmerzhafte Erfahrung, dass Intuition keine Hilfe bietet. Logik, Statistik, Mathematik, in solchen Feldern geraten wir leicht ins Schwimmen: „Rechne 37 x 43 im Kopf![2]", „Zähle auf dieser Buchseite exakt alle Konsonanten, die im Alphabet zwischen E und U liegen!" Solche Aufgaben sind anstrengend, und da hilft unsere Intuition irgendwie nicht weiter!

Unser „Zehner", Daniel Kahneman, hat die Unterschiede dieser beiden Aufgabenkategorien und die Art, wie wir Menschen mit ihnen umgehen, anschaulich durch zwei Denkweisen beschrieben: *Schnelles Denken – langsames Denken*, so lautet auch der Titel des Buches, das sein Lebenswerk darstellt. Dieses Buch hat insbesondere Marcos Sicht auf unsere Entscheidungen, auf die Art, wie wir denken, nachhaltig verändert. Um unsere Vorstellung davon zu erleichtern, wie diese Denkweisen funktionieren, hat Kahneman ihnen sogar eigene „Persönlichkeiten" zugewiesen. Er nennt sie ganz einfach „System 1" und „System 2". Das System 1 ist das automatisierte, intuitive Denken, das ganz schnell und mühelos statt-

---

2 Mathematisch Interessierte erkennen hier intuitiv, dass die Aufgabe gar nicht so schwer ist, wie sie erscheint, weil sich durch das Anwenden der "Dritten Binomischen Formel" die Lösung einfach als 40 zum Quadrat minus 9 ergibt!

findet. Die allermeisten Aufgaben des Tages können damit bewältigt werden: E-Mails schreiben, Autofahren (zumindest, wenn nichts Besonderes passiert), Unterhaltungen auf einer Party führen – alles kein Problem für System 1. Beim Sport können wir laufen, springen, einen Ball fangen oder schießen, ohne darüber nachdenken zu müssen.

Selten am Tag werden wir mit einer Aufgabe konfrontiert, die das System 1 überfordert, die unsere volle Aufmerksamkeit verlangt: rückwärts in eine enge Parklücke einparken, einen wichtigen Brief formulieren, Zahlen im Kopf addieren oder multiplizieren, so wie die Aufgabe 37 x 43. System 1 sagt dann: „Das kann ich nicht!" Wir wechseln zum bewussten, rationalen System 2. Nun müssen wir alles andere ausblenden. Das Beste ist, wir schließen uns ein.

System 2 ist unser rationales Wesen, das wir mobilisieren, wenn wir wirklich angestrengt nachdenken müssen, wenn wir uns Zeit für eine Antwort nehmen müssen, wenn wir viel Konzentration und Energie aufwenden müssen. Und es ist der Teil unserer Persönlichkeit, den wir als unser eigentliches Ich wahrnehmen. Unsere Intuition, unser System 1, dagegen agiert völlig automatisch. Und ist dabei auch noch so schnell, dass uns selbst meistens gar nicht bewusst ist, wo ein Gedanke herkommt, warum wir uns gerade entschieden haben oder warum wir glauben, etwas zu wissen.

Von Natur aus faul

Wie wir schon festgestellt haben, funktioniert unsere Intuition auch meistens sehr gut, und das bedeutet, dass die meisten unserer Entscheidungen ebenfalls gut sind, jedenfalls erscheinen sie uns nicht als fehlerhaft oder fragwürdig. In Wahrheit ist es aber so, dass wir mehr Fehler machen, als wir denken, was uns nur nicht auffällt, weil es meistens keine negativen Konsequenzen hat. Mit etwas größerer Wahrscheinlichkeit entdecken wir Fehler bei anderen Menschen, für unsere eigenen sind wir ziemlich blind.

Und noch etwas ist wahr: Wir sind von Natur aus ziemlich faul und versuchen, soweit es geht, auf anstrengendes Nachdenken und Konzentrieren zu verzichten. Schauen Sie mal in Ihrem Bekanntenkreis, wie viele Menschen bereit sind, die Kopfrechenaufgabe wirklich zu lösen! Stellen Sie ruhig ein paar Kaltgetränke als Belohnung in Aussicht!

Machen Sie einen kleinen Selbsttest: Ein Tennisschläger und ein Ball kosten zusammen zehn Euro. Der Schläger kostet neun Euro mehr als der Ball. Wieviel kostet der Ball? Nehmen Sie sich ein paar Sekunden Zeit. Nun, vermutlich sind sie geneigt zu sagen: „Ein Euro!" Das ist die intuitive Antwort. Die Autoren haben es versucht, und fast alle Gefragten geben diese Antwort. Wobei sich einige etwas unsicher fühlen. „Warum stellt er mir so eine einfache Frage? Die Antwort ist zu einfach! Habe ich etwas übersehen?" Wenn Marco solche Fragen stellt, sind viele seiner Freunde übrigens schon gewarnt, weil er sie immer wieder mit Rätseln nervt.

Die intuitive Antwort ist in der Tat falsch. Denken wir etwas nach, kommen wir zum richtigen Ergebnis: Der Schläger kostet 9,50 Euro, der Ball 50 Cent. Bereits bei dieser Frage benötigen wir also System 2.

Dieses kleine „Schläger-Ball-Problem" führt uns vor Augen, dass unsere Intuition manchmal irreführend ist. Dass wir Fehler begehen und nicht perfekt sind, kennen wir auch durch optische Täuschungen bei unserer Wahrnehmung oder körperliche Defizite. *Denkfehler* bemerken wir nicht so leicht.

Geht es um Dinge, bei denen wir nicht gut sind, was wir ungern zugeben, beispielsweise um das Einschätzen von Wahrscheinlichkeiten, wo wir Entscheidungen mit dem Gefühl der Unsicherheit treffen bzw. in einer unsicheren Situation treffen, begehen wir aber systematische Fehler. Immer und immer wieder. Man kann nur lernen, bei bestimmten Fragen, bei denen es um Wahrscheinlichkeiten oder Logik geht, vorsichtig zu sein.

Schwierige Fragen durch leichte ersetzen

Daniel Kahneman beschreibt sehr viele Fehler und Verzerrungen in unserem Denken. Viele davon haben damit zu tun, dass wir für schwierige Probleme sogenannte Heuristiken (Faustregeln) verwenden. Besonders unser System 1 mag solche Vereinfachungen. Dann werden zum Beispiel schwierige Fragen durch leichtere ersetzt. Soll ich Aktien von Mercedes Benz kaufen? Rational betrachtet müsste man schauen: Wie ist die Kursentwicklung, wie waren die Ergebnisse in den letzten

Jahren, wie könnte sich die Zukunft der Aktie gestalten? Alles hochkomplexe Fragen. Deshalb neigen wir dazu, diese Fragen zu ersetzen durch die Frage: Mag ich diese Marke? Mag ich die Autos, die sie bauen? Diese Frage ist viel leichter zu beantworten. Wenn mir die Autos gefallen, wenn ich meine, das ist eine coole Marke, bin ich eher dazu geneigt, Aktien zu kaufen. Wir verwenden dann eine „Affektheuristik", vertrauen unseren Gefühlen. Aber das ist gefährlich, denn es ist nicht die entscheidende Frage. Wir müssten uns eigentlich viel sorgfältiger mit der Aktie beschäftigen.

Auch der Fußball ist eine Summe von Entscheidungen. Welcher Trainer ist der richtige für Verein und Mannschaft? Welche Aufstellung und Taktik ist gegen den kommenden Gegner die erfolgsträchtigste? Wie entscheidet der Spieler in welcher Situation? Wie entscheidet der Schiedsrichter in kniffligen Situationen? Soll der Sportdirektor sportlich oder finanziell ins Risiko gehen?

Wir treffen im Fußball sehr häufig falsche Entscheidungen. Und noch mehr Entscheidungen, die uns als falsch ausgelegt werden. So paradox es klingen mag: Es kommt sogar vor, dass wir Entscheidungen treffen, die richtig sind – aber im Ergebnis falsch. Wie auch das Gegenteil: Eine Entscheidung führt durch Glück zu einem guten Ergebnis – trotzdem war sie zum Zeitpunkt, als wir sie getroffen haben, eigentlich falsch oder mindestens zu riskant.

Das alles findet im Fokus der Öffentlichkeit statt: Medien und Fans konfrontieren uns tagtäglich mit ihren Einschätzungen und Urteilen. Das unterscheidet Verantwortliche im Fußball von solchen in der Wirtschaft. Der Psychologe Hans-Dieter Hermann, der die DFB-Elf seit 2004 begleitet, aber auch Führungskräfte nationaler und internationaler Unternehmen coacht, erzählte dem *Tagesspiegel*, dass auch Vorstände in der Wirtschaft, CEOs, unter Druck stehen würden – aber mit dem feinen Unterschied, dass die Öffentlichkeit deren Fehler kaum mitbekomme. Hermann: „Der Fußball löst etwas in uns aus, dadurch wird er für viele Menschen so wichtig."

Was aber sind richtige und falsche Entscheidungen? Woran machen wir das fest? Schauen wir später zurück und beurteilen diese Frage anhand des nackten Ergebnisses? Oder machen wir uns die Mühe, neben dem Ergebnis noch andere Kriterien für richtig und falsch anzulegen?

Nein, das tun wir meistens nicht und begehen dabei den sogenannten „Rückschaufehler". Dabei schauen Beobachter nur auf das Ergebnis und nicht auf die Entscheidungsfindung. Nicht selten hört man dann auch: „Das habe ich schon vorher gewusst!", was definitiv Unsinn ist. Wenn überhaupt, hat man *geglaubt,* dass etwas passieren würde. Wissen ist ein Begriff, der nur sinnvoll ist, wenn etwas schon bei der Entscheidung beweisbar vorhersehbar war. Fußballergebnisse gehören sicher nicht in diese Kategorie!

Richtige oder besser *gute* Entscheidungen zu treffen, wird im Fußball immer schwieriger. Die Ansprüche wachsen, das Zeitfenster für die Entscheidungsfindung wird immer kleiner. Die Verantwortlichen – vor allem die Sportdirektoren und Trainer – müssen in kürzester Zeit das Optimum liefern. Es bleibt wenig Zeit für Entwicklungen. Kahneman drückt es so aus: „Die anstrengendsten Formen langsamen Denkens sind diejenigen, die von Ihnen verlangen, schnell zu denken."[3]

Können wir lernen, besser zu entscheiden?

Ob eine Entscheidung richtig oder falsch ist, können wir zu dem Zeitpunkt, zu dem wir sie treffen, häufig nicht sagen. Zumindest nicht hundertprozentig. Dies betrifft vor allem personelle Entscheidungen. Was die Verpflichtung von Spielern anbelangt, können wir dies manchmal nicht einmal nach einer Saison sagen. Die Neuverpflichtung bleibt im ersten Jahr unter den Erwartungen – und startet in der folgenden Spielzeit durch. Eine Mannschaftsaufstellung kann vor dem Anpfiff gut überlegt sein und als logisch erscheinen, ebenso die gewählte Taktik – aber am Ende steht eine Niederlage. Womit sich Aufstellung und Taktik als falsch erwiesen haben. Zumindest in den Augen der meisten Betrachter.

Der wirkliche Grund für eine Niederlage könnte aber, wie wir noch sehen werden, auch einfach der Zufall sein. Manchmal ist das die wahrscheinlichste Ursache. Aber diese wird von Journalisten und Fans nicht akzeptiert, auch von uns selbst nicht – wir wollen eine kausale Ursache, wir wollen eine Erklärung für das, was passiert ist.

---

3 Daniel Kahneman: Schnelles Denken, langsames Denken, München 2012, S. 53 (Kindle-Version)

Nicht jede Entscheidung im Fußball wird rational getroffen. Viele werden von Nebengeräuschen begleitet und wir werden von vielen Faktoren beeinflusst, die uns nicht bewusst sind.

„Priming" ist der Fachbegriff für dieses äußerst wirksame Phänomen. Bilder, Gerüche, manchmal nur Zahlen oder Worte, die gar nichts mit der Sache zu tun haben, beeinflussen uns in unseren Entscheidungen. Und wir haben nicht die geringste Ahnung davon. Manchmal entwickeln sich Geräusche zu Störgeräuschen, ja Störfeuern. Aber auch nur Geräusche können uns zu falschen Entscheidungen verführen. Hinzu kommt: Wir müssen Entscheidungen auf einem Feld treffen, auf dem viel von Zufall, Glück und den Entscheidungen anderer (Gegenspieler, Schiedsrichter) abhängt.

„Auch wenn sich Entscheidungen später als falsch herausstellen, gibt es in dem Moment, in dem wir sie treffen, häufig gute Gründe dafür", schrieb das Autorenkollektiv Christian Heinrich, Tobias Hürter, Stefanie Schramm und Claudia Wüstenhagen 2011 auf *zeit.online*. Deshalb proklamierten viele Psychologen: „Fehlentscheidungen gibt es nicht." Menschen, die sich für das Ergebnis ihrer Entscheidungen verfluchen, rieten die Psychologen deshalb, „nach äußeren Umständen zu suchen, die dazu beigetragen haben".

Was können wir aus all dem lernen? Dürfen wir unserer Intuition gar nicht mehr vertrauen? Sollen wir bei wichtigen Entscheidungen gar kein Risiko mehr eingehen? Nein, das wäre natürlich falsch. Aber es ist sinnvoll, bei bestimmten Problemen vorsichtig zu sein. Immer wenn der Zufall, wenn Statistik und Wahrscheinlichkeit im Spiel sind, sollten wir (mit Otto Rehhagel gesprochen) „die Antennen ausfahren", weil wir anfällig für Fehler sind. Auch eine gewisse Skepsis gegenüber scheinbar stimmigen Erklärungen für kausale Zusammenhänge ist angebracht. Die Geschichten und Ursachen, die uns intuitiv in den Kopf kommen, wenn wir etwas (Überraschendes) wahrnehmen, fühlen sich gut an, weil wir Kohärenz lieben, aber es könnte sich um Illusionen von Kausalität handeln.

Wenn wir in Zukunft sensibler für solche Denkfehler sind, werden uns diese Fehler vor allem bei anderen Menschen auffallen. Aber wir sollten wissen, dass wir selbst genauso anfällig sind. Vielleicht ist es eine gute Idee, bei wichtigen Entscheidungen Intuition zwar zuzulassen, aber sorgfältig zu überprüfen, ob diese nicht auf bloßen Illusionen beruht. Und schließlich sollten wir allzu leichten Erklärungen und Schuldzuweisungen misstrauen und Entscheidungen rückblickend nicht nur am Ergebnis messen. Wir sollten uns ernsthaft bemühen, ein Verständnis für die Sicht zum Zeitpunkt der Entscheidung zu erlangen.

EINWURF

Selbsttest: Intuition, Denkfehler und Logik

AUFGABE 1: „Maschinen“

Fünf Maschinen brauchen fünf Minuten für die Produktion von fünf Produkten. Wie lange brauchen 100 Maschinen für die Produktion von 100 Produkten?

AUFGABE 2: „Geburtstag“

In einer Schulklasse gibt es 30 Schülerinnen und Schüler. Wie groß ist die Wahrscheinlichkeit, dass zwei Kinder am gleichen Tag Geburtstag haben? Unter 15 Prozent, über 50 Prozent oder irgendetwas dazwischen?

AUFGABE 3: „Die Arche“

Wie viele Tiere jeder Art nahm Moses mit auf die Arche?

AUFGABE 4: „Kaufen und Verkaufen“

Eine clevere Kauffrau kauft ein Buch für fünf Euro, verkauft es für sechs Euro, kauft es für sieben Euro wieder zurück und verkauft es dann für acht Euro. Wieviel Gewinn hat sie gemacht?

AUFGABE 5: „Seil um den Äquator“

Nehmen wir an, die Erde sei eine perfekte Kugel. Wenn wir um den Äquator ein Seil legen, ist dies 40.000 Kilometer lang, wenn es genau anliegt. Nun knoten wir an das Seil ein Meter Seil dran und legen es wieder gleichmäßig um den Äquator.

Natürlich ist das Seil nun ein wenig zu lang und es liegt nicht mehr an der Erdoberfläche an. Wie groß ist der Abstand zwischen Erdoberfläche und Seil?

Antwort 1: Auch wenn man spontan 100 Minuten sagen möchte, sind es natürlich nur fünf Minuten.

Antwort 2: Die Wahrscheinlichkeit liegt bei deutlich über 50 Prozent. Schon bei 23 Personen (zum Beispiel zwei Fußballmannschaften plus Schiedsrichter) liegt die Wahrscheinlichkeit bei knapp 50 Prozent.

Hier ein Link zur Erklärung: https://www.wdrmaus.de/maus_wall/MausRechnung.pdf

Antwort 3: NOAH nahm laut Altem Testament jeweils zwei Tiere einer Art auf die Arche, aber nicht MOSES!

Antwort 4: Der Gewinn beträgt zwei Euro. Das „Zurückkaufen" dient nur zur Verwirrung. Eigentlich handelt es sich um zwei Geschäfte mit jeweils einem Euro Gewinn.

Antwort 5: Der Abstand beträgt erstaunlicherweise nicht 0,00 irgendwas Millimeter, sondern er beträgt fast 16 Zentimeter: Ein Meter geteilt durch zwei Pi, um genau zu sein.

Übrigens ergibt sich exakt der gleiche Abstand, wenn ich anstatt der Erde einen gewöhnlichen Fußball nehme. Denn der Körper ist nicht relevant, sondern „kürzt sich raus"!

KAPITEL 2

Die großen Erfolge

„Wir wollten in Bremen kein Gegentor kassieren. Das hat bis zum Gegentor auch ganz gut geklappt."
THOMAS HÄSSLER

Bevor wir uns unserem Hauptthema, der Entwicklung von Werder seit der Saison 2010/11, zuwenden, blicken wir noch einmal auf die erfolgreichsten Jahre des Vereins unter den herausragenden Trainerpersönlichkeiten Otto Rehhagel und Thomas Schaaf. Wenn wir uns hier vorrangig den Trainern widmen, ist das natürlich eine nicht ganz faire Darstellung, weil viele weitere Akteure zum Erfolg beigetragen haben: die Präsidenten Franz Böhmert und Klaus-Dieter Fischer, die Manager Willi Lemke und Klaus Allofs, die Geschäftsführer Manfred Müller und Jürgen Born – natürlich die Spieler und viele Mitarbeiterinnen und Mitarbeiter.

Der Blick auf die „gute, alte Zeit" des SV Werder Bremen kann und soll hier aber nur ein flüchtiger sein. Es wäre zweifellos lohnenswert, die Frage, wie diese Erfolge möglich waren, genauer zu betrachten, aber das muss zu einer anderen Zeit geschehen.

Otto Rehhagel und Thomas Schaaf haben Werder Bremen geprägt und zu den größten Erfolgen geführt: Rehhagel gewann mit seiner Mannschaft zwei Deutsche Meisterschaften, zweimal den DFB-Pokal sowie den Europapokal der Pokalsieger. Wenn es damals schon die Champions League in ihrer heutigen Form gegeben hätte, wäre Werder in den 80er- und 90er-Jahren regelmäßig dabei gewesen. Das schaffte dann Thomas Schaaf im ersten Jahrzehnt nach der Jahrtausendwende. Darüber hinaus gelang Werder mit ihm der vielleicht größte Erfolg der Vereinsgeschichte, der Gewinn des Doubles im Jahre 2004.

Beide Erfolgstrainer blieben fast 14 Jahre bei Werder Bremen, das war zu allen Zeiten im Fußball sehr ungewöhnlich, auch wenn es früher mit etwas größerer Wahrscheinlichkeit passierte. Was machte die beiden so erfolgreich?

Das „Otto-Prinzip“

Im März 1981 wurde Otto Rehhagel, ein Kind der Bundesliga, Trainer bei Werder Bremen. Bereits zum zweiten Mal, denn der Verein hatte ihn schon 1976 als „Feuerwehrmann“ verpflichtet, um die Mannschaft vor dem drohenden Abstieg zu retten. Rehhagel gelang dies mit Fußball der simplen Art: „Hauteng decken und vor allem kämpfen, kämpfen.“

Auch seine zweite Mission in Bremen hatte zunächst etwas von einem Feuerwehreinsatz. Bei Werder, damals nur Zweitligist, war Trainer Kuno Klötzer aus gesundheitlichen Gründen ausgefallen. Rehhagel führte die Mannschaft nun durch das Restprogramm und zurück in die erste Liga. Nach seiner Genesung verzichtete Klötzer nicht ganz freiwillig zugunsten von Rehhagel auf den Trainerposten.

Rehhagel gelang es, über mehrere Spielzeiten eine Mannschaft aufzubauen und an die Spitze zu führen. 1982/83, 1984/85 und 1985/86 wurde Werder jeweils Vizemeister, beim dritten Mal denkbar knapp: Bei Punktgleichheit entschied das bessere Torverhältnis wie im Jahr zuvor zugunsten der Bayern aus München. Am vorletzten Spieltag hatte Michael Kutzop im Heimspiel gegen die Bayern den entscheidenden Elfmeter an den Außenpfosten gesetzt – das war der einzige verschossene Elfer seiner Karriere! Auch psychologisch war das ein schwerer Schlag für die Bremer, denn man firmierte nun als „ewiger Vizemeister“.

Viele waren der Meinung, die Bremer würden die Bayern nicht länger herausfordern können, sondern ins Mittelfeld der Tabelle zurückfallen. Die Saison 1986/87 schien dies zu bestätigen. Werder wurde *nur* Fünfter, 13 Punkte hinter dem alten und neuen Meister Bayern, und verlor auch noch Torjäger und Publikumsliebling Rudi Völler an den AS Rom.

Doch Rehhagel blieb weiter dran, auch dank einer weiterhin klugen Einkaufspolitik. Aus Norwegen wurde Rune Bratseth, laut Marco der wohl schnellste Spieler der Bundesliga, geholt – oder wie Otto es ausdrückte „aus dem ewigen Eis befreit“. Vorne füllte Karl-Heinz „Air“ Riedle vom Bundesligaabsteiger Blau-Weiß Berlin die Lücke, die Völler hinterlassen hatte.

Fußballverrückt und charismatisch

Im Sommer 1988 hieß der Deutsche Meister dann überraschend Werder Bremen. Der Titel, fix schon am viertletzten Spieltag nach einem Sieg in Frankfurt, wurde durch eine durchweg überzeugende Defensivleistung (Werder hatte nur 22 Gegentore zugelassen) und die Geschlossenheit im Team errungen. Er war der Höhepunkt der Erfolgsphase in den achtziger Jahren.

Rehhagels Werder hatte auch auf der europäischen Bühne große Auftritte. Es war die Zeit der „Wunder von der Weser“: Unvergessen im Meisterjahr das 6:2 gegen Spartak Moskau (nach einer 1:4-Niederlage im Hinspiel) und der 5:0-Sieg im Pokal der Landesmeister 1988/89 über Dynamo Ostberlin, wo man das Hinspiel mit 0:3 verloren hatte. Später dann der 5:1-Sieg im UEFA-Pokal 1990/91 über den SSC Neapel mit Diego Maradona und als Höhepunkt 1992 der Gewinn des Europapokals der Pokalsieger. Im Finale wurde der von Arsène Wenger trainierte AS Monaco mit 2:0 geschlagen.

1993 wurde Rehhagel zum zweiten Mal mit Werder Deutscher Meister, 1994 gewann seine Mannschaft nach 1991 zum zweiten Mal den DFB-Pokal. In der Saison 1993/94 war Werder außerdem der erste deutsche Vertreter in der noch jungen Champions League. Die Mannschaft erreichte die Gruppenphase, das war nach dem damaligen Modus bereits das Viertelfinale, weil es nur zwei Vierer-Gruppen nach zwei K.-o.-Runden gab.

Mit der Saison 1994/95, in der Werder erst am letzten Spieltag das Titelrennen gegen Borussia Dortmund verlor, endete die Ära von „König Otto“ in Bremen. Nach 14 Jahren wechselte Rehhagel ausgerechnet zu den Bayern. Dort wurde er im April 1996, wenige Wochen vor dem Saisonende, nach einer 0:1-Niederlage gegen Hansa Rostock entlassen. Nach 30 Spielen lagen die Bayern auf Platz zwei und im UEFA-Pokal standen sie im Finale.

MARCO: Halt! Ein guter Zeitpunkt, um mal kurz reinzugrätschen. Denn es ist eine schöne Randnotiz, dass die Bayern nach der Trennung im direkt folgenden Auswärtsspiel mit dem Interimscoach Franz Beckenbauer in Bremen antreten mussten und mit 3:2 (zwei Tore von einem langhaarigen Harzer) nach Hause geschickt wurden.

DIETRICH: Dann lass uns gleich noch ein wenig bei Rehhagel bleiben, weil du ihn ja als Spieler sehr gut kennengelernt hast. Von außen betrachtet wird Rehhagels Spielphilosophie immer mit dem Begriff „kontrollierte Offensive" beschrieben. Offensichtlich liebte er es, einen großen Libero als Turm in der Abwehr zu haben und vorne ebenso kopfballstarke Mittelstürmer, die von schnellen Außenspielern gefüttert wurden.

MARCO: Rehhagel auf die „kontrollierte Offensive" zu reduzieren, ist aber nicht angemessen. Otto hatte eine sehr klare Vorstellung von dem Fußball, den er spielen wollte. Ja, einen Turm und Leader in der Abwehr zu haben, so wie Rune Bratseth, war ein Element, das ihm schon wichtig war. „1 Meter 90 kannste nicht lernen!" – so hat er das beschrieben. Und die richtige Balance zwischen Offensive und Defensive zu finden, war zu allen Zeiten für jeden Trainer wichtig. Geändert hat sich das Vokabular: Heute betrachtet man vier verschiedene Spielphasen, spricht außerdem von Umschaltspiel, Gegenpressing, Konterabsicherung und Restverteidigung. Otto hat die Dinge einfacher und intuitiver beschrieben und Rune dann einfach gesagt: „Sie denken nur an die Null, 0:0, 0:0, 0:0." Und unser Kapitän und „Sechser" Mirko Votava musste den Reisepass zeigen, wenn er nach vorne über die Mittellinie wollte. Ich glaube, die Spieler von damals haben taktisch mehr Eigenverantwortung eingebracht.

DIETRICH: Was waren zusammengefasst seine großen Stärken? Die Öffentlichkeit und die Medien pflegen ja manchmal trotz aller Erfolge eine kritische Sicht auf ihn – mit Journalisten stand er auf Kriegsfuß, oder?

MARCO: Tatsächlich sah Otto Journalisten und generell Einflüsse von außen als Bedrohung für die verschworene Gemeinschaft in der Kabine an. Die Kabine, der engste Kreis aus Trainer und Mannschaft, das war heilig für ihn. Aber wenn man auf die komplette Karriere blickt, also neben der Zeit in Bremen auch den Titel 1998 mit dem Aufsteiger 1. FC Kaiserslautern und den

Europameistertitel mit Griechenland 2004, dann fühle ich mich in meiner Ansicht bestätigt, dass Otto einer der erfolgreichsten deutschen Trainer aller Zeiten ist.

Seine drei wichtigsten Stärken? Erstens war er positiv fußballverrückt, entzündete uns immer wieder mit seiner großen Leidenschaft für den Fußball. Während der 90 Minuten des Spiels war Otto manchmal „unzurechnungsfähig“, hat auf der Bank reihenweise Spieler entlassen. Aber nach dem Spiel wurden alle wieder eingestellt und er war unser Freund. Zweitens war Otto sehr charismatisch in seiner Ansprache zur Mannschaft in der Kabine. In jeder Mannschaftssitzung überraschte er uns mit Metaphern und Parallelen aus der Weltgeschichte. Er brachte uns zum Lachen, war aber auf der anderen Seite extrem ernsthaft, wenn es um das Spiel ging. Und schließlich, vielleicht am wichtigsten, hatte Otto Rehhagel die Fähigkeit, aus vielen unterschiedlichen Spielern ein perfektes Team zu bauen. Dabei schaute er auf die fußballerischen Fähigkeiten, aber auch auf die Persönlichkeit und den Charakter der Menschen. „Das Wichtigste im Leben ist der Umgang mit den Menschen“, das ist ein Gedanke, der mir wie so vieles von ihm im Kopf bleibt. Aus meiner Sicht sind Ottos Fähigkeiten zeitlos, auch wenn sich der Trainerjob natürlich weiterentwickelt hat, und heute noch andere Kompetenzen wichtig sind. Manchmal denke ich, dass Jürgen Klopp so wie Otto Rehhagel ist – Otto, übersetzt in die heutige Zeit! Vielleicht sollten wir über „König Otto“ oder „Rehakles“ noch mal ein eigenes Buch machen …

DIETRICH: Apropos „Rehakles“: Mein Verhältnis zu Otto ist seit der EM 2004 etwas gestört. Vor dem Viertelfinale wurde ich von einem Radiosender – ich glaube, es war der WDR – gefragt, wer mein Titelfavorit sei. Antwort des vermeintlichen Fußballexperten Schulze-Marmeling: „Eine schwierige Frage. Wir erleben ein starkes Turnier mit gleich mehreren Anwärtern auf den Titel. Nur bei den Griechen, die sehr antiquiert spielen, mit Libero, Manndeckern und so weiter, da lege ich mich fest: Die Griechen werden es nicht …“ Dann schmeißen die Frankreich raus, Tschechien raus und besiegen im Finale auch noch Portugal – jeweils mit 1:0. Ein Turniersieg komplett gegen den damaligen Trend im Fußball. Und Otto belehrt Leute wie mich: „Modern spielt, wer gewinnt …“ Ich habe noch immer keinen Frieden mit der EM 2004 geschlossen – und verneige mich trotzdem vor dieser unglaublichen Leistung. Christoph Biermann schrieb damals richtig, der Triumph der Griechen habe weder die Fußballmoderne noch den „Konzeptfußball“ widerlegt, „denn Otto Rehhagel stellte die Balance von spielerischem Talent und (zuvor fehlendem) Gemeinschaftsgefühl her“.

Otto hat damals einfach einen unglaublich guten Job gemacht. Seine Aufgabe war es, aus einem Ensemble nur durchschnittlich begabter Kicker, die er sich nicht backen konnte, eine schlagkräftige Truppe zu formen – und ihr einen Fußball zu verordnen, mit dem diese deutlich talentierteren Gegnern die Stirn bieten konnte.

MARCO: Das konnte er! Scherzhaft sage ich ja auch manchmal, dass bei allen Titeln Ottos größte Leistung war, aus mir einen einigermaßen erfolgreichen Bundesligaspieler gemacht zu haben. Als ich mein 100. Tor in der Bundesliga erzielt hatte, schenkte mir unser langjähriger Physiotherapeut Holger Berger einen Spruch von Rehhagel. Da stand: „Wir müssen uns mit dem Unerklärbaren anfreunden und weit über unsere bisherigen Erfahrungen hinausdenken!“ Du siehst, so philosophisch ging es bei uns zu!

Nach Otto wurde es bei Werder ein bisschen wild. Zwischen 1995 und 1999, also in vier Jahren, hatten wir dann genauso viele Trainer. Dass die Entscheider sich schwertaten, einen geeigneten Nachfolger für Rehhagel zu finden, werden wir später noch genauer betrachten. Ad de Mos, Dixie Dörner, Wolfgang Sidka und Felix Magath – alle vier wurden vorzeitig entlassen. Der Sommer 1999 wurde dann ein Wendepunkt zum Guten.

DIETRICH: Im Frühjahr 1999 feierte Werder seinen 100. Geburtstag. Aus diesem Anlass veranstaltete das Zentrum für Sozialpolitik der Universität Bremen ein wissenschaftliches Symposium mit der Überschrift „Quo vadis, Fußball? Vom Spielprozess zum Marktprodukt.“[4]

Ich war damals einer der Referenten. Mein Thema: „Fußball und Leistungsgesellschaft: Spiel und Spaß contra Leistungs- und Ergebnisorientierung?“ Die Referate wurden später in einem Buch veröffentlicht. Das Cover zierte der Werder-Stürmer Marco Bode … Zur Eröffnung des Symposiums sprachen der Präsident der Universität und Franz Böhmert, der Präsident des SV Werder. Böhmert sah mehr aus wie ein Uni-Präsident, dieser wie der Boss eines Fußballklubs … Willi Lemke sprach u. a. über die wachsende finanzielle Kluft zwischen den Bayern und Vereinen wie Werder. Er warnte vor einer schleichenden Auflösung des Solidarprinzips bei den TV-Geldern. „Hier läuft eine Spirale, die ganz elementar gefährlich ist. Denn wenn sich die Bayern in dieser Frage durchsetzen und die Gruppe insgesamt nicht zusammenhält, dann droht es, dass der Krösus seine Einnahmen etwa verfünffacht bis verzehnfacht, einige wenige Klubs werden etwas mehr bekommen, (Dortmund auch deutlich mehr bekommen als heute, Leverkusen auch ein paar Mark mehr, und auch wir kriegen so, wie wir momentan liegen, ein wenig mehr)“, so Lemke weiter. „Aber die große Mehrheit der Klubs wird weniger bekommen, und einige werden dramatisch weniger bekommen.“

Lemke erklärte Werders Zeit als Bayern-Herausforderer für beendet. Diesbezüglich habe man den Staffelstab an Borussia Dortmund weitergereicht. Bis dahin mochte ich Lemke nicht besonders, hatte sogar ein bitterböses Stück über ihn geschrieben: „Logenbruder Willi.“ Aber auf diesem Symposium begriff ich, was Lemke und Co. geleistet hatten. Am Abend gab es ein (bescheidenes) Essen in einer Turnhalle. Vor der Vorspeise erläuterte der damalige Werder-Schatzmeister, Manfred Müller, die wirtschaftlichen Rahmenbedingungen für Profifußball in der

---

4 Ort der Veranstaltung war das Bremer Landesmuseum für Kunst und Kulturgeschichte, kurz Focke-Museum. Dr. Johann Focke (1848 – 1922) war Bremer Senatssyndikus gewesen. Sein Sohn, Wilhelm Focke (1878 – 1974), gehörte zu den Gründern des FC Bayern …

Stadt Bremen. Mein Eindruck war erneut: Eigentlich irre, dass Werder die Bayern so viele Jahre ärgern konnte – was für eine stramme Leistung! Aber der Tenor war auch bei Müller: Unsere Zeit als größter Widersacher der Bayern ist vorbei …

Thomas Schaaf: Vom Retter zum „Double-Trainer“

In der Saison 1998/99 trennte Werder nur ein Punkt vom Abstieg. Die Rettung erfolgte erst am vorletzten Spieltag gegen Mönchengladbach, entscheidend aber war schon das 1:0 im Nachholspiel gegen Schalke 04. Torschütze des einzigen Tores war Christoph Dabrowski, der im Dezember 2021 Trainer von Hannover 96 wurde.

Nach dem 31. Spieltag und einer 1:2-Heimniederlage gegen Eintracht Frankfurt, einem direkten Konkurrenten im Abstiegskampf, war Felix Magath entlassen worden, den Willi Lemke Monate zuvor der Mannschaft mit den Worten vorgestellt hatte: „Das habt ihr jetzt davon![5]“ Für ihn übernahm mit Thomas Schaaf ein Ex-Spieler aus Rehhagels großer Werder-Elf. Schaaf, seit 1972 Werderaner, war zunächst nur als Interimslösung gedacht. Mit Schaaf holte die Mannschaft aus den verbleibenden vier Begegnungen noch neun Punkte. Anschließend gewann Werder auch noch das Pokalfinale, wo der FC Bayern im Elfmeterschießen bezwungen wurde.

1998/99 war Willi Lemkes letzte Saison als Manager. Mit Klaus Allofs als Nachfolger kam nach Schaaf ein weiterer ehemaliger „Rehhagel-Spieler“ und eine große Spielerpersönlichkeit. Allofs war im Job des Managers noch unerfahren, hatte nur als Trainer in Düsseldorf – wenig erfreuliche – Erfahrungen gesammelt. Unter dem Eindruck des „Fast-Abstiegs“ trat auch das gesamte Präsidium des Vereins zurück, war aber wenig später in neuer (hauptamtlicher) Funktion wieder an Bord. Magnus Carlsen würde das wohl als cleveren Schachzug bezeichnen.

Schaaf hatte schon im Alter von 26 Jahren, also noch während seiner Zeit als Profi, angefangen, im Trainerbereich zu arbeiten. Seine erste

---

5 Ähnlich wurde Magath später auch beim FC Bayern eingeführt. Dessen Klubführung war der Auffassung, dass die Mannschaft nach den Hitzfeld-Jahren einer harten Hand bedürfe, die für Fitness, Ordnung und Disziplin sorge.

Station war hier Werders U16/17 gewesen. Anfangs begleitete er diese eher, mit der Zeit war er immer stärker dabei. Noch heute beschreibt Schaaf diese Jahre als einen „Super-Lernprozess“. „Ich habe auch die ganz Kleinen trainiert. Ich habe alle Entwicklungsstufen kennengelernt. Für die Entwicklung als Trainer war dies, was Entscheidungen angeht, also Entscheidungen zu finden und zu treffen, top. Du konntest als Jugendtrainer viel probieren. Ich habe schon damals angefangen, mir eigene Übungen zusammenzubauen. Nicht nur zu machen, was im Buch zu finden ist. Sondern zu schauen: Was willst du auf den Platz bringen? Und wie kannst du das trainieren?“ Schaaf beschäftigte sich mit Konzepten, Ideen, mit der Frage, „wie der Fußball aufzustellen ist, wie er sich entwickelt, was man verändern muss“. Man erstellte altersübergreifende Talentgruppen. Physisch starke Spieler wurden in älteren Mannschaften eingesetzt. Und Ältere, die physisch noch nicht so weit waren, ließ man bei den Jüngeren mitspielen, damit sie sich dort verwirklichen und kreativ bleiben konnten. Schaaf lernte sämtliche Altersklassen kennen. Ab 1995 trainierte er dann Werders U23, also die zweite Mannschaft.

Natürlich war Thomas Schaaf von Otto Rehhagel geprägt. „Wenn du bei Otto 14 Jahre trainiert hast, nimmst du Dinge mit.“ Aber er habe immer darauf geachtet, „nicht irgendetwas zu kopieren, sondern nur Ausschnitte zu übernehmen. Was ist gut, was kannst du gebrauchen, wie kannst du es für dich nutzen.“ Geprägt haben ihn aber auch Johan Cruyffs FC Barcelona und dessen „One Touch Football“. Ein „Sechser“, der mit nur einem Kontakt spielt, das war damals ziemlich neu. „Ich habe Cruyff als Leader unter den Trainern gesehen. Aber auch Arrigo Sacchi, der einfach die Kohle hatte, sich sein Team zusammenzubauen. So wie Pep heute, der sich bei Manchester City die Zutaten für seinen Fußball einfach holen kann.“

Werder-Fußball

Was Werder damals spielte, hatte mit dem international belächelten deutschen „Rumpelfußball“ nichts zu tun. „Über die Jahre hinweg entwickelt man eine Philosophie für das, was man selbst schön findet am Fußball“, sagt Thomas Schaaf. „Ich mag schnelle Ballstafetten und technisch gutes Spiel. Ein Hauruck-Stil liegt mir überhaupt nicht. Defensiv muss es stimmen, aber die generelle Ausrichtung ist bei mir immer offensiv.“

Man habe ganz viele neue Sachen gemacht, beispielsweise an der Verkürzung der „Ball-Kontaktzeiten" gearbeitet – häufig Dinge, von denen eine breitere Öffentlichkeit erst im Kontext der Reformen von Jürgen Klinsmann und Jogi Löw hörte. Schaaf: „Wir haben damals alles an uns herangelassen. Wir haben die Wissenschaft reingeholt. Wir haben immer entschieden: Ist das gut oder schlecht? Ist das für uns gut oder nicht? Und: Können wir uns das finanziell leisten?" Schaaf war der Erste, der den sogenannten Footbonaut[6] sah. Er war begeistert, „aber wir konnten uns den Kauf finanziell nicht erlauben". Die ersten Klubs, die ihn dann auf ihrem Trainingsgelände aufstellten, waren Borussia Dortmund und 1899 Hoffenheim.

Für den langjährigen Bremer Mittelfeldspieler Tim Borowski war Schaafs Werder mit seiner Mittelfeldraute, vor der zwei Stürmer agierten, „anderen Teams voraus". „Schnelles Gegenpressing, hohes Verteidigen, Kurzpassspiel mit vielen Kontakten."

Werder unter Schaaf war innovativ, aber man redete nicht so viel darüber, wie das heute der Fall ist. Laut Schaaf war die Haltung: Das ist unser Ding, da müssen wir nicht drüber reden. Heute müsse man das, was man macht, sofort nach außen tragen – „damit du dich darstellen kannst". Aber vielleicht war das eher eine Stärke als eine Schwäche. Aktiv zu sein, zu handeln, die Dinge selbst in die Hand zu nehmen, offen zu sein für neue Ideen – all das waren zentrale Gedanken in der Philosophie von Thomas Schaaf.

Werder führt die Bayern vor

Am 32. Spieltag der Saison 2003/04 kam es im Münchner Olympiastadion zum großen Showdown zwischen dem amtierenden Meister FC Bayern und dem Tabellenführer Werder Bremen. Nach nur einer halben Stunde lag Werder durch Tore von Ivan Klasnic, Johan Micoud und Ailton mit 3:0 in Front. Die Gäste führten den Gastgeber in seinem eigenen Wohnzimmer nach allen Regeln der Fußballkunst vor. Den Bayern gelang nur noch ein Ehrentreffer.

---

6 Der Footbonaut ist ein 20 mal 20 Meter und 5,5 Meter hoher Käfig mit einem 14 mal 14 Meter großen Kunstrasenfeld und mehreren Ballmaschinen. Die Spieler trainieren hier ihre Ballannahme und umgehende Ballverarbeitung, also Handlungsschnelligkeit.

Der Sieg im Olympiastadion war Werders Meisterstück und die Eintrittskarte für die Teilnahme an der Champions League. „Für Thomas und mich war schon an diesem 8. Mai 2004 klar, dass das die eigentliche Leistung sein würde, durch die Teilnahme an der Champions League die Gelder zu erspielen, die der Verein brauchte, um oben mitspielen zu können", erinnert sich Manager Klaus Allofs. Drei Wochen später holte Werder auch noch den DFB-Pokal, womit das erste und bis heute einzige „Double" in der Geschichte des Vereins perfekt war.

Für Werder-Kapitän Frank Baumann waren Meisterschaft und Pokalsieg das Ergebnis einer kontinuierlichen Entwicklung. 2017 erzählte er der *Deichstube*[7] : „In den Jahren davor waren wir schon in Reichweite der Spitzenplätze, hatten aber noch Schwankungen in unseren Leistungen. Es ist dank harter Arbeit, guter Entscheidungen, aber auch dem notwendigen Glück etwas entstanden. Es passte einfach – in der Kabine und auf dem Platz. Dazu kam, dass Thomas Schaaf mit den unterschiedlichen Spielern und nicht immer einfachen Charakteren sehr gut zurechtkam. Er hat etwas geformt, das perfekt funktioniert hat."

Dass sich Werder in der Saison 2003/04 ein weiteres Mal zu einem ernsthaften Herausforderer der Bayern aufschwingen konnte, hatte auch damit zu tun, dass Borussia Dortmund finanziell schwer angeschlagen war und diese Rolle nicht mehr wahrnehmen konnte. Der Verein musste sich personell neu sortieren und finanziell sanieren, was einige Jahre in Anspruch nahm. Und die Bayern wirkten erschöpft, was insbesondere für ihren Trainer Ottmar Hitzfeld galt. Die Saison 2003/04 war zunächst Hitzfelds letzte beim Rekordmeister.

Zu den größten Werder-Fans gehörte damals César Luis Menotti, der 1978 die argentinische Nationalelf zum Titel geführt hatte. Für Menotti, der ein Fußballspiel als Fest versteht, bei dem es nicht allein ums Gewinnen geht, sondern auch um eine ästhetische, attraktive und offensive Performance, war der „deutsche Fußball" dieser Jahre ein Gräuel. Schaafs Werder war für den Argentinier Ausnahme und Lichtblick: „Werder spielt so kreativ, so untypisch für den erstarrten deut-

---

7 Die *Deichstube* ist eine (digitale) Plattform, die sich ausschließlich mit dem SV Werder beschäftigt. Die Redaktion gehörte ursprünglich zur *Syker Kreiszeitung* und liefert inzwischen auch den Content rund um Werder für den *Weser-Kurier*, die größte Tageszeitung in Bremen.

schen Fußball." In seiner Miroslav-Klose-Biografie beschreibt Ronald Reng das Werder-Spiel wie folgt: „Ihr Spiel strahlte Lebenslust aus. Mit einem Reigen aus schnellen Pässen griffen sie an. Hatte der Gegner den Ball, jagten sie ihn bereits in dessen Spielhälfte. Als wäre das Leben zu schade zum Warten in der Abwehr."

Johan macht Werder groß

Einige Jahre später identifizierte der *Spiegel*-Journalist Cord Schnibben drei Väter des Triumphes: Da war, erstens, der französische Spielmacher Johan Micoud. Schnibben: „Kein Spieler davor, kein Spieler danach hat die Spielkultur einer Werder-Elf so angehoben wie Micoud." Auch Thomas Schaaf betont die Bedeutung dieses Spielers. Der Franzose habe „Genialität mitgebracht und diese in unser Spiel einfließen" lassen. Das Ergebnis sei eine stärkere Bremer Mannschaft gewesen. „Johan war eine großartige und wunderbare Verpflichtung", so Schaaf weiter, „Werder Bremen hat damit den Anspruch formuliert, einfach mehr erreichen zu wollen." Da war, zweitens, Manager Klaus Allofs, dem einige starke Transfers gelangen. Schnibben: „Viele der Spieler wurden irgendwo entdeckt, meist mit wenig Geld nach Bremen gelotst, oft für viel Geld wieder verkauft." Allofs habe ein Jahrzehnt fast fehlerfrei funktioniert, anschließend sei er allerdings „zum Problem für den Verein" geworden. Und da war, drittens, Thomas Schaaf, der innerhalb von vier Jahren den „wild zusammengekauften Kader" so überarbeitete, dass daraus eine Meistermannschaft wurde. Schnibben zitiert hier Frank Baumann: „Schaaf schaffte es, ein Spielsystem zu entwickeln, das genau auf uns Spieler passte, wir hatten zwar einige überragende Einzelspieler, aber wir waren vor allem eine überragende Mannschaft."

Last but not least muss man hier die „Werder-Familie" nennen. Thomas Schaaf: „Wir waren keine Familie in dem Sinne, dass wir gesagt haben: Wir wohnen alle in einem Haus. Wir waren insofern eine Familie, dass wir in all den Jahren immer aufeinander aufgepasst haben. Wir waren nicht immer ein Team, aber es gab immer Gruppierungen, die für das Gesamtgebilde gesorgt haben, auf dieses geachtet haben." Auch sei Werder immer „anfassbar" gewesen, „allein schon bedingt dadurch, dass wir da draußen unsere Plätze haben. Dadurch waren wir immer in Kontakt mit den Fans." Später sei Werder „anonymer geworden".

Spieler mit einem Defizit

Johan Micoud war der Erste in einer Reihe von Spielern, die für Werder nur erreichbar waren, weil sie zum Zeitpunkt ihrer Verpflichtung einen gewissen Makel hatten. Gemeint sind Spieler, die von ihrem fußballerischen Können auch dem FC Bayern gut zu Gesicht gestanden hätten, an denen der aber kein ernsthaftes Interesse zeigte – weil sie in keinem Topteam standen oder weil sie sich nicht in den Vordergrund hatten spielen können und in einer Schwächephase steckten. Micoud kam vom AC Parma. In der französischen Nationalelf stand er im Schatten von Zinédine Zidane, der auf der gleichen Position spielte. Als Frankreich 2000 Europameister wurde, kam Micoud nur zu einem Einsatz. Für die Bayern war so ein Spieler damals geradezu unsichtbar.

Zur Saison 2004/05 verpflichtete Werder Miroslav Klose, der den zu Schalke 04 gewechselten Ailton ersetzen sollte. Der Stürmer kam vom Bundesliga-Viertletzten 1. FC Kaiserslautern, der nicht nur sportlich schwer angeschlagen war, sondern auch finanziell. Die geforderte Ablösesumme von fünf Mio. Euro erschien einigen Werderanern als deutlich zu hoch. Schließlich kickte Klose nur für einen Abstiegskandidaten. Bei der WM 2002 war er zwar mit fünf Toren Nummer zwei in der Torschützenliste gewesen, aber drei seiner Treffer hatte er beim 8:0-Kantersieg über den Turnier-Underdog Saudi-Arabien erzielt, alle per Kopf. Seither hatte der 26-Jährige in 15 Länderspielen nur noch zweimal getroffen, beide Male gegen die Färöer.

Da die Ablöse Werders Möglichkeiten überstieg, versuchte Klaus Allofs, Bremer Geschäftsleute als externe Investoren zu gewinnen. Allofs erzählte Klose-Biograf Ronald Reng, dass sich die angesprochenen Geschäftsleute grundsätzlich ein finanzielles Engagement für Werder vorstellen konnten, „aber nicht für Miroslav Klose". Beherrsche der überhaupt etwas anderes als Kopfball?

Für Willi Lemke lag eine Verpflichtung Kloses zunächst „außerhalb unseres Budgets". Aber als Werder nach 21 von 34 Spieltagen der Saison 2003/04 13 Punkte Vorsprung auf den Tabellenvierten hatte und somit die Teilnahme an der nächstjährigen Champions League als fast gesichert galt, erteilte der Aufsichtsrat dem zu diesem Zeitpunkt teuersten Einkauf in der Geschichte des Klubs doch noch grünes Licht. „Gegen das Gefühl von Optimismus, das den Klub umwehte, konnte sich niemand wehren“, schreibt Reng. „Mit dieser Aussicht auf deutliche Mehreinnahmen erschien das Risiko, diese Millionen vorab in Klose zu investieren, dem Aufsichtsrat schließlich kalkulierbar.“

Doch die Kritiker des Transfers sahen sich zunächst bestätigt. Klose hatte einen schwachen Start. Fans bewarfen sein Haus mit Eiern und schmierten auf die Straße davor: „Klose, verpiss dich!“ Aus der Lauterer Zeit war Klose es gewohnt, den Ball vor dem Weiterspielen zunächst zu stoppen, wodurch er das Spiel langsam machte. „Der Kontrast zu dem mühseligen, schuftenden Kaiserslauterer Spiel war radikal“, so Reng weiter. Doch mit der Zeit wurde der „Kopfballspieler“ Klose auch am Boden immer besser und entwickelte sich vom klassischen Strafraumstürmer, den man mit Flanken fütterte, zu einem mannschaftsdienlichen Akteur, der sich exzellent ins schnelle Kombinationsspiel der Bremer integrierte. In der Saison 2005/06 wurde er mit 25 Toren – erzielt in 26 Spielen – Torschützenkönig der Liga. Für den Wandel des Stürmers Klose standen aber vielleicht noch mehr die 14 Vorlagen, mit denen er andere Torschützen bediente.

Im Sommer 2006 wurde Diego verpflichtet, der im zentralen Mittelfeld den nach Bordeaux zurückgekehrten Micoud ersetzen sollte. Allofs war der Brasilianer bereits Jahre zuvor aufgefallen, bei einem Besuch des Pelé-Klubs FC Santos. Allofs sah einen 18-Jährigen, „der den Ball perfekt behandelte, sehr dribbelstark war und unglaubliche Pässe schlug“. Werder holte Diego vom FC Porto, wo er aber nur sporadisch zum Einsatz gekommen war und mit dem niederländischen Coach Co Adriaanse über Kreuz lag. Diego kostete Werder sechs Mio. Euro. Im Trikot der Grün-Weißen avancierte er zu einem der begehrtesten Spieler in Europa.

Der nächste kommende Schlüsselspieler mit einem gewissen „Makel“ war Mesut Özil, der wie Micoud und Diego im zentralen Mittelfeld zuhause war. Als Schalke im Januar 2008 verkündete, den noch bis zum 30. Juni 2009 laufenden Vertrag mit dem 19-Jährigen nicht zu verlängern, wechselte Özil postwendend zu Werder. Schalkes Vereinsführung war mit Özils Vater nicht klargekommen, der Berater seines Sohnes war. Wie schon bei Klose hatten einige der Werder-Verantwortlichen Bedenken. Sie hielten die vier Mio. Euro, die man für einen

19-Jährigen überweisen sollte, der bei seinem bisherigen Arbeitgeber nur sporadisch zum Einsatz gekommen war, für übertrieben. Doch Allofs setzte sich durch.

Auch Özil hatte in Bremen zunächst Startprobleme. „Er ist ein Junge, der sich nicht sofort an eine neue Umgebung gewöhnt", sagt Allofs. Hinzu kam, dass Schaaf nun mit Diego und Özil gleich zwei Spielmacher in seinem Kader hatte. Im Sommer 2009 wurde Diego an Juventus Turin verkauft, womit Özil nun „den Raum hatte, den er für seine genialen Pässe und seine blitzschnellen Dribblings in die Tiefe brauchte", so Allofs. In der Spielzeit 2009/10 glänzte Özil dann als erfolgreichster Torvorbereiter seines Teams und erzielte in der Bundesliga neun Tore.

Werder als Bayern-Konkurrent

Fünf der sechs dem „Double" folgenden Spielzeiten beendete Werder unter den ersten drei der Liga. 2004/05 wurde Werder Dritter, 2005/06 Zweiter, 2006/07 Dritter, 2007/08 Zweiter, 2009/10 Dritter. Nur 2008/09 gab es einen Ausreißer nach unten.

In der Champions League war Werder fünfmal dabei: 2004/05, 2005/06, 2007/08, 2008/09 und 2010/11. Viermal war nach der Gruppenphase Schluss, einmal (2005/06) reichte es für das Achtelfinale. In der Saison 2008/09 erreichte Werder nach dem Ausscheiden in der Champions League das Finale des letztmalig ausgetragenen UEFA-Cups, wo man Schachtjor Donezk nach Verlängerung mit 1:2 unterlag. Im Finale des DFB-Pokals wurde Bayer Leverkusen durch ein Tor von Mesut Özil mit 1:0 bezwungen. Werders sechster Pokaltriumph war auch bis heute der letzte. In der Bundesliga wurde die Mannschaft nur Zehnter – ein erstes Indiz dafür, dass sich eine Ära ihrem Ende zuneigte. Vom dritten Platz, der zur Teilnahme an der Qualifikation zur Champions League berechtigte, trennten Werder 19 Punkte.

2009/10 wurde Werder noch einmal Dritter und qualifizierte sich letztmalig für die Champions League. Diese Saison war auch die letzte, in der das Team seine individuelle Klasse in die Waagschale werfen konnte. Im DFB-Pokal erreichte Werder zum zehnten und bis heute letzten Mal das Finale und unterlag dem FC Bayern deutlich mit 0:4. Eine Niederlage mit Aussagekraft, wie sich dann zeigte.

Die Herausforderer

DIETRICH: Wenn man insgesamt auf die 90er oder 2000er schaut, dann war Werder neben Dortmund der große Herausforderer der Bayern. Natürlich gab es auch noch andere Klubs wie Stuttgart, Wolfsburg, Leverkusen, die überraschende Erfolge hatten, aber Dortmund und Werder waren – abwechselnd – die wichtigsten Herausforderer der Bayern.

MARCO: Und obwohl es sich bei allen drei Klubs um Traditionsklubs handelt, haben sie an ihren jeweiligen Standorten doch sehr unterschiedliche Strategien verfolgt. In der Zeit von Rehhagel spielte das Geld im Vergleich zu heute vielleicht noch nicht eine so bedeutende Rolle. Werder konnte mit einer besonderen Atmosphäre im Klub, mit besonderen Spielern, die sich in Bremen perfekt entwickelten, zum „Über-Performer" werden, aus wenig viel machen. Leicht war das aber auch schon damals nicht! Als Rehhagel dann 1995 Werder verließ, ging zunächst etwas verloren, und Dortmund übernahm die Rolle des Bayern-Herausforderers. Das war die Zeit von Ottmar Hitzfeld, der mit dem BVB zwei Meisterschaften und sogar die Champions League gewann. Allerdings verfolgte Borussia Dortmund unter dem Präsidenten Gerd Niebaum und dem Manager Michael Meier eine riskantere als die hanseatische Werder-Strategie.

DIETRICH: Definitiv. Der BVB versuchte den FC Bayern auch bei den Gehältern zu übertrumpfen. Zumindest wollte er hier Augenhöhe erreichen. Im Grunde war Dortmund 1997 finanziell schon schwer angeschlagen. Aber der Sieg in der Champions League sicherte den Borussen eine weitere Saison am lukrativsten europäischen Geldtopf. 1997/98 wurde man dann in der Liga nur Zehnter, 1999/00 war man vom Abstieg bedroht. Die Meisterschaft 2002 mit Matthias Sammer als Trainer wurde mit dem Börsengang „erkauft".

MARCO: Ich erinnere mich. Als Dortmund mit Sammer Meister wurde, spielten wir im letzten Saisonspiel in Dortmund und erreichten noch den UEFA-Cup – das war mein letztes Bundesligaspiel überhaupt. Ich saß auf der Bank, war eigentlich verletzt. Der BVB musste gewinnen, um Meister zu werden, und führte kurz vor Schluss knapp mit 2:1. Thomas Schaaf fragte mich, ob ich noch einige Minuten spielen wolle. Ich dachte: „Noch einmal einige Minuten Westfalenstadion, warum nicht?“ Als ich mich zur Einwechselung fertig machte, sprangen einige auf der Dortmunder Bank auf und riefen mir zu: „Marco, mach bloß keinen Scheiß mehr!“

DIETRICH: Interessant. So läuft das also am letzten Spieltag …

MARCO: Nach dieser Saison kam für mich nur noch die WM in Japan. Dortmund bekam nun nach und nach Probleme, weil die Mannschaft extrem teuer geworden war. Im Rattenrennen schnappte die Falle zu, auch weil durch die Kirch-Krise zusätzliche Einnahmen fehlten. Werder profitierte eher, weil die eigene Strategie defensiver war … Und die Bayern profitierten auch – allerdings, weil sie ein wenig geschummelt hatten.

DIETRICH: Das stimmt. Die Kirch-Gruppe traf mit den Bayern separate Vereinbarungen, also an den anderen 35 Vereinen vorbei. Die Bayern kassierten 40 Mio. DM dafür, dass sie auf Lobbyarbeit gegen die zentrale Vermarktung der TV-Rechte verzichteten. Dies war ein noch nie dagewesener Bruch des Solidarprinzips. Die Bayern begründeten das damit, dass ihnen die Zentralvermarktung höhere TV-Einnahmen verwehren würde, die bei einer Einzelvermarktung zu erzielen seien – die 40 Mio. sollten diese kompensieren. Die DFL drohte zunächst mit harten Strafen, einschließlich des Entzugs der Lizenz. Franz Mackerodt, Aufsichtsrat des Hamburger SV, dachte sogar laut über einen Entzug des Meistertitels nach – schließlich hätte sich der Klub mit dem Geld auf dem Transfermarkt bedient. Die Bayern drohten ihrerseits mit einem Boykott. Am Ende wurde der Disput dadurch beigelegt, dass die Bayern der DFL freiwillig drei Mio. Euro überwiesen …

MARCO: Bayern München war der einzige Klub, der in all den Jahren eine Konstante blieb, auch wenn es natürlich große Schwankungen gab, viel mehr als in der heutigen Zeit. Warum?

Das wirtschaftliche Fundament der Bayern war einfach stabiler. Eine nicht so gute Saison konnte ihnen weniger anhaben als anderen Vereinen. Andere konnten nur Meister werden, wenn die Bayern schwächelten. Sofern sie dann zur Stelle waren, konnten Werder, Dortmund oder auch ein anderer Klub davon profitieren.

DIETRICH: Heute ist das anders. Wenn wir uns die letzten neun Jahre anschauen: Stets hieß der Meister FC Bayern. Der Vorsprung vor dem Zweiten betrug im Schnitt 14,2 Punkte. Nur in der Saison 2018/19 gab es ein Kopf-an-Kopf-Rennen um den Titel, als die Bayern am Ende lediglich zwei Punkte mehr als der BVB auf dem Konto hatten.

MARCO: Und dass Werder sich mit Schaaf ein weiteres Mal zum Herausforderer der Bayern aufschwingen konnte, hatte sicherlich auch mit der schwarz-gelben Finanzkrise zu tun. Das Double 2004 war jedenfalls der sportliche Höhepunkt der Ära Schaaf. In den Jahren danach aber konstant in der Champions League zu spielen, so nachhaltig erfolgreich zu sein, bedeutete wahrscheinlich die sogar noch größere Leistung. Aber, wie wir später sehen werden, führten die Erfolge in der Champions League dann auch an der Weser zu der „Fallhöhe" einer teuren Mannschaft, die irgendwann nicht mehr „performte".

Als Herausforderer willst du immer die Nummer 1 angreifen. Das birgt eben auch Risiken. Ich glaube, niemand in Bremen hat die Teilnahme an der Champions League selbstverständlich genommen, jedenfalls nicht bewusst. Aber die Idee, Spielerverträge so flexibel zu gestalten, dass man Risiken reduzieren konnte – also unterschiedliche Grundgehälter für CL-Jahre und normale Jahre – wurde eben noch nicht verfolgt. Oder man hielt sie für nicht durchsetzbar.

Und noch ein Gedanke beschäftigt mich immer wieder: Werder war stark, solange das Geld noch nicht so bedeutend war, profitierte sogar von der Kirch-Krise, aber Werder verlor in einer boomenden Liga immer mehr an Boden, an Wettbewerbsfähigkeit. Werder hat es einfach nicht geschafft, so wie die Bayern, so wie später auch Dortmund, von sportlichen Erfolgen wirtschaftlich ausreichend zu profitieren. Das sollten wir in den folgenden Kapiteln noch mal genauer beleuchten.

DIETRICH: Das machen wir.

KAPITEL 3

Die Suche nach dem richtigen Trainer

„Erfolg ist viel mehr das Ergebnis von Zweifeln als das Ergebnis von Gewissheiten."

PEP GUARDIOLA

Wie findet man den richtigen Trainer? Welcher Trainer passt zum Verein und dessen aktueller Situation? Dies ist eine sehr wichtige Entscheidung, eine sehr schwierige Frage, die aber nicht immer mit der notwendigen Sorgfalt beantwortet wird. Was auch daran liegt, dass Trainerentscheidungen häufig in Krisensituationen getroffen werden, also unter zeitlichem und emotionalem Druck. Im Folgenden spielen wir durch, was alles bei der Trainerwahl zu berücksichtigen ist und welche Fehler man machen kann.

„Culture eats strategy for breakfast"

Im Sommer 1995 wurde Ad de Mos Werders erster Trainer nach dem Ende der Ära Otto Rehhagel, obwohl der Top-Kandidat der Entscheider wohl der zu der Zeit in Japan tätige Arsène Wenger war. De Mos lieferte den Werder-Verantwortlichen eine fachlich überragende Präsentation. Der Schwerpunkt bestand in fußballtaktischen Fragen. Der niederländische Fußball war damals dem deutschen technisch und taktisch überlegen, die „niederländische Schule" stand hoch im Kurs. De Mos sprach mit Überzeugung über die Viererkette, die in der Bundesliga damals noch ziemlich neu war.

Auf dem Spielfeld, das de Mos vor Werders Entscheidern ausrollte, mit einem ungewohnten Vokabular, das sich deutlich abhob von dem, was man von Rehhagel kannte, beeindruckte und begeisterte de Mos die Werder-Entscheider so sehr, dass sie seine menschlichen Schwächen übersahen oder ignorierten.

Auch die meisten Spieler, die damals dabei waren, erkannten sehr wohl die Qualität seines Trainings und die innovativen taktischen Ideen. Allerdings war ihnen nach wenigen Tagen gemeinsamer Arbeit klar, dass da etwas nicht zusammenpasste, dass da zwei Welten aufeinanderprallten, die unvereinbar waren. „Culture eats strategy for breakfast"[8], heißt es. Heute weiß man, dass die Mannschaft, die mit Rehhagel im Sommer 1995 knapp die Meisterschaft verpasst hatte, die seine menschliche, wenn auch dominante Teamführung verinnerlicht hatte, dass die gesamte Werder-Kultur niemals zum Führungsstil und der Persönlichkeit von de Mos passen konnte.

Die eigenen Stärken in den Vordergrund stellen, um die Schwächen zu kaschieren: Dies funktioniert, wenn Entscheidungsträger auf einem Gebiet fachlich nicht firm oder nicht aufmerksam genug sind und man sie so auf dem falschen Fuß erwischen kann. Häufig erahnen Trainer, was der potenzielle Arbeitgeber hören will. Ein Profitrainer berichtet: „Was die Verantwortlichen heute von dir hören wollen, ist: Ich lasse aktiven, offensiven Fußball mit Pressing und Gegenpressing spielen. Dann liegen sie dir zu Füßen. Jeder will so einen Trainer haben."

Als Fußballabteilungsleiter eines Amateurvereins wurde auch Dietrich mal bei einem Vorstellungsgespräch Opfer der exzellenten Vorbereitung eines Kandidaten. Bevor Dietrich diesem erzählen konnte, was der Verein von ihm erwartet und wie das sportliche Konzept des Vereins aussieht, hatte sein Gegenüber dies alles bereits referiert: enge Verzahnung mit dem Nachwuchsbereich, einschließlich regelmäßiger Besuche der Spiele der U19-Junioren, Leitung von Fortbildungsmaßnahmen für Nachwuchstrainer, das vorhandene Potenzial besser machen, anstatt Spieler von anderen Vereinen zu holen, Ballbesitzfußball, taktische Weiterentwicklung des Teams etc. Dietrichs Wünsche wurden präventiv aufgegriffen.

Dietrich war extrem beeindruckt. „Endlich ein Kandidat, der zu meinen Vorstellungen passt." Seine Frau hatte nur zehn Minuten des Gesprächs mitbekommen. Diese reichten für ein komplett anderes Urteil: „Der ist nicht authentisch, der redet euch nach dem Mund." Sie behielt recht. Warum? Das sportliche Konzept des Kandidaten interes-

---

8 „Kultur isst Strategie zum Frühstück" soll zum Ausdruck bringen, dass für den (Unternehmens-) Erfolg die Kultur in einer Organisation wichtiger ist als die Strategie.

sierte sie nicht. Ihre Aufmerksamkeit galt allein dessen Persönlichkeit. Der Trainer, der sich so beeindruckend wie keiner vor und nach ihm vorgestellt hatte, erwies sich dann tatsächlich als Fehlgriff. Nichts von dem, was er vorgetragen hatte, setzte er um.

Der „Halo-Effekt"

Bei unseren Entscheidungen spielt ein starkes psychologisches Prinzip eine Rolle, der sogenannte „Halo-Effekt" (Halo = Heiligenschein). Dieser besagt, dass wir insbesondere bei der Beurteilung von Menschen häufig den Fehler begehen, von wenigen bekannten Eigenschaften auf weitere Eigenschaften zu schließen, von denen wir eigentlich gar nichts wissen und nichts wissen können. Dabei ist der erste Eindruck manchmal so stark, dass wir alles, was danach kommt, einfach ausblenden oder wenigstens nicht mehr ausreichend berücksichtigen. Wenn wir eine Person sympathisch finden, sie uns äußerlich gefällt oder sie uns in den ersten Momenten des Kennenlernens mit etwas beeindruckt, neigen wir dazu, diese Person insgesamt sehr positiv zu bewerten und weitere positive Eigenschaften zu antizipieren, obwohl wir uns darüber nach so kurzer Zeit objektiv gar kein Urteil erlauben können.

Wenn also die Entscheider in einem Fußballklub begeistert sind von den fußballtaktischen Ausführungen des Trainerkandidaten, wenn sie seine Fachkompetenz durch ein lebendig vorgetragenes Vokabular erleben, dann machen sie häufig den Fehler, daraus zu schließen, dass der Kandidat bestimmt auch gut mit der Mannschaft auskommen wird. Mit seiner hohen didaktischen und pädagogischen Kompetenz hat er schließlich allemal das Zeug zum neuen Erfolgstrainer. Überprüft werden diese Annahmen dann meistens nicht mehr.

Der „Halo-Effekt" spielt bei sehr vielen Entscheidungen eine Rolle, in fast allen gesellschaftlichen Bereichen. Lehrerinnen und Lehrer, die Aufsätze benoten, sind stark von dem ersten Aufsatz eines Kindes beeinflusst. Ist dieser gut oder sehr gut, werden alle folgenden besser bewertet als vielleicht angemessen. Attraktive Menschen werden in vielen Situationen bevorzugt, selbst vor Gericht. Und auf der anderen Seite begegnen wir bestimmten Menschen mit negativen Vorurteilen, vielleicht nur, weil der erste Eindruck negativ war.

Der Kader und sein Trainer vs. der Trainer und sein Kader

So richtig kennen wir den Trainer ohnehin erst, wenn er bereits einige Monate im Amt ist. Vielleicht aber auch dann nicht. Alles läuft gut, die Ergebnisse stimmen, aber wir wissen noch nicht, wie er auf eine sportlich unbefriedigende Phase reagiert.

Wenn Trainer eingestellt werden, ist die Mannschaft meistens schon da, jedenfalls große Teile davon. Und natürlich will man als Klub dem Trainer ja auch nicht erlauben, den kompletten Kader wieder auf links zu drehen – dazu kommen wir später noch.

In jedem Fall spielt bei der Beurteilung des Trainers auch eine Rolle, mit welchem Kader von Spielern er es zu tun bekommt und welche Erfahrungen die Mannschaft mit dem Vorgänger gemacht hat. Der wiederum wurde ja vermutlich kurz zuvor entlassen, weil der Erfolg ausgeblieben ist oder weil es einfach nicht mehr passte und keine Entwicklung zu sehen war. Mannschaft und Trainer müssen also einigermaßen zueinander passen. Es sei denn, man will einen radikalen Bruch mit dem, was mal war.

Als Pep Guardiola die Bayern im Sommer 2016 verließ, wurde sein Nachfolger Carlo Ancelotti. Guardiola war als Trainer anstrengend gewesen. Die Bayern-Verantwortlichen dachten möglicherweise, dass dem Kader nach drei Jahren taktischer Intensivschulung ein eher entspannter Trainer wie der Italiener guttun würde. Außerdem hatte Ancelotti dreimal die Champions League gewonnen. 2003 und 2007 hatte er mit dem AC Mailand triumphiert, 2014 mit Real Madrid. „Ancelotti weiß, wie man die Champions League gewinnt!“, so wurde es erzählt, und so wurde es geschrieben. Eigentlich eine Aussage von eingeschränktem Wert, weil sie nichts über die Rahmenbedingungen und Umstände aussagt, unter denen der Trainer den „Henkelpott“ geholt hatte.

Anfangs mag Ancelotti für die Bayern-Mannschaft erholsam gewesen sein. Anfangs wusste sie auch weiterhin spielerisch zu glänzen. Doch mit der Zeit gewann man den Eindruck, dass die Mannschaft einiges von dem, was sie sich unter Guardiola angeeignet hatte, verlernt hatte. Ihr Spiel war nicht länger ein Selbstläufer. Vielleicht wäre die Geschichte mit Ancelotti anders ausgegangen, wäre sein Vorgänger nicht der katalanische Perfektionist gewesen. So aber marschierten einige Wortführer der Mannschaft zu den Klubbossen und beschwerten sich über ein zu lasches Training. Der *Kicker*, der den Italiener zunächst enthusiastisch begrüßt hatte, berichtete von Zuständen, „die von unmittelbar Betroffenen als ‚Sodom und Gomorrha' bezeichnet wurden".

Der ehemalige Starspieler Carlo Ancelotti ist ein exzellenter, menschlicher Trainer für Teams, die fast ausnahmslos aus Stars bestehen. Auch aktuell mit Real Madrid passt die Konstellation offenbar wieder perfekt zusammen. Ancelotti setzt auf erfahrene Spieler. Seine beiden Champions-League-Triumphe mit dem AC Mailand gewann er mit Mannschaften, die ein Durchschnittsalter von 28,9 und 31,1 Jahren besaßen; Letztere ist noch heute das älteste Team, das je in einem Europapokalfinale aufgelaufen ist. Aber die Bayern besaßen keinen Kader wie Real Madrid. Vielmehr hätten sie vermutlich einen Trainer gebraucht, der die Mannschaft weiterentwickelt und ihr das taktische Werkzeug an die Hand gibt, mit dem sich die individuelle Klasse von Teams wie Barça, Real, Manchester City und Paris Saint-Germain neutralisieren lässt. Bloßes Verwalten reichte nicht. *zeit.online*-Redakteur Oliver Fritsch schrieb damals: „Mit seinem Laissez-faire-Stil macht Ancelotti sein Team nicht besser." Aber waren die Überlegungen, die die Bayern-Verantwortlichen mit Ancelotti verbanden, grundsätzlich falsch?

Im Sommer 2021 verpflichtete der VfL Wolfsburg Mark van Bommel als Nachfolger für den zu Eintracht Frankfurt abgewanderten Oliver Glasner. Letzterer hatte die „Wölfe" in die Champions League geführt, war aber für einige Spieler etwas anstrengend gewesen. Unter van Bommel veränderte sich das Training: „So kompliziert das Lernen unter Glasner war, seine Wünsche und Vorgaben brachten einige Wolfsburger Spieler vor allem in der Hinrunde der Saison 2019/2020 an ihre geistigen Belastungsgrenzen, so einfach erschien das Training unter dem Neuen", schreibt der *Spiegel*. „Im Kader, berichten Beobachter, entstanden Lager. Die, die van Bommels kommode Anforderungen und eher unkomplizierte Taktiken zu schätzen wussten und sich in den neuen, niedrigschwelligen Ansprüchen schnell heimisch fühlten, und die, die das Unheil früh kommen sahen." Nach einer Serie von acht sieglosen Spielen wurde van Bommel bereits im Oktober 2021 wieder entlassen.

Für Wolfsburgs Sport-Geschäftsführer Jörg Schmadtke war die Trennung von van Bommel „eine Niederlage". Man habe mit seiner

Verpflichtung „andere Dinge verbunden als die, die wir hinbekommen haben. Es war de facto so, dass die Dinge, die man gemeinschaftlich versucht hat, nicht funktioniert haben."

Sowohl der Verpflichtung Ancelottis wie der von van Bommel lagen Überlegungen zu Grunde, die nachvollziehbar waren. Aber im Nachgang sagt man: Beide Verpflichtungen waren ein Fehler. Doch mit letzter Sicherheit beweisen lässt sich das nicht.

Der Trainer als „Veränderer"

Umgekehrt kann es aber ebenfalls zu einem Problem werden. Die Verantwortlichen entscheiden sich bewusst für einen Trainer, von dem sie wissen, dass er sehr hart trainieren lässt und eine intensive Spielanalyse und Taktikschulung betreibt. Für die Spieler bedeutet dies u. a. längere Verweilzeiten auf der Trainingsanlage. Der Vorgänger des Neuen hat nach Auffassung der Verantwortlichen zu wenig trainiert, die Spieler – physisch wie taktisch – nicht ausreichend gefordert. Außerdem hat er kaum an der Entwicklung einzelner Spieler gearbeitet. Aber die Spieler haben sich an die geringe Intensität gewöhnt. Ja, sie haben sie genossen. Und einigermaßen erfolgreich sind sie auch gewesen. Die neue Intensität kommt nicht gut an. Hält der Trainer eisern an seinem Kurs fest, einem Kurs, für den er geholt wurde, droht ihm der Verlust der Kabine. Beugt er sich der Stimmung, läuft er Gefahr, sich selber zu verraten und an Autorität einzubüßen. Wenn dann auch noch die Ergebnisse nicht stimmen, wird der Trainer noch im Laufe der Hinrunde entlassen. Wobei das mit dem „Verlust der Kabine" so eine Sache ist. Häufig ist dies eine Floskel. Und außerdem: Wo ist der Vorstand in so einer Situation?

Ähnlich kann es einem Trainer ergehen, der geholt wurde, um ein anderes Spielsystem zu implementieren. Was nicht einfach ist und manchmal etwas Zeit benötigt. Die Spieler wurden in einem anderen System erzogen und fühlten sich in diesem wohl. Der Kader ist zu einem großen Teil noch der alte. Die ersten Ergebnisse stimmen nicht. „Anfangs bleiben die Spieler noch in der alten Systematik, das ist normal", meint Markus Krösche, Sportvorstand von Eintracht Frankfurt. „Mit Beharrlichkeit müssen dann diese Muster aufgebrochen werden." Ob dies gelingt, zeige sich meistens ab Oktober, November, so Krösche.

Man muss also Geduld haben, aber mit jedem schlechten Ergebnis wächst der Druck zur Rückkehr zum alten Fußball. Also zum Fußball des Vorgängers. Lässt der Trainer sich darauf ein, kann ihm das als Größe ausgelegt werden. Es kann aber auch an seiner Autorität kratzen. Manchmal entsteht dann ein „spielerischer Hybrid", der nicht immer weiterhilft. Wer mit dem neuen Trainer auch ein anderes Spielsystem will, muss in Kauf nehmen, dass es anfänglich nicht gut läuft. Möglicherweise sogar eine komplette Spielzeit nicht, weil der Kader an einigen Stellen eines dem Spielsystem angepassten Umbaus bedarf.

Von richtig zu falsch und zurück zu richtig

Jürgen Klinsmann wurde 2004 Bundestrainer. In seiner berühmten ersten Pressekonferenz sprach er den Satz aus: „Wir wollen Weltmeister werden!" Gegenüber der Mannschaft wurde daraus sogar noch das stärkere „Wir werden Weltmeister!" Klinsmann nahm mutige Veränderungen vor, und es gelang ihm, eine Vision von mutigem Offensivfußball in die Köpfe der Spieler „zu pflanzen". Passend orchestriert wurde dieser fußballerische Stilwechsel durch Aussagen, wonach „der deutsche Fußball wieder groß werden könne" und „jedes Kind wieder den Traum haben" müsse, „Spieler dieser Nationalmannschaft zu sein". Kurzum: Klinsmann sorgte nach der Enttäuschung bei der EM 2004 für Aufbruchsstimmung. Im Frühjahr 2006, einige Monate vor dem Start der WM, unterlag die DFB-Elf in Italien mit 1:4. Viele waren nun der Meinung, dass Klinsmann der falsche Mann am falschen Ort sei. Da keine Alternative zur Verfügung stand, blieb Klinsmann im Amt. Was sich im Nachhinein als richtig erwies – auch mit Blick auf einen über das Turnier hinausgehenden Reformprozess.

Zusammengefasst: Die Entscheidung, Klinsmann zum Bundestrainer zu küren, war richtig und wurde zunächst auch als richtig betrachtet – nach einer gewissen Aufwärmphase, in der man sich an Klinsmanns neue Trainingsmethoden gewöhnen musste. Das galt natürlich nicht zuletzt für die berühmten Gummibänder, die damals belacht wurden und heute sogar zum Trainingsinventar eines Amateurvereins gehören. Dann erschien die Entscheidung pro Klinsmann als grundfalsch, um sich etwas später wieder als richtig herauszustellen. Zum Glück für Klinsmann, aber im Nachhinein betrachtet auch zum

Glück für die Verantwortlichen, stand keine akzeptable Alternative Gewehr bei Fuß.

Für das „Projekt WM 2006“ und als Reformer des DFB war Klinsmann rückblickend aus Sicht der Autoren genau der Richtige. Als Vereinstrainer war Klinsmann hingegen später weder bei den Bayern noch in Berlin nachhaltig erfolgreich. Die Arbeitsweisen von Vereins- und Nationaltrainern sind sehr unterschiedlich. Möglicherweise ist das ein plausibler Erklärungsansatz.

DIETRICH: Anfang 2020 schrieb Jonathan Wilson im Guardian: „Die moderne Welt des Fußballs ist ungeduldig. Die Anforderungen sind in der Regel übertrieben. Mit der heute vorherrschenden Einstellung wären Herbert Chapman bei Arsenal, Don Revie bei Leeds, Brian Clough bei Derby County und Nottingham Forest entlassen worden. Vor allem gilt dies für Alex Ferguson bei Manchester United.“ Denn der erfolgreichste Trainer des englischen Profifußballs konnte zunächst nicht reüssieren. Ferguson übernahm United 1986. Seine erste Trophäe mit den „Red Devils“ gewann er erst 1990. Zuvor hatten die Fans lautstark seine Entlassung gefordert.

MARCO: Das gilt wahrscheinlich auch für Otto Rehhagel. Ich erinnere mich, dass es in meinem zweiten Jahr, der Saison 1991/92, auch mal „Rehhagel-raus“-Rufe gegeben hat. Es lief nicht immer rund in dem Jahr, und wir wurden in der Liga am Ende nur Neunter. Übrigens einen Platz vor Bayern München, die nur Zehnter wurden, das muss also ewig her sein! Natürlich reagierten die Verantwortlichen in Bremen nicht auf die Kritik einiger Fans. Wir gewannen dann in der Saison noch den Europapokal der Pokalsieger, und ein Jahr später wurden wir Meister. Und auch Thomas Schaaf gewann mit Werder das Double erst in seinem fünften Jahr!

Das Umfeld war auch damals schon ungeduldig, aber die Trainer wurden vielleicht noch nicht so schnell entlassen, weil die Medien nicht so stark waren und es noch kein Social Media gab. Auch die Spieler waren noch nicht so mächtig wie heutzutage.

DIETRICH: Die personelle Fluktuation ist bei großen, ins Trudeln geratenen und von hohen Ansprüchen getriebenen Traditionsvereinen auffallend stark: Schalke 04 hat im Zeitraum von Oktober 2014 bis Frühjahr 2022, d. h. in einem Zeitraum von gut sieben Jahren, zehn Trainer beschäftigt. Bei Hertha BSC Berlin, das nach ganz oben strebt, waren es zuletzt sechs Trainer in zweieinhalb Jahren. Der Hamburger SV ging in die Saison 2021/22 mit dem 26. Trainer seit der Entlassung von Thomas Doll im Januar 2007.

MARCO: Das ist ja ein Hauptthema dieses Buches, dass die Situation in Traditionsklubs besonders ist, weil dort große Erfolge der Vergangenheit die Erwartungshaltung stark beeinflussen. Deshalb ist hier die Ungeduld größer als an anderen Fußballstandorten. Zwei der drei von dir genannten Klubs, Schalke und der HSV, spielen inzwischen in der zweiten Liga, und Hertha hat trotz erheblicher Investitionen mit den eigenen Ansprüchen zu kämpfen. Wir bei Werder haben immer versucht, einen anderen Weg zu gehen – ruhiger, unaufgeregter in der Trainerfrage – und auf Kontinuität zu setzen. Ich erinnere mich, dass Florian Kohfeldt schon in der Saison 19/20 nach Christian Streich der „dienstälteste“ Trainer in der Liga war. Aber auch wir sind am Ende abgestiegen.

Trotzdem, ich bin überzeugt, dass Trainer zu schnell gefeuert werden. Und dass manchmal auch falsch gesucht wird oder dabei Fehler begangen werden. „Zueinander passen“ bedeutet vor allem, dass die Kultur des Klubs und die Persönlichkeit des Trainers stimmen müssen. Wir haben schon de Mos erwähnt, der nicht passte. Genauso war es in meiner Zeit mit Felix Magath. Ich glaube, dass auch Magath schon nach kurzer Zeit wusste, dass er im falschen Klub gelandet war. Beide Trainer haben an anderer Stelle Erfolg gehabt, aber zu Werder passten sie einfach nicht. Da gibt es übrigens eine herrliche Anekdote zu Magath und unserer Kultur. Soll ich die erzählen?

DIETRICH: Auf jeden Fall! Wir haben doch gesagt, die guten Anekdoten werden erzählt …

MARCO: In einer Krisensitzung hat Magath vor der Mannschaft und der Vereinsführung darauf hingewiesen, dass es ihm total missfalle, dass so viel Kommunikation an ihm vorbeiliefe. „Ihr heult euch beim Masseur aus, ihr heult euch beim Manager aus oder beim Präsidenten – das geht so nicht mehr!" Von nun an sollten alle Spieler nur noch zu ihm kommen – wenn sie verletzt wären, wenn sie ein Problem hätten oder was auch immer. Wir als Mannschaft hatten dem furchteinflößenden Monolog von Magath still gelauscht, keiner machte auch nur einen Mucks.

Danach, als Magath geendet hatte, blieb immer noch alles still. Schließlich stand unser Präsident Franz Böhmert auf, eine Werder-Persönlichkeit, die immer für die menschliche Seite des Klubs gestanden hat. Franz Böhmert stand also auf, … schaute in die Runde, klatschte in die Hände und sagte vollkommen von Herzen kommend: „Gut, dann haben wir das ja jetzt geklärt! Und denkt dran: Wenn ihr irgendwas habt, könnt ihr immer auch zu mir kommen!" Beinahe hätte ich laut losgelacht!

DIETRICH: Sehr schön. Habt ihr es deshalb danach so oft mit Trainern aus der eigenen Struktur versucht? Nach Magath kam ja die lange Schaaf-Ära. Dann ging noch mal ein Versuch mit Robin Dutt schief und mit Viktor Skripnik, Alex Nouri und schließlich Florian Kohfeldt folgten dann drei Cheftrainer aus der eigenen Struktur.

MARCO: Manche Kritiker werden sagen, da habt ihr dreimal den gleichen Fehler begangen. Aber ich sehe das anders, auch wenn es nicht gelungen ist, dauerhaft erfolgreich zu sein. Was Werder angeht, werden wir ja noch genauer betrachten, was passiert ist. Aber ganz prinzipiell kann es schon viele Vorteile haben, neben Spielern auch Trainer selbst auszubilden. Schau doch mal nach Mainz, da hat das auch sehr häufig funktioniert. Du bekommst weniger böse Überraschungen, weil du den Trainer samt seiner Schwächen kennst. Bei externen Trainern erkennst du die Schwächen manchmal erst viel später! Und Trainer aus der eigenen Struktur kennen schon die Kultur und die Spielphilosophie des Klubs … wenn die denn existiert.

Leitplanken

Die Wahrscheinlichkeit einer Fehlentscheidung können wir reduzieren, wenn wir sehr konkrete Vorstellungen davon haben, was der Kandidat zu leisten hat und welchen Fußball wir sehen wollen. Als Verein sollte man Leitplanken errichten, innerhalb derer sich der Trainer zu bewegen hat.

Bei der Suche oder Einstellung bedarf es also eines klaren Anforderungsprofils. Der Mainzer Coach Bo Svensson findet, es müsse immer der Klub sein, nicht der Trainer, der die Grundprinzipien der Spielweise vorgebe. Svensson: „Menschen werden in Betrieben immer ausgetauscht, auch in der Fußballwelt, insbesondere Trainer, deshalb muss ein Verein Prinzipien haben, die bleiben." Auch für Thomas Schaaf ist „die Identität, des Vereins, die Ausrichtung des Vereins immens wichtig. Wenn du einen Trainer verpflichtest, musst du wissen: Warum verpflichte ich ihn, was will ich mit ihm erreichen?" Bezogen auf Werder heißt das für ihn: „Wenn ich auf den Platz schaue, will ich nach zehn Minuten sagen können: Das ist Werder Bremen. Ich finde hier alle Dinge, die ich mit Werder verbinde. Danach muss ich auch einen Trainer verpflichten."

Allerdings gibt es auch viele Beispiele dafür, wie Vereine ihre Identität und Spielphilosophie erst durch Trainer erwarben. Und manchmal „machen" Trainer sogar Vereine. Herbert Chapman und Arsène Wenger „machten" Arsenal, Matt Busby und Alex Ferguson Manchester United, Bill Shankly den FC Liverpool, Jack Reynolds, Vic Buckingham und Rinus Michels Ajax Amsterdam, Guy Roux AJ Auxerre, Volker Finke den SC Freiburg, Johan Cruyff den modernen FC Barcelona. Pep Guardiola, der gemessen an Trophäen bei den Katalanen noch erfolgreicher war als sein Mentor Cruyff: „Cruyff baute die Kathedrale. Wir halten sie nur instand."

Fehlt einem Kader die Balance, hat dies häufig auch mit fehlenden Leitplanken, unklaren Vorstellungen im Verein und schnell wechselnden Trainern zu tun, die unterschiedliche Spielphilosophien und unterschiedliche Spielertypen präferieren. Trainer A bevorzugt Spieler vom Typ Maier. Sein Nachfolger, Trainer B, setzt auf Spieler vom Typ Müller. Die Maiers wechseln jetzt auf die Tribüne, für sie werden Müllers geholt. Für die Maiers gibt es keine Verwendung mehr, aber sie bleiben auf der Gehaltsliste. Einige Monate später kommt Trainer C, der einige der Maiers wieder in die Startelf holt und einige der Müllers auf die Bank setzt. Aber völlig zufrieden ist er damit nicht. Die Philosophie von Trainer C ist etwas anders als die von A und B, weshalb er nun noch Spieler eigener Wahl hinzuholt. Der Kader wächst weiter. Und irgendwann weiß man nicht mehr, für welchen Fußball er steht.

Forciert wird diese Entwicklung dadurch, dass man von allen Trainern schnelle Erfolge erwartet. Es bleibt kaum Zeit, aus dem vorgefundenen Spielerarsenal das zu machen, was sich der Trainer wünscht. Ein Ergebnis ständiger Trainerwechsel sind aufgeblähte Kader, die zu keiner Spielphilosophie richtig passen und sich fußballerisch nicht kollektiv weiterentwickeln können. Gefüllt mit Spielern, die nur Betriebskosten verursachen. Eine Verzahnung mit der Nachwuchsarbeit des Klubs kann so auch nicht entstehen, da die dadurch nahezu überflüssig wird. Dem einen Trainer liefert dessen Ausbildungsphilosophie die Spieler, die er für seinen Plan benötigt, dem nächsten nicht, da sein Plan ein anderer ist. Und: Ein Trainer, der weiß, dass vom ersten Tag an nur Ergebnisse zählen, bringt häufig nicht den Mut auf, junge Spieler einzusetzen. Er ignoriert die Arbeit der Nachwuchsabteilung und zählt die Weiterentwicklung von Spielern nicht zu seinen Aufgaben. Verständlich, wenn man nur an den aktuellen Ergebnissen gemessen wird, weshalb man permanent mit der Kündigung rechnen muss. In diesem Prozess wird viel Geld verbrannt und kaum etwas aufgebaut, was über eine Spielzeit hinaus Bestand hat.

In den letzten Jahren war nur schwer zu erklären, wofür der Hamburger SV auf dem Rasen stand. Mitte März 2018 wurde Christian Titz Cheftrainer des HSV, der zuvor die U17, U19 und U23 des Vereins trainiert hatte. Titz war maßgeblich an der Entwicklung des HSV-Campus beteiligt gewesen. Titz analysierte richtig: „Das große Problem beim HSV in den letzten Jahren war, dass sich ständig die Trainer verändert haben – und die Durchlässigkeit von Nachwuchs zu Profis nicht durchgesetzt wurde. Ein Trainer wollte mit Ball spielen, der nächste brauchte Umschaltspieler. So entsteht ein unstimmiger Kader, und man läuft irgendwann in ein Etatproblem hinein."

Eine grundsätzliche Kaderumstrukturierung ist aufgrund von bestehenden Verträgen, ausgereiztem Budget etc. nicht in ein bis zwei

Transferperioden umzusetzen. Und umso häufiger man in der Kaderplanung und der grundsätzlichen Ausrichtung die Richtung wechselt, desto länger wird man brauchen, das wieder geradezubiegen. Spieler mit bestehenden Verträgen, die ausgemustert werden, sind immer potenzielle Unruhestifter: Will der Trainer Platz schaffen für Spieler, die seiner Philosophie entsprechen, bezahlt er dies mit einer Anhäufung ihm feindlich gesinnter Menschen im Verein.

Häufig wird ein Trainerwechsel damit begründet, dass der Neue „neue Impulse“ setzen soll. Aber was heißt das? Die „neuen Impulse“ sind irgendwann nicht mehr neu. Womit eine wesentliche Begründung für den Trainerwechsel entfällt. Man könnte auch sagen: Es wird bereits die Begründung für den nächsten Wechsel aufgebaut. Manchmal kann man fast die Uhr danach stellen: Nach acht, spätestens zehn Monaten ist auch der neue Trainer ein „Problem“.

Wie lange ein Trainer bei einem Verein arbeitet, hängt nicht nur vom Verein ab. Dass Trainer wie Christian Streich eine Ausnahme sind, kann man nicht nur den Vereinen vorwerfen. Es ist auch Streichs eigene Entscheidung. Andere Trainer verfolgen andere Karrierepläne, hätten den SC Freiburg nur als Sprungbrett betrachtet, das man nach zwei, spätestens drei Jahren verlässt, um bei einem Verein anzuheuern, der sportlich und finanziell mehr zu bieten hat. Das ist völlig legitim.

Aber auch Leitplanken können falsche Entscheidungen bei der Trainerwahl nicht in Gänze verhindern. Es bleibt die bereits angesprochene Gefahr, dass man sich von Sympathien leiten lässt. Auch hier neigen wir dazu, schwierige Fragen, die wir nur eingeschränkt beantworten können, durch einfachere zu ersetzen. Beispielsweise: Mag ich den Kandidaten? Ist er mir sympathisch? Ist er dies, besteht die Gefahr, dass ich die eine oder andere Kontroverse im Vorstellungsgespräch unter den Tisch fallen lasse. In einigen Punkten denkt der Kandidat anders als der Verein, zumindest deutet er dies an. Wir erklären diese Punkte nun für nebensächlich, obwohl sie uns vor dem Gespräch noch sehr wichtig waren. „Lassen wir den Ball erst einmal rollen, dann werden wir den Trainer schon Stück für Stück in unsere Richtung biegen.“ Eigentlich müssten wir den im Gespräch aufflackernden Differenzen nachgehen. Eigentlich müssten wir intensiv prüfen, ob wir ihn tatsächlich von unserer Linie überzeugen können. Und welche Auswirkungen könnten diese Differenzen im Laufe der

Saison auf unser Miteinander und unsere mittel- bis langfristige Planung zeitigen?

Aber wir verdrängen das alles und legen über die Differenzen und offenen Fragen unsere persönlichen Sympathien für den Mann. Obwohl uns unser Verstand davor warnen müsste, dass wir in einigen Monaten Probleme bekommen dürften. Franz Beckenbauer und der FC Bayern wollten unterhaltsamen, offensiven Fußball sehen – und verpflichteten zu diesem Zwecke Giovanni Trapattoni, der für das Gegenteil von offensivem Fußball stand. Zeitweise war beim Rekordmeister der Name des Trainers wichtiger als der Fußball, für den dieser stand.

Es bleibt noch eine weitere Unsicherheit. Nehmen wir mal an, dass wir den richtigen Trainer gefunden haben. Richtig in dem Sinne, dass sich seine Spielphilosophie mit unserer deckt. Dann heißt dies nicht automatisch, dass er den Fußball, den er bei seiner letzten Station spielen ließ und der uns schwer beeindruckte, in unserem Verein genauso hinbekommen wird. Heute müssen neue Trainer meist unmittelbar positive Ergebnisse liefern. Das gelingt in der Regel aber nur, wenn die fußballphilosophischen Vorstellungen des Trainers zum existierenden Kader passen, ohne dass dieser eines Umbaus bedarf. Oder aber, wenn der Neue nahtlos an den Vorstellungen eines erfolgreichen Vorgängers anknüpft.

Der Ex-Profi: Keine Garantie für Erfolg

„Trainer sind früher aus dem Fußball heraus entstanden." Der Spielerkarriere habe sich die Trainerkarriere angeschlossen, häufig habe man hier zunächst als Co-Trainer gearbeitet. Der Trainer sei also „aus dem eigenen Geschäft" gekommen. Heute gebe es Cheftrainer ohne solche Erfahrungswerte. So erläutert es Werders „Double-Trainer" Thomas Schaaf. Wer als Spieler viel miterlebt habe, verfüge über „einen anderen Fundus, was Entscheidungen und das Volumen der Lösungsansätze betrifft, als der, der im Prinzip über das Buch kommt, der über das pure Lernen kommt, der über die ideale Ausrichtung geht – weil er nur das anstreben muss". Letzterer sei aber mit den ganzen Aspekten, „die der Mensch mit sich bringt, nicht so vertraut". Der „immense Unterschied" sei, „dass wir nicht über die Produktion von Tellern oder Maschinen reden, sondern über Menschen". Aber diesen Aspekt einzubringen und darüber zu Entscheidungen zu kommen, sei nicht einfach. „Du musst nicht Profi gewesen sein – aber es schadet nicht. Es gibt dir eine zusätzliche Option."

Muss der Trainer ein ehemaliger Profi sein? Vereinsverantwortliche lassen sich manchmal zu stark von der Spielerkarriere eines Kandidaten beeindrucken. Ein exzellenter Spieler sollte doch auch ein exzellenter Trainer sein, zumindest ein guter! Manchmal erhofft man sich vom prominenten Ex-Spieler auch mehr Aufmerksamkeit für den Verein.

Viele der erfolgreichen Profitrainer waren keine „großen Spieler". Ein großer Spieler wird nicht automatisch ein großer Trainer, so wie ein sehr guter Schüler, ein sogenannter „Überflieger", nicht automatisch ein sehr guter Lehrer wird. Manchmal ist eine etwas krumme Schülerkarriere hilfreich für den Lehrerjob. Man weiß, dass nicht jedem Schüler die Dinge einfach zufliegen. Man ahnt, warum ein Schüler faul ist und keinen Bock auf die Schule hat – war bei einem selbst ja nicht anders. Die Unzufriedenheit mit den Lehrern, die man als Schüler hatte, kann der Schlüssel dafür sein, um den Job besser zu machen.

Nein, ein Trainer muss kein großer Spieler gewesen sein. Zu wissen, wie die Kabine tickt, ist sicherlich hilfreich. Aber hierfür muss man nicht 300-mal in der ersten Liga und 50-mal im Nationaltrikot aufgelaufen sein.

Alex Ferguson war ein torgefährlicher Stürmer, der in Schottland u. a. für Dunfermline Athletic und die Glasgow Rangers spielte. Für die Nationalelf reichte es nicht. Nur in der Auswahl der schottischen Amateure kam er zum Einsatz, aber auch das nur einmal. Arsène Wenger spielte nur wenige Jahre als Profi. In seinen drei Jahren bei Racing Straßburg bestritt er zwölf Pflichtspiele. In der Regel lief Wenger nur für die zweite Mannschaft der Elsässer auf. Jogi Löw bestritt nur 52 Bundesligaspiele: Der Weltmeistertrainer verbrachte die meiste Zeit seiner Karriere eine Spielklasse tiefer. Ottmar Hitzfeld kam auf 77 Bundesligaspiele und war Amateurnationalspieler. Jürgen Klopp war ein mittelprächtiger Zweitligaspieler. Der Trainer Klopp über den Spieler Klopp: „Fußball habe ich schon recht früh verstanden, ich konnte es nur nicht umsetzen. Über dem Hals war ich stärker als drunter."

José Mourinho ebenso, aber mit deutlich weniger Einsätzen als „Kloppo". Und der legendäre Arrigo Sacchi kam nicht über den Status eines Amateurs hinaus.

Alex Ferguson, Arrigo Sacchi, Arsène Wenger, José Mourinho, Ottmar Hitzfeld, Jürgen Klopp, Thomas Tuchel: Als Spieler gewann keiner von ihnen eine nationale Meisterschaft, geschweige denn eine europäische Trophäe. Als Trainer gewannen sie zehnmal die Champions League und 35-mal die Meisterschaft in England, Spanien, Italien, Deutschland oder Frankreich, den fünf bedeutendsten Ligen Europas.

Von den 27 Trainern, die seit Einführung der Bundesliga mindestens einmal Deutscher Meister wurden, waren 14 ehemalige Nationalspieler, darunter aber nur fünf deutsche. Die Mehrzahl der Meisterschaften wurde mit Trainern ohne Nationalspielerfahrung errungen. Die erfolgreichsten Bundesligatrainer waren Ottmar Hitzfeld (sieben Meisterschaften), Udo Lattek (sechs), Hennes Weisweiler und Jupp Heynckes (je vier). Letzterer ist der einzige Nationalspieler in diesem Quartett. Auch Bremens erfolgreichste Trainer, Otto Rehhagel und Thomas Schaaf, waren Bundesligaspieler, aber keine Nationalspieler. Ehemalige Topspieler bilden unter den Toptrainern nur eine Minderheit.

Schauen wir auf die Cheftrainer in der ersten und zweiten Bundesliga in der Saison 2021/22. Man muss schon über großes Expertenwissen verfügen, um sich noch an die Spielerkarrieren von Sebastian Hoeneß, Robert Klauß, Florian Kohfeldt, Pellegrino Matarazzo, Julian Nagelsmann, Marco Rose, Frank Schmidt, Christian Streich, Domenico Tedesco, Tim Walter und Ole Werner zu erinnern. In der ersten Bundesliga spielte von ihnen nur Marco Rose (69 Einsätze). Christian Streich war „nur" ein Zweitligaspieler. Ebenso Frank Schmidt, der aber die meisten Jahre seiner aktiven Laufbahn im höherklassigen Amateurfußball verbrachte. Hoeneß und Matarazzo spielten in der Oberliga und Regionalliga, Klauß und Werner in der Oberliga (wo Werner nur auf 16 Einsätze kam), Walter in der Verbandsliga, Tedesco in der Kreisliga und Kohfeldt hütete das Tor der dritten Mannschaft von Werder. Julian Nagelsmann, Cheftrainer des FC Bayern, bestritt nicht ein einziges Seniorenspiel – er musste seine Karriere verletzungsbedingt früh beenden.

Trainer: Die andere Aufgabe

Warum scheitern relativ viele Ex-Stars im Job des Trainers? Wer ein hochtalentierter und erfolgreicher Profi war, neigt vielleicht manchmal dazu, sich auf das Netzwerk zu verlassen, das er sich aufgebaut hat. Und vielleicht nimmt er den Trainerjob auch zu sehr auf die leichte Schulter. Was daran liegen könnte, dass er als Spieler nicht hart an sich arbeiten musste, ihm die Dinge leicht vom Fuß gingen – anders als den Fergusons, Klopps, Baumgarts und Co., die vielleicht auch deshalb schon als Spieler darüber nachdachten: Wie kann ich einen Spieler besser machen? Wie kann ich durch einen guten Matchplan, durch eine gute Strategie, taktische Kniffe individuelle Schwächen kompensieren? Vielleicht hat dieser Typus auch schon in der Zeit als Spieler eher verinnerlicht, wie wichtig eine gute Analyse des Gegners schon in der Vorbereitung auf das Spiel sein kann.

Der Job des Trainers unterscheidet sich von dem des Spielers gewaltig. Plötzlich ist man der wichtigste Mann im Verein. Als Spieler sieht man einfach nur zu, dass man am Spieltag in der Startelf steht und ein gutes Spiel abliefert. Der Trainer muss einem Ensemble aus unterschiedlichen Typen gerecht werden – Typen mit einem unterschiedlichen kulturellen und sozialen Background. Er ist für das gesamte Gebilde verantwortlich und muss jeden Tag gestalten. Nimmt man den Job ernst, verbringt man deutlich mehr Stunden mit dem Spiel als ein Spieler.

Thomas Schaaf erzählt über die Herausforderungen des Jobs: „Du musst auch didaktisch, pädagogisch arbeiten, um ein positives Resultat zu erreichen – das ist eine andere Nummer. Du musst auch führen können, du musst vermitteln können, verständlich machen, was du willst. Du musst dazu in der Lage sein, die Dinge aus der Theorie in die Praxis umzusetzen. Man vergisst, dass viel Einsatz gefordert ist. Du wirst als Coach nur Erfolg haben, wenn du zu diesem Einsatz bereit bist. Wenn du dich nicht mit der Sache identifizierst, wenn du nicht alle Aufgaben, die damit zusammenhängen, annimmst, dich darum kümmerst, dann wirst du langfristig keinen Erfolg haben. Du wirst kurzfristig die Aufmerksamkeit auf dich lenken können – mehr nicht. Für mich ist die Frage, ob diejenigen, die sagen, ich will da mal kurz rein, so wie manchmal ehemalige Stars, wirklich wissen und erkennen, was das für Arbeit bedeutet. Wenn du Personen wie Alex

Ferguson und Arsène Wenger kennengelernt hast, dann merkst du, dass sie diesen Job leben. Der ist für sie nicht Mittel zum Zweck. Das ist absolute Identifikation."

„Rulebreaker" Tuchel

Die englische Premier League, die viele für die weltbeste Liga halten, beschäftigte in der Saison 2021/22 vier deutsche Trainer. Trainer aus der „deutschen Fußballschule" sind im „Mutterland des Fußballs" en vogue, aber nur zwei der deutschen „Entwicklungshelfer" waren als Spieler Profis gewesen. Thomas Tuchel gehörte nicht zu ihnen.

Tuchels erste Trainerstation im Profifußball war Mainz 05. Bis dahin hatte er ausschließlich in Nachwuchsleistungszentren trainiert. Seine älteste Mannschaft war hier eine U23 gewesen. In Mainz beerbte Tuchel den Aufstiegstrainer Jørn Andersen, dessen Menschenführung nicht den Auffassungen von Manager Christian Heidel entsprach. Tuchel war in zweifacher Hinsicht ein „Rulebreaker" (Heidel): Mit ihm wurde ein Mann zum Cheftrainer einer Profimannschaft gekürt, der selbst kein Profi gewesen war und keine Erfahrung mit Mannschaften im Seniorenbereich hatte. Und: Damals spielten fast alle Bundesligisten in einem festen System. Dass seine Mainzer vielen Gegnern gleich in einer Reihe von Dingen unterlegen waren, konterte Tuchel mit taktischer Flexibilität.

Bei Chelsea löste Tuchel Frank Lampard ab, eine Legende des Klubs. Als Spieler hatte Lampard mit Chelsea dreimal die Meisterschaft, viermal den Pokal und einmal die Champions League gewonnen. Aber als Trainer konnte er mit den Großen der Liga noch nicht mithalten. Im Januar 2021 übernahm Tuchel ein orientierungslos wirkendes Team, das aus den ersten 19 Meisterschaftsspielen nur 29 Punkte geholt hatte. Tuchel verschaffte Chelseas Spiel binnen kurzer Zeit eine taktische Struktur. Aus den verbleibenden 19 Begegnungen verbuchte das Team 48 Punkte. Außerdem gewann Chelsea die Champions League. Auch wenn wir nicht nur auf Ergebnisse schauen dürfen, können wir das wohl als großen Erfolg werten, der mit Tuchel als Trainer zu tun hatte.

Man sollte sich also bei der Suche nach einem Trainer nicht von dessen Spielerkarriere blenden lassen. Natürlich ist es hilfreich, wenn der Trainer seine Erfahrungen als Profifußballer einbringen kann und weiß, wie die Kabine tickt. Es gibt Trainer, für die ihre Erfahrungen als Spieler im Trainerjob von großem Nutzen waren, die sicherlich auch aufgrund dieser Erfahrungen sehr gut und erfolgreich waren – bei Werder gilt dies vor allem für Otto Rehhagel und Thomas Schaaf. Aber es gibt auch eine Menge Trainer ohne Profierfahrung, die trotzdem einen exzellenten Job machen.

Titel allein machen noch keinen guten Trainer

„Der Trainer weiß, wie man Meister wird!" „Der Trainer weiß, wie man aufsteigt!" Solche Aussagen vernimmt man häufig, wenn es um die Besetzung der Trainerposition geht. Wie wir schon im Falle von Carlo Ancelotti gesehen haben, berücksichtigen solche Behauptungen nicht, unter welchen Bedingungen und in welchem Umfeld der Kandidat erfolgreich war.

„Der Ex-Bayern-München-Trainer XY weiß, wie man Titel gewinnt! Er hat mit der Mannschaft das ‚Double' gewonnen!" Aber vielleicht war dies während seiner Amtszeit in München selbstverständlich – aufgrund der enormen Stärke des ihm zur Verfügung stehenden Kaders und der Schwäche der Konkurrenten. Vielleicht wäre hier ein anderer Trainer nicht weniger erfolgreich gewesen. Mit Bayern München können vermutlich nicht nur Jupp Heynckes, Pep Guardiola, Carlo Ancelotti, Niko Kovac, Hansi Flick und Julian Nagelsmann Meister werden. Wir wollen die Leistung der Genannten nicht schmälern. Aber manchmal ist Platz neun in der Tabelle eine zumindest ebenso große Leistung wie der Gewinn der Meisterschaft. Es kommt auf die Voraussetzungen und Umstände an.

Man sollte deshalb den Bewertungskatalog nicht auf Ergebnisse im Sinne von Meisterschaften, Pokalsiegen, Aufstiegen und Abstiegen reduzieren. Er bedarf einer Erweiterung. Beispielsweise könnte man darauf schauen, wie viele junge Spieler aus dem eigenen Nachwuchs der Trainer zu Stammkräften gemacht hat, wie viele Spieler er besser gemacht hat. Hat er mit seinem Kader einfach nur die Erwartungen erfüllt oder hat er „über-performed"?

Schauen wir ausschließlich darauf, wie viele Titel ein Kandidat für den Trainerposten bereits eingefahren hat, würde ein Steffen Baumgart heute nicht den Erstligisten 1. FC Köln trainieren, wo er mittlerweile eine Kultfigur ist. 2014 übernahm Baumgart den abstiegsbedrohten Berliner Bezirksligisten SSV Köpenick-Oberspree. Baumgart konnte den Abstieg in die Kreisliga nicht verhindern. Der Wiederaufstieg misslang ebenfalls, weshalb der Verein sich von ihm trennte. War Baumgart zu schlecht für die Bezirksliga? 2015 wurde Baumgart Trainer des Regionalligisten Berliner AK 07 und verpasste mit diesem nur hauchdünn die Meisterschaft. Im August 2016 trennten sich der AK und Baumgart einvernehmlich. Man hätte nun zu dem Schluss kommen können: Baumgart kann weder Klassenerhalt noch Aufstieg!

Und überhaupt: Mehr als die Regionalliga ist ihm nicht zuzutrauen. Baumgarts nächste Station war der Drittligist SC Paderborn. Die Ostwestfalen holten ihn fünf Spieltage vor Schluss der Saison 2016/17, um noch den Abstieg zu verhindern, was aber nicht gelang. Klassenerhalt konnte Baumgart also immer noch nicht. Da 1860 München als Zweitliga-Absteiger nicht die Lizenz für die dritte Liga bekam, blieb Paderborn in der Liga. In den folgenden beiden Spielzeiten marschierte der Mann, dem mit dem SSV Köpenick-Oberspree nicht der Aufstieg aus der Kreisliga in die Bezirksliga gelungen war, mit Paderborn von der dritten in die erste Liga durch.

Vielleicht waren es gerade die Negativerlebnisse, einschließlich persönlicher Krisen, die Baumgart stark und zu einem guten Trainer machten. Was er auf seinem Weg gelernt hat, kann keine A-Lizenz und auch kein „Fußballlehrer“ bieten. Leider trauen sich nur wenige, diesen Weg zu gehen. Wohl auch, weil zu diesem Weg zu selten ermutigt wird. Gefördert wird ein anderer.

Die Fans spielen mit

Trainer werden entlassen, weil wir uns von Nebengeräuschen beeinflussen lassen. Aber es passiert auch umgekehrt. Aus dem Leben des Viert- bzw. Drittligisten Preußen Münster: In der Saison 2010/11 stieg der Klub in die dritte Liga auf. Mit einem Trainer, der für diese Herausforderung genau der richtige war: Marc Fascher. In einer Liga mit im Umgang mit dem Ball überlegenen U21/U23-Mannschaften setzte er auf Erfahrung und Physis. Aber für eine Weiterentwicklung des etwas antiquiert wirkenden Spiels der Mannschaft war Fascher wohl nicht der richtige Mann. Auch nicht für den Einbau von mehr jüngeren Kräften in den Kader. Hierfür hätte man sich vom Trainer trennen müssen, was aber weder den Medien, geschweige denn den Fans zu vermitteln gewesen wäre, zu denen er ein gutes Verhältnis pflegte. Der Trainer genoss bei ihnen den Status des „Aufstiegshelden". Noch Jahre später wird man nach ihm rufen, wenn es sportlich mal nicht läuft. Komplett losgelöst von der Frage, ob der Trainer in der jeweiligen Situation die richtige Antwort geben kann. Die Fans spielten also bei der Trainerentscheidung mit, obwohl sie über einige Dinge gar nicht urteilen konnten, weil es ihnen an Einblick und Expertise mangelte.

Also ging die Vereinsführung mit dem Trainer auch in die nächste Saison. Man hatte nicht den Eindruck, dass dies mit voller Überzeugung geschah. Als die Ergebnisse nun schlecht wurden, war (endlich?) der Zeitpunkt gekommen, sich von ihm zu trennen. Die Trennung war nun vermittelbar. Sein Nachfolger veränderte dann das Spiel der Mannschaft.

Natürlich wäre es sinnvoller gewesen, die Trennung schon nach dem Aufstieg bzw. vor dem Beginn der neuen Saison zu vollziehen. Der Neue hätte die Saisonvorbereitung für die Implementierung seiner Spielphilosophie nutzen können. Möglicherweise hätte dann auch die Transferpolitik anders ausgesehen. Aber die im Sommer herrschende Geräuschkulisse ließ dies nicht zu. Etwas anders handelte der FSV Mainz 05 nach seinem Wiederaufstieg in die erste Liga im Sommer 2009. Jørn Andersen, der Aufstiegstrainer, wurde noch vor dem ersten Punktspiel entlassen. Manager Christian Heidel begründete dies wie folgt: „Unser Ansatz und der von Jørn Andersen haben nicht mehr übereingestimmt." Vorausgegangen war allerdings eine Pokalpleite beim Viertligisten VfB Lübeck, die den Verantwortlichen in die Karten spielte.

Kurswechsel und Trainerfrage

Im Winter 2020 trennte sich Arminia Bielefeld vom Aufstiegstrainer Uwe Neuhaus. Zumindest ein Grund waren unterschiedliche Vorstellungen bezüglich der zukünftigen Orientierung. Sportchef Samir Arabi wollte den Verein zu einem „Ausbildungsverein" umbauen. Verkürzt gesagt: zu einem ostwestfälischen Freiburg.

Für Neuhaus kam Frank Kramer, der in Sachen Ausbildung über reichhaltige Erfahrungen verfügte. Bei Greuther Fürth und in Hoffenheim trainierte er die „Zweite", bei RB Salzburg die U19, beim DFB U18, U19, U20. Aber ist Kramer ein Volker Finke oder Christian Streich? Jan-Hendrik Grotevent schrieb in seinem Arminia-Blog *www.rundumbeobachter.de:* „Was heißt das nun, wenn Arminia auf Freiburg macht? Dass es im Falle von Frank Kramer auch wieder in die zweite Liga geht. Die Hoffnung ist, dass der Ausbildungsverein dann auch Früchte trägt, unabhängig davon, wie lange Kramer und sein Kader brauchen, um das Optimum bis Maximum aus sich zu holen und Punkte zu machen. (…) Für uns Fans ist es im Moment natürlich alles andere als nett. Wir werden uns umgewöhnen müssen. Bisher kennen wir Arminia nur als einen Klub, der den Stall nicht reparieren kann, weil er mit Hühnerfangen beschäftigt ist. (…) Nun müssen wir uns einstellen auf eine Arminia, die ein neues, noch nicht da gewesenes sportliches Konzept hat und das umsetzt. Das heißt, auch Durststrecken und Abstiege durchzustehen, um später Früchte ernten zu können. (…) Ich persönlich würde mich gerne daran gewöhnen, eine Arminia mit einer sportlichen Idee zu unterstützen im Bewusstsein, dass diese Idee sich auszahlt. Eine Arminia, die nicht nur Hühner fängt, sondern einen intakten Stall hat."

Arminias Trainerlegende Ernst Middendorp sah das anders: „Es ist grundsätzlich nicht akzeptabel, einen Abstieg aus der Bundesliga einzukalkulieren." Aber musste es nicht richtig heißen, dass es bei einem Klub wie Arminia nicht geradezu verantwortungslos ist, nicht immer auch einen Abstieg einzukalkulieren? Ob der von Samir Arabi eingeschlagene Weg richtig ist, ob er den gewünschten Erfolg bringt, wirtschaftlich wie sportlich, wird sich erst mittelfristig zeigen – sofern man diesem Weg etwas Zeit lässt. Und unabhängig davon, wie die Ergebnisse aussehen werden: Der Strategiewechsel ergibt doch – für Bielefeld, aber sicher auch für andere Klubs und auch für die Autoren – sehr viel Sinn!

Bemerkenswert: Zur Halbzeit der Saison 2021/22 wurden die letzten drei Plätze in der Liga von Stuttgart, Bielefeld und Fürth belegt. Keiner dieser drei Klubs reagierte darauf mit der Entlassung des Trainers. Entlassen wurden stattdessen die Trainer der Champions-League-Teilnehmer RB Leipzig und VfL Wolfsburg sowie des „Big-City"-Klubs Hertha BSC. In Bielefeld zog man dann vier Spieltage vor Saisonschluss doch noch die Reißleine: Kramer wurde entlassen. Ob die Entlassung unvermeidlich und Kramer vielleicht doch nicht der richtige Mann für Arabis Projekt war, können wir nicht beurteilen. Und auch nicht, ob die Entlassung das Ende des „Bielefelder Wegs“ bedeutet.

Im Übrigen kann auch eine erfolgreiche Zusammenarbeit mit einer Trennung vom Trainer enden. Es gibt Situationen, in denen der Verein am Ende einer Spielzeit entscheiden muss: Trenne ich mich vom Trainer oder von einigen Spielern? Häufig muss dann der Trainer gehen. Solche Situationen können sich auch nach einer sehr erfolgreichen Zusammenarbeit stellen. 1997 gewann Borussia Dortmund die Champions League. Ottmar Hitzfeld war der Auffassung, dass das Team eine personelle Erneuerung benötige. Es bedürfe neuer Reizpunkte, um die richtige Hierarchie müsse neu gerungen werden. Das Durchschnittsalter von Europas Champion betrug 28,7 Jahre. Sieben Spieler befanden sich jenseits der 30-Jahre-Schallmauer, zwei standen kurz vor ihr. Der BVB hatte keine Mannschaft mit Zukunft. Aber BVB-Präsident Gerd Niebaum wollte an den „Helden von München“ festhalten und lieber den Trainer austauschen. Als Jürgen Klopp 2015 beim BVB demissionierte, war er der Auffassung, dass entweder das Team eines neuen Trainers bedürfe oder der Trainer eines neuen Teams.

KAPITEL 4

Verlust der Champions League und Ende einer Ära

„Unser größter Ruhm ist nicht, niemals zu fallen, sondern immer wieder aufzustehen."

NELSON MANDELA

Werders Probleme begannen spätestens mit der Saison 2010/11. Im Sommer 2010 wurde Mesut Özil für 15 Mio. Euro an Real Madrid abgegeben. Der Verein ging trotzdem in die Spielzeit mit einem Kader, der Anspruch auf einen der vorderen Plätze in der Liga bzw. eine erneute Teilnahme an der Champions League erhob. Im Tor stand Tim Wiese, in der Abwehr spielte u. a. Per Mertesacker, für das Mittelfeld standen Tim Borowski, Torsten Frings, Aaron Hunt, Clemens Fritz, Marko Marin und Wesley zur Verfügung. Werders Angriff war nicht weniger erlesen: Es stürmten Hugo Almeida, Marko Arnautovic, Claudio Pizarro und Sandro Wagner.

Die Neuzugänge Arnautovic und Wesley wurden mit dem Geld geholt, das der Verkauf von Özil in die Kasse gespült hatte. Arnautovic war für 6,2 Mio. Euro von Twente Enschede gekommen. Der hoch veranlagte Österreicher sorgte aber vor allem außerhalb des Spielfelds für Schlagzeilen. Für den Mittelfeldspieler Wesley musste Werder 7,5 Mio. an den FC Santos überweisen. Der Brasilianer konnte die hohen Erwartungen nicht erfüllen und gilt noch heute als einer der größten „Transferflops" in der Werder-Geschichte. In seinen zwei Jahren in Bremen kam er nur auf 31 Pflichtspiele. Wesley war nicht der erste teure Fehleinkauf. Zur Saison 2008/09 hatte Werder den Mittelfeldspieler Marko Marin in Gladbach ausgelöst. Marin galt als „deutscher Messi" und Hoffnungsträger für den deutschen Fußball und ist mit einem Preis von 8,2 Mio. Euro noch heute der zweitteuerste Einkauf in der Werder-Geschichte. Auch Marin konnte in Bremen nur selten überzeugen.

transfermarkt.de schätzt den Wert des damaligen Kaders auf 146,55 Mio. Euro. Nur die Kader der Bayern und des VfL Wolfsburg waren in dieser Saison noch wertvoller. Die Differenz zum Branchenführer betrug 137,95 Mio. Euro. Beim Budget für den Kader gab Werder weniger als die Hälfte von dem aus, was die Bayern für ihren veranschlagten. Oder anders formuliert: Das bayerische Ensemble war vermutlich zweieinhalbmal so teuer wie Werders. Das hört sich gigantisch an. Aber die Differenz war bei weitem nicht so groß wie in der Abstiegssaison 2020/21, als die Bayern ungefähr das Sechsfache für ihre Mannschaft ausgaben.

Im Vergleich zum Fünften und Sechsten der Liga war Werders Kader 15 bis 20 Mio. Euro *wertvoller – aber nicht teurer.* In der „Wertetabelle" der Saison 2010/11 lagen auf den Plätzen hinter Werder Bayer Leverkusen, Schalke 04, der HSV und Borussia Dortmund, das in dieser Saison Meister wurde. Letzter in der Tabelle war der FC St. Pauli, auch sportlich der erste Absteiger. Der Wert des Pauli-Kaders betrug ein Fünftel von dem der Bremer.

Wie eigentlich immer ging Werder mit einem kalkulatorischen, strukturellen Risiko in die Saison. Die erneute Qualifikation für die Champions League sollte dieses ausgleichen. Werder hatte damals pro Saison rund 20 bis 25 Mio. Euro aus der „Königsklasse" gezogen.

Aber daraus wurde diesmal nichts. Die Mannschaft spielte eine schwache Saison, was auch zahlreichen Verletzungen geschuldet war. Thomas Schaaf geriet in die Kritik, aber Klaus Allofs und die anderen Verantwortlichen wollten von einem Trainerwechsel nichts wissen und sprachen ihm wiederholt das Vertrauen aus. Werder werde nicht den Fehler anderer Vereine begehen, nur um durch einen neuen Trainer „für vielleicht zwei Wochen einen psychologischen Effekt zu haben" (Allofs).

Der Klassenerhalt wurde erst am 33. Spieltag gesichert, durch einen 2:0-Heimsieg gegen den frischgebackenen Meister Borussia Dortmund. Am Ende trennten die Grün-Weißen als Dreizehnter lediglich fünf Punkte vom Relegationsplatz. Die Mannschaft gewann nur zehn der 34 Spiele, also nicht einmal ein Drittel.

In der Champions League lief es nicht besser. Werder spekulierte auf ein Erreichen der K.-o.-Phase, aber nach den Gruppenspielen war Schluss. Die Mannschaft wurde in ihrer Gruppe Letzter, hinter Tottenham, Inter Mailand und Twente Enschede. Den einzigen Sieg fuhr Werder am letzten Spieltag ein, als das Ausscheiden schon feststand und der Gegner sich bereits für das Achtelfinale qualifiziert hatte. Werder schlug Inter mit 3:0. Die Saison 2010/11 ist bis heute die letzte, in der Werder in der europäischen „Königsklasse“ vertreten war. Die Jahre, in denen Werder erkleckliche Zusatzeinnahmen aus der Champions League verbuchen konnte, waren nun Vergangenheit.

Schlechtes Timing

Zwischen 2004 und 2011 spielte Werder Bremen in der Bundesliga fast immer im oberen Drittel und somit fast ununterbrochen in der europäischen „Königsklasse“. Damit war Werder auch einer der Profiteure der sportlich orientierten Ausschüttung der TV-Gelder. Warum konnte Werder daraus wirtschaftlich nicht mehr Kapital schlagen? Wie war es möglich, dass der Verein nach zwei Jahren ohne internationales Geschäft wieder ins Mittelfeld der Liga absackte?

Aus unserer Sicht gab es hierfür sowohl „Marktgründe“ als auch Werder-spezifische Gründe. Grundsätzlich stiegen sowohl in der Champions League als auch auf nationaler Ebene in der Bundesliga die Ausschüttungen immer weiter, so dass Werder ab 2010 schnell deutlich gegenüber den erfolgreicheren Teams an Boden verlor. In den Jahren, in denen Werder in der Champions League spielte, konnte man dort noch nicht so viel Geld erspielen wie heute. Die finanziellen Hebel, die einem dieser Wettbewerb in die Hand gab, waren nicht so stark wie die, die anschließend der FC Bayern und der BVB bewegen konnten. So richtig schossen die Gelder erst nach Werders Abschied in die Höhe. Außerdem schied Werder meistens früh aus, wodurch man weniger Erfolgsprämien kassierte.

Gegenüber dem FC Bayern und dem BVB hatte Werder noch weitere Nachteile. Das Weserstadion war in Relation zu den Spielstätten der Konkurrenten „zu klein“. Im Zeitraum 2008 bis 2011 wurde das Stadion zu einer reinen Fußballarena umgebaut. Seither beträgt die Kapazität 42.100 bei nationalen und 37.441 bei internationalen Begegnungen (Dortmund: 81.365 / 66.099, München: 75.021 / 70.000). In der Saison 2021/22 belegt Werder damit unter den 54 Profiklubs der ersten drei Ligen Platz 16. Heimspiele brachten also auch deutlich geringere Einnahmen als in München, Dortmund oder auch in Hamburg oder Gelsenkirchen.

Schließlich gelang es den Bayern und später dem BVB, mit dem sportlichen Erfolg in Bereichen wie Werbung (Sponsoring) oder Merchandise viel höhere Erlöse zu generieren – dank einer gegenüber Werder deutlich höheren Reichweite. Klaus Filbry, der am 1. Januar 2010 von Adidas in die Geschäftsführung von Werder Bremen wechselte und dieser seit 2012 vorsitzt: „Wir waren im Sponsoring immer gut, aber nicht so gut wie Dortmund, Schalke und Bayern."

Der BVB wurde mit Jürgen Klopp 2011 Meister, gewann 2012 das „Double" und erreichte 2013 das Champions-League-Finale (Niederlage gegen Bayern München). Aber die Borussen waren in diesen Jahren des Erfolgs auch mehrfach „Markenmeister" und in der Lage, die Erfolge auch international zu „monetarisieren". Das gelang den Bayern sowieso. Werder dagegen war zwar auch international bekannt und beliebt, aber nennenswerte wirtschaftliche Erlöse brachte das eigentlich nie.

Der Umbau des Stadions: zu wenig für zu viel Geld

Noch mal zurück zum Stadion. Der Umbau war notwendig, bedeutete aber finanziell und organisatorisch eine zusätzliche Belastung für den Verein. Außerdem liefen die Kosten aus dem Ruder, man erreichte nicht die ursprünglich angestrebte Kapazität von 50.000. Vielleicht wären 50.000 besser gewesen, auch als Signal an die Fußballöffentlichkeit und Konkurrenz. Aber vielleicht hätte ein noch größerer Umbau den Verein finanziell an die Wand gefahren.

Man musste immer wieder nachbessern, weil es nun mal eine Renovierung und ein Umbau eines Altbaus war und nicht ein Neubau aus einem Guss. Definitiv war das Resultat zu teuer für das, was man dafür bekam. Andere Standorte, gerade dort, wo die WM 2006 gespielt wurde, profitierten teilweise von öffentlicher Förderung, hatten aber in jedem Fall ein Stadion, das „up to date" war. Das Weserstadion hat eine einzigartige Lage mitten in der Stadt, es liegt direkt an der Weser, aber es blieb auch nach dem Umbau in Sachen Qualität im Mittelfeld.

Zu den finanziellen Herausforderungen des Stadionumbaus, die bis heute andauern und den Verein noch lange begleiten werden, kommt, dass das Projekt an den Energien des Vereins zehrte, auf Kosten von anderen Themen. Das erlebten auch andere Vereine.

Die Spitze und der große Rest

Spätestens mit dem Erscheinen von RB Leipzig in der Bundesliga hat sich die Wirklichkeit noch einmal stark verändert. RB erreichte in seiner ersten Bundesligasaison 2016/17 Platz zwei, qualifizierte sich also auf Anhieb für die Champions League. Anschließend lauteten die Platzierungen sechs, drei, drei und zwei. Der Red-Bull-Klub war also sofort ein Spitzenteam, das einen Platz im oberen Drittel „besetzte" – so war es auch geplant. Eine Anlaufphase – erste Saison Klassenerhalt, dann Schritt für Schritt nach oben – war nicht vorgesehen. RB war hier anders als Hoffenheim. Auch die „Werkself" aus Leverkusen spielte in den vergangenen Jahren sehr konstant, leistete sich nur einen Ausrutscher in der Saison 2016/17.

Nach und nach entwickelte sich die Liga in eine Richtung, die immer deutlicher eine Korrelation zwischen sportlicher Performance und finanziellem Aufwand zeigte, vermutlich auch deshalb, weil die Schere immer weiter auseinanderging. Im oberen Drittel scheinen mindestens drei Plätze vergeben, und es gelingt in jedem Jahr nur ein oder zwei Klubs, für eine Überraschung zu sorgen.

Die Unterschiede zwischen dem Rest der Liga verschwimmen immer mehr. Die unteren beiden Drittel der Liga kämpfen mit annähernd gleichen Waffen, hier sind die finanziellen Unterschiede nicht so groß, als dass sie alles entscheiden. Die besten aus diesem Rest können um Europa mitspielen, diejenigen, die Fehler machen oder viel Pech haben, spielen schnell gegen den Abstieg.

In diesem Segment zwischen den Tabellenplätzen 7 und 18 befanden sich nun Traditionsvereine wie Werder, Schalke, Frankfurt, Köln oder der HSV in einem Verdrängungswettbewerb mit Klubs wie Freiburg, Augsburg und Mainz, seit der Saison 2019/20 auch Union Berlin. Aber zudem noch mit besonderen Klubs wie Hoffenheim oder dem „Big-City-Klub" Hertha BSC. Und erstaunlicherweise auch dem VfL Wolfsburg, dessen Performance auffallend schwankend ist. In den acht Spielzeiten 2013/14 bis 2020/21 konnte sich der VfL fünfmal für einen europäischen Wettbewerb qualifizieren, davon zweimal für die Champions League. Aber der VW-Klub konnte sich auch zweimal erst in der Relegation vor dem Abstieg retten. Auch in der Saison 2021/22 spielt der Vorjahresvierte Wolfsburg weit unterhalb der Erwartungen.

Obwohl die Traditionsvereine in gewisser Weise einen Wettbewerbsvorteil besitzen sollten, weil sie mehr Fans und mehr Reichweite haben, bekommen sie diesen nicht dauerhaft auf den Platz. Im Gegenteil, die etwas kleineren Klubs nutzen den Vorteil des Herausforderers, scheinen flexibler und schlanker zu sein und machen weniger Fehler. Es scheint, als wären die großen Traditionsklubs zu sehr mit sich und ihrem Umfeld beschäftigt – und hier besonders mit der Erwartungshaltung, die sich aus früheren Erfolgen ergibt. Gerade an den Beispielen HSV und Schalke sieht man die Unruhe in diesen Klubs, die einerseits dazu führt, dass Trainer und Sportdirektoren noch schneller ausgetauscht werden als an den anderen Standorten. Andererseits führen die überbordenden Ansprüche des Umfelds aber auch dazu, dass diese Adressen noch leichter in die Falle der Überinvestition tappen, weil sie mehr erreichen wollen als einfach nur „in der Liga zu bleiben".

Die kleineren, smarten Klubs dieses Segments sind wie Freiburg als „Ausbildungsklub" erfolgreich (als um die Jahrtausendwende andere Klubs die Kirch-Millionen verfeuerten, baute der SC seine Fußballschule ...), finden wie der Berliner „Kultklub" Union eine kreative Herangehensweise der Kaderplanung durch „Unzufriedene" und ablösefreie Spieler oder kämpfen mit allem, was sie haben, vom ersten Spieltag an gegen den Abstieg.

Die Liga der Veränderer

Selbst in Bremen hat man es laut Klaus Filbry mit einem schwierigen Umfeld zu tun, auch wenn die Kritik manchmal subtiler „hinter den Kulissen" artikuliert wird. Neben den schon weiter oben aufgeführten Gründen geriet Werder für Filbry aber auch ins Hintertreffen, weil man auf Veränderungen im Fußball nicht angemessen reagierte.

In der Endphase von Werders Champions-League-Präsenz kamen Themen wie Umschaltspiel, defensive Kompaktheit, Handlungsschnelligkeit, Tempo, Gegenpressing in die Liga. Und neue Trainer, die die Trainerqualität verbesserten und aufzeigten, wie man mit einem „anderen Fußball" individuelle Klasse besiegen kann.

In Mainz wurde im Sommer 2009 der Aufstiegstrainer Jørn Andersen vom jungen Thomas Tuchel beerbt, der der Mannschaft nun modernen Tempo- und Angriffsfußball verordnete. In der Saison 2010/11 führte

Tuchel Mainz auf Platz fünf in der Liga. Anfang des Jahres 2022 wurde Tuchel zum „Welttrainer des Jahres" gekürt, er war nach Jürgen Klopp der zweite Ex-Mainzer, dem diese Ehrung zuteilwurde.

Lucien Favre rettete zunächst Gladbach in der Saison 2010/11 in die Relegation. Und zwar mit einer Spielweise, die mit Abstiegskampf- und Underdog-Fußball nichts zu tun hatte. Eine Saison später wurde Favre mit einem nahezu identischen Personal Vierter. 2014/15 wurde Gladbach sogar Dritter, was die direkte Qualifikation für die Champions League bedeutete.

Auch bei Borussia Dortmund machte sich der fußballerische Paradigmenwechsel bemerkbar. Dort hatte seit 2008 Jürgen Klopp das Sagen, der zuvor schon in Mainz auf sich aufmerksam gemacht hatte und nun den BVB mit seinem „Spielmacher Gegenpressing" 2011 zur Meisterschaft, 2012 zum „Double" und 2013 ins Finale der Champions League führte.

Der FC Augsburg wurde seit 2012 von Markus Weinzierl trainiert. In der ersten Halbserie der Saison 2012/13 holte der FCA nur neun Punkte und galt damit als sicherer Absteiger. Aber der Klub hielt am Trainer fest, der sich mit dem kaum mehr für möglich gehaltenen Klassenerhalt bedankte. Eine Saison später wurde der FCA Achter, 2014/15 sogar Fünfter, wodurch man sich für die Europa League qualifizierte. Ebenfalls 2012 wurde Christian Streich Trainer beim SC Freiburg – und ist dies bis heute noch.

Die aufgeführten Trainer wirkten in ihren Vereinen als Innovatoren. „Trainer waren immer schon die großen ‚Veränderer', die einen Verein auf eine andere Stufe heben können", sagt Klaus Filbry. Werder wusste das eigentlich, denn 1999 war genau das Thomas Schaaf gewesen.

Ein letztes Aufbäumen

Wie wir sehen werden, brach Werders Umsatz durch das Verpassen der Champions-League-Qualifikation schon in der Saison 2011/12 ein. Trotzdem verfügte Werder auch in dieser Spielzeit über einen wertvollen (und teuren) Kader, den *transfermarkt.de* noch auf einen Wert von 125,35 Mio. Euro schätzte. Das Werder-Ensemble um Naldo, Philipp Bargfrede, Aaron Hunt, Clemens Fritz, Marco Arnautovic und Claudio Pizarro besaß unverändert eine hohe Qualität – aber es war eine unstimmige Qualität.

Die Saison 2011/12 kann man als letzten Versuch von Klaus Allofs und den anderen Entscheidern betrachten, noch einmal einen Kader an den Start zu bringen, der die Champions League zurückholen konnte – ein wohl letztes Aufbäumen, sich gegen den drohenden Abschied aus den Spitzenplätzen der Liga zu stemmen.

Neu dabei war Mehmet Ekici, für den Werder fünf Mio. Euro an den FC Bayern zahlen musste. Ekici konnte bei Werder nicht reüssieren. Marco Marin, Wesley, Arnautovic, Sandro Wagner, Said Husejinovic, Denni Avdic, Joseph Akpala, nun Ekici und im Sommer 2012 Eljero Elia – seit 2008 hatte Werder bei Neueinkäufen häufig kein glückliches Händchen mehr besessen. Ganz im Gegensatz zu den Jahren davor. Bei Diego, Miroslav Klose und Mesut Özil hatte Werder noch große Transfergewinne erzielen können. Diego kam für sechs Mio. Euro und ging zu Juventus Turin für 27 Mio. Bei Klose betrug das Verhältnis von Ausgabe zu Einnahme 5 zu 15 Mio., bei Özil 5 zu 18 Mio.

Klaus Allofs hat seine Transferpolitik später damit verteidigt, dass die Luft „immer dünner wird, wenn du Erfolg hast“. Wenn man regelmäßig Champions League spiele, seien Transfers nötig, „die die Mannschaft auf hohem Niveau noch besser machen“. Womit die einzusetzende Geldsumme steigt – und auch das Risiko, wenn es schiefgeht.

Bei den allermeisten Personalentscheidungen richtig zu liegen, mehr noch, immer deutlich besser zu sein als die anderen Klubs, ist schwer bis unmöglich. Zwischen 1999 und 2008 hatte vieles, fast alles geklappt. Danach ging vieles daneben.

Verlorene Wetten

Transfers sind immer auch eine Wette auf die Zukunft. Es bedarf großer Sorgfalt und Kreativität. Und wenn ein Verein wie Werder zu viele dieser Wetten verliert, wird das zum Problem. Weil es Werder, wie wir gesehen haben, nicht gelang, durch den sportlichen Erfolg wirtschaftlich ausreichend zu profitieren, war der Klub zu allen Zeiten auch auf Transfererlöse angewiesen, um Gewinne zu erwirtschaften.

Die Wette ging so lange auf, wie man in der Champions League spielte, also sportlich erfolgreich, der Kader dadurch eine Wertsteigerung erfuhr, man lukrative Verkäufe tätigte, die hohe Erlöse bedeuteten, und gute Einkäufe. Bricht aber auch nur ein Puzzleteil heraus, kann sehr schnell ein Teufelskreis daraus werden: Gemessen am Erfolg ist der Kader nun zu teuer, die Gehälter der Spieler sind zu hoch, da sie nicht durch die Gelder aus der Champions League gedeckt werden, Transfers fallen aus oder misslingen.

Werders Budgetplanung für die Saison 2011/12 prognostizierte (ohne Champions League) ein deutliches zweistelliges Minus. Die Verantwortlichen versuchten, die finanzielle Situation zu konsolidieren, aber trotzdem wettbewerbsfähig zu bleiben. Im August 2011 wurde Per Mertesacker für 11,3 Mio. Euro an Arsenal verkauft. Weitere teure Akteure bekam man hingegen nicht vom Hof. In der Situation, in der sich Werder nun befand, gestaltet sich ein „Entschlacken“ des Kaders schwierig. Die Spieler haben große Verträge. Da sie nicht „performed“ haben, sind potenzielle Abnehmer nicht vorhanden oder bieten nicht die ursprünglich einkalkulierte Ablöse. Manchmal werden die Spieler nur abgenommen, wenn der abgebende Verein einen Teil des vom Abnehmer gezahlten Gehalts übernimmt. Denn auch die Spieler wollen nicht auf Geld verzichten und bewegen sich nicht freiwillig von der Lohnliste. Im schlimmsten Fall bleibt man auf diesen Spielern sitzen. Exakt dies passierte auch bei Werder.

37 Punkte weniger als der Meister

Durch die Einnahmen aus dem Mertesacker-Verkauf und der damit verbundenen Gehaltseinsparung sowie weiteren Maßnahmen konnte das Defizit auf rund 14 Mio. Euro reduziert werden. Aber für eine Mannschaft, die in der Vorsaison erst am zweitletzten Spieltag die Klasse sichern konnte und in der Champions League sang- und klanglos ausgeschieden war, waren die Gehaltsausgaben noch immer ziemlich hoch – zu hoch.

Die Hinrunde der Spielzeit 2011/12 beendete Werder mit 29 Punkten auf Platz fünf, also seiner Platzierung in der Wertetabelle entsprechend. Aber die 29 Punkte entpuppten sich als Augenwischerei. Denn in der Rückrunde kamen nur noch 13 Zähler hinzu, was in der Endabrechnung Platz neun bedeutete. Die Distanz zum alten und neuen Meister BVB betrug 37 Punkte, zum ersten festen Champions-League-Platz, das war nun Rang drei, 22. Zum vierten Platz, der zur Teilnahme an der Qualifikation berechtigte, waren es 18 Zähler. Der Kader hatte erneut nicht performt. Auch nicht im DFB-Pokal, wo man in der ersten Hauptrunde am damaligen Drittligisten 1. FC Heidenheim scheiterte.

Im Sommer 2012 musste man sich also eingestehen, dass der Versuch, zurück an die Spitze zu kommen, gescheitert war. Werder wirkte emotional und energetisch ausgelaugt. Thomas Schaaf wollte nach der miserablen Rückrunde aufhören. Doch Klaus Allofs überzeugte ihn vom Weitermachen, ging dann aber selbst wenige Monate später nach Wolfsburg, worüber Schaaf alles andere als glücklich war.

Einige teure Akteure verließen Bremen. Marin wechselte für acht Mio. zum FC Chelsea. Naldo ging zum VfL Wolfsburg, Boenisch nach Leverkusen, Claudio Pizarro zum FC Bayern und Tim Wiese stellte sich in das Tor von 1899 Hoffenheim. Tim Borowski beendete seine Karriere.

Der Wert des Kaders sank auf 79,2 Mio. Euro – das bedeutete gegenüber der letzten Champions-League-Saison 2010/11 fast eine Halbierung (146,55) und nur noch Platz elf in der Wertetabelle. Von der Spitze grüßten hier wie immer die Bayern mit einem Wert von 407,30 Mio. – das war inzwischen gut das Fünffache des Bremer Werts.

Der von Chelsea ausgeliehene junge Kevin De Bruyne, der in der Saison 2012/13 in 33 Bundesligaspielen zehn Tore schoss und neun Assists ablieferte und später zu einem der weltweit besten offensiven Mittelfeldspieler avancierte, konnte nicht mehr fest verpflichtet werden. De Bruyne kehrte zum FC Chelsea zurück.

Gladbach und Werder – eine interessante Parallele

Seit der Jahrtausendwende waren Gladbach und Werder jenseits des FC Bayern und Borussia Dortmund in der Bundesliga über einen relativ langen Zeitraum die einzigen „Über-Performer". Werder erlangte diesen Status unter Thomas Schaaf und Klaus Allofs durch einen besonderen Werder-Fußball, durch kreative Transfers und eine besondere Atmosphäre. Werders Hochphase fiel in eine Zeit, in der der BVB eine schwere finanzielle Krise bewältigen musste und Vereine wie Leipzig, Leverkusen und Wolfsburg noch nicht so stark mit externen und Gesellschaftermitteln eingegriffen haben.

Gladbach unter Max Eberl erinnerte an Werder in den Allofs-/Schaaf-Jahren und schaffte dann zu Beginn der 10er-Jahre, durch viele kluge Entscheidungen (u. a. die Verpflichtung von Lucien Favre als Trainer) trotz eines immer schwierigeren Wettbewerbs und Veränderungen bei den TV-Einnahmen (fast) die Rolle von Werder einzunehmen. Sich unter den ersten vier Klubs zu etablieren und kontinuierlich in der Champions League zu spielen, scheint heute hingegen kaum noch möglich. Die Rolle der Borussia war in den letzten Jahren wahrscheinlich nah am Optimum dessen, was man als „Mittelklasseklub“ erreichen kann. In der Saison 2021/22 sah man aber, dass auch diese Position fragil bleibt. Gladbach plagte da ein ähnliches Problem wie Werder im Sommer 2020, also vor dem Abstieg. Durch die Pandemie geriet das Geschäftsmodell ins Wanken. Dieses bestand nicht nur im Kauf von Spielern, sondern vor allem in deren gewinnbringendem Verkauf. „Eberl hat zum Beispiel Granit Xhaka, Thorgan Hazard und Jannik Vestergaard jeweils über Tarif abgegeben und für eine viel geringere Gebühr talentierte Nachfolger besorgt. Auf diese Weise ist seine Borussia nicht nur erfolgreich, sondern auch einigermaßen wohlhabend geworden“, schrieb die *Süddeutsche Zeitung*.

Weil Corona-bedingt niemand aus dem In- und Ausland bereit war, im Sommer 2020 30 oder 40 Mio. Euro für Spieler wie Matthias Ginter, Denis Zakaria oder Marcus Thuram zu zahlen, fehlte Max Eberl das Geld, um den Kader aufzufrischen. Gladbach fehlte aber auch das Geld, um die Verträge dieser Spieler, die im Sommer 2022 ausliefen, zu verlängern. Noch einmal die *Süddeutsche Zeitung*: „Der Fall Ginter/Zakaria zeigt alles, was man über den Corona-Transfermarkt wissen muss. Der Transfermarkt ist in der Pandemie abgründig und gemein geworden, er quält jetzt sogar seine Besten. Max Eberl hat nach den alten Regeln alles richtig gemacht, aber nach den neuen Regeln ist alles plötzlich falsch.“ Im Zuge einer missratenen Hinrunde, in der Gladbach nur 19 Punkte holte, nur zwei mehr als das Team auf dem Relegationsplatz, erfuhr der Kader einen starken Werteverlust – ähnlich wie Werders in der Saison 2011/12.

Ende Januar 2021 verließ Zakaria dann doch noch Gladbach und wechselte zu Juventus Turin. Fünf Monate vor Vertragsende bescherte er der Borussia eine Ablöse von 4,5 Mio. Euro plus FIFA-Solidaritätszuschlag und 4,1 Mio. als mögliche Bonuszahlungen. Unterm Strich war das nur ein Bruchteil dessen, was Gladbach im Sommer 2020 hätte aufrufen können.

Ebenfalls Ende Januar 2022 verabschiedete sich Max Eberl mit einem Burn-out aus dem Bundesligageschäft. In vielen „Eberl-Nachrufen“ las man, den Manager habe im letzten Jahr „das Glück verlassen“. Das war insofern bemerkenswert, weil eingestanden wurde, dass erfolgreiches Management auch viel mit Glück zu tun hat. Eine Erkenntnis, die aber anschließend in der Beurteilung der Amtszeit eines Managers (oder auch eines Trainers) häufig nicht einfließt. Stattdessen werden alle möglichen Fehler identifiziert, die man selber nicht begangen hätte, weil man es besser wusste. So auch bei Max Eberl, dem sein Festhalten an Marco Rose, die Verpflichtung von Adi Hütter und der Nicht-Verkauf von Marcus Thuram vorgehalten wurde. In der Rose-Frage hatte sich Eberl einfach als standhaft erwiesen. Verständlich oder nicht, Rose wollte mit dem Schritt nach Dortmund einen Sprung auf der Karriereleiter machen. Muss man einen Trainer unbedingt entlassen, wenn dieser für die kommende Saison bei einem anderen Klub unterschreibt? Haben wir es nicht mit Profis zu tun? Dass Gladbach im Fall einer Rose-Entlassung die Saison besser beendet hätte, lässt sich nicht beweisen. Und als Gladbach die Verpflichtung von Hütter bekanntgab, wurde diese gemeinhin als „Coup“ gewertet. Gladbach hatte den Frankfurtern ihren Erfolgscoach abspenstig gemacht. Das war Hütter nämlich damals. Er war mit der Eintracht auf dem Weg in die Champions League. Und was Thuram anbetrifft, so gestaltet sich die Sache etwas komplizierter. Im Sommer 2021 scheiterte ein Verkauf an Inter Mailand, das angeblich 39 Mio. Euro geboten hatte, an drei Dingen. Gladbach wollte ihn tatsächlich nicht unbedingt gehen lassen. Hinzu kam aber, dass Thuram gar nicht weg wollte und nun eine Verletzung seinen Marktwert drückte.

An dieser Stelle sei daran erinnert: Die jüngere Geschichte dieses Traditionsklubs vom Niederrhein hätte auch ganz anders verlaufen können. Denn auch personalpolitisch ist das emotionale Geschäft Fußball eine hochgradig fragile Angelegenheit. In der Saison 2010/11, als die Borussia akut vom Abstieg bedroht war, versuchte ein Zusammenschluss von Führungskräften aus der lokalen Wirtschaft, die Vereinsführung und Max Eberl zu stürzen. Neuer Präsident sollte Horst Köppel werden. Den Job von Eberl sollte Stefan Effenberg übernehmen. Aber die Mitgliederversammlung erteilte diesem Vorhaben eine unmissverständliche Absage. Dabei war sicherlich hilfreich, dass die Gladbacher einige Tage zuvor die Relegation gegen den VfL Bochum knapp für sich entscheiden konnten. Es sind Zweifel angebracht, ob Gladbach unter einer Führung Köppel/Effenberg eine auch nur annähernd so positive Entwicklung eingeschlagen hätte wie unter der Regentschaft von Max Eberl. Überhaupt bleibt abzuwarten, ob die Saison 2021/22 tatsächlich das Ende der in den vergangenen zwölf Jahren durch und durch positiven Entwicklung markiert.

Klaus Allofs geht

In die Saison 2012/13 ging Werder also schon sehr belastet. Objektiv war der Verein in der Spitze der Liga nicht mehr wettbewerbsfähig. Aber die Krise bedeutete nicht, dass Werder abstürzen musste. Im Umfeld hatten dennoch manche schon mit der Ära „KATS“ (Klaus Allofs und Thomas Schaaf) weitgehend abgeschlossen.

Im November 2012 bat Klaus Allofs Werder um die Auflösung seines Vertrages. Allofs spürte natürlich, dass Werder schwierige Jahre bevorstanden und der Verein nicht länger ein Anwärter auf die europäischen Plätze war. Er wechselte zum VW-Klub VfL Wolfsburg. Allofs wurde für Werder-Verhältnisse gut bezahlt, aber in der Autostadt winkte ein noch höheres Gehalt. Vor allem aber: In Wolfsburg agierte der Manager mit Netz und doppeltem Boden. Dank VW drohten dem VfL nie existenzbedrohende Turbulenzen. In der Saison 2014/15 wurde Allofs mit den „Wölfen“ Vizemeister und Pokalsieger. Auch dank dem Ex-Bremer Kevin De Bruyne, den Allofs für 22 Mio. Euro zurück in die Bundesliga geholt hatte. Im August 2015 verkaufte er den Belgier für 76 Mio. Euro an den „Scheich-Klub“ Manchester-City.

Für Werder war die Trennung von Allofs schmerzhaft, auch wenn in den letzten zwei Jahren seiner Amtszeit vieles nicht mehr funktioniert hatte. Trotzdem war Allofs *der* sportliche Entscheider in der Geschäftsführung, seit 2009 sogar ihr Sprecher (was möglicherweise keine so gute Idee gewesen war) und verließ nun Werder mitten in der Saison.

Mit Bremens maritimem Hintergrund im Kopf drängt sich das Bild auf, dass der Kapitän das Schiff verließ – ein Schiff, das sich mindestens in schwierigen Gewässern befand. Er heuerte auf einem stabileren Schiff an, das ruhiger dahingleiten konnte, und er ließ eine Mannschaft und einen Steuermann (Schaaf) zurück, die nun alleine klarkommen mussten.

Allofs ergriff eine Chance und das war legitim, auch wenn sich über den Zeitpunkt sicher streiten lässt. Aber es machte die Sache nicht leichter für Werder – die (überschaubaren) finanziellen Entschädigungen aus Wolfsburg halfen da nur wenig.

„Out of the box"

Am 15. Februar 2013 wurde Thomas Eichin Werders neuer Geschäftsführer Sport. Der ehemalige Abwehrspieler hatte viele Jahre für Borussia Mönchengladbach gespielt, aber nach seiner Karriere den Weg in eine andere Sportart (Eishockey) gefunden und kam nach Bremen als Manager der Kölner Haie. Die Tatsache, dass Eichin als früherer Fußballprofi einen solchen Umweg gegangen war, gefiel dem Aufsichtsrat um Willi Lemke. Eichin war kein typischer Werderaner und sollte dies auch nicht sein.

Die Werder-Verantwortlichen wollten damals „out of the box" denken. Neben Thomas Eichin hatte sich der Aufsichtsrat, dem nun auch Marco als normales Mitglied angehörte, auch mit Marc Kosicke, dem Manager und Berater von Jürgen Klopp, beschäftigt. Kosicke war ein gebürtiger Bremer und Werder-Fan seit seiner Kindheit, aber er war kein klassischer Fußballmanager, sondern hatte sich mit seiner Agentur projekt b[9] eine spannende Nische im Business geschaffen. Diese wollte er auch nicht verlassen, und so erteilte er dem Verein eine Absage: „Ich wollte nicht jeden Tag gesehen und bewertet werden."

Schon die ersten Monate, die letzten drei der Saison 2012/13, waren für Thomas Eichin sehr schwierig. Im Frühjahr 2013 geriet Werder in den Abstiegskampf und hatte erneut eine Trainerdiskussion zu überstehen. Schaaf war müde und frustriert, stand zudem mit den Medien auf Kriegsfuß. Aber Thomas Eichin stellte sich zunächst hinter Schaaf. Der Klassenerhalt gelang am vorletzten Spieltag durch ein Remis gegen Eintracht Frankfurt. Danach setzte man sich zusammen und vereinbarte, die Zusammenarbeit zu beenden.

Thomas Schaaf wollte ein sofortiges Ende und war auch nicht mehr gewillt, sich der Öffentlichkeit zu erklären. Diese schwierige Aufgabe

---

9 "projekt b" kümmert sich besonders um die Beratung von Trainern. Neben Klopp gehören auch Bo Svensson, Florian Kohfeldt, Stefan Kuntz, Sandro Schwarz, Torsten Lieberknecht u.v.m. zu den „Klienten".

übernahm dann Eichin. Beim letzten Saisonspiel wurde die Mannschaft von den Co-Trainern Wolfgang Rolff und Matthias Hönerbach betreut. Nach einer Niederlage beim 1. FC Nürnberg endete Werder auf Platz 14. Der Vorsprung auf den ersten sicheren Abstiegsplatz betrug vier Punkte, auf den Relegationsplatz waren es nur drei. Hätte Schaaf seinen bis Sommer 2014 laufenden Vertrag noch einige wenige Monate erfüllt, wäre er vor Otto Rehhagel Werders alleiniger Rekordtrainer gewesen.

KAPITEL 5

Crashkurs: Finanzen eines Fußballklubs

„Milliardäre sind Leute, die auch einmal als ganz gewöhnliche Millionäre angefangen haben."

JERRY LEWIS

Betrachten wir am Beispiel Werder, wie Fußballklubs wirtschaftlich funktionieren, warum sie immer wieder „hart am Wind segeln", über ihre Verhältnisse leben und dann manchmal in Schieflage geraten. Auf der einen Seite sind Fußballklubs relativ einfache unternehmerische Akteure, ihre Einnahmen und Ausgaben sind wenig komplex und gut nachvollziehbar. Auf der anderen Seite gibt es in Fußballklubs gegenüber anderen Unternehmen einige Besonderheiten, manchmal auch Merkwürdigkeiten. Das hat auch damit zu tun, dass sie nicht auf Gewinnmaximierung als Selbstzweck schauen, sondern ihr wichtigstes Ziel der sportliche Erfolg ist.

Alle 36 Klubs der ersten und zweiten Bundesliga, die in der Deutschen Fußball Liga (DFL) organisiert sind, schaffen gemeinsam etwas, was man als Produkt bezeichnen kann, nämlich die untereinander auszutragenden Spiele. Das Besondere gegenüber anderen Branchen ist das Wort *gemeinsam*, weil in der DFL ein „kooperativer Wettbewerb" zwischen den Klubs bzw. ihren ausgelagerten Kapitalgesellschaften organisiert wird. Auch der FC Bayern kann allein, ohne die 17 anderen Teams in der Bundesliga, das „Produkt" nicht herstellen, man ist also aufeinander angewiesen. Die Ligaspiele als Events in den Stadien sowie die vielfältige mediale Verwertung und Vermarktung dieser Spiele und der sich daraus ergebenden Marken und Produkte bilden die Basis des Geschäftsmodells der Klubs. Betrachtet man die Einnahmen der „normalen" Fußballklubs, findet man überall ähnliche Strukturen und Kategorien von Umsätzen: Spieltag (Ticketing),

Mediavermarktung (TV u. a.), Werbung (Sponsoring) sowie Merchandising und Sonstiges.

Unter diesen vier Einnahme-Kategorien nimmt die Mediavermarktung eine besondere Stellung ein, denn während jeder Klub Ticketverkäufe, Sponsoring und Trikotverkäufe selbst organisiert, werden die Medienrechte von der Liga „zentral vermarktet" und nach einem bestimmten Schlüssel an die Klubs der Bundesliga und der zweiten Liga ausgeschüttet. An dieser Stelle soll es nicht um die Details der Kriterien der Verteilung gehen und erst recht nicht um die Frage, ob der aktuelle Verteilungsschlüssel optimal für den Wettbewerb oder gerecht ist. Das behandeln wir später. Wichtig hier sind nur drei Dinge:

Erstens, die Mediaeinnahmen sind insgesamt in den vergangenen 15 Jahren extrem gesteigert worden (ungefähr um das Vierfache). Ein Riesenschritt wurde mit dem vierjährigen Media-Vertrag ab der Saison 2017/18 vollzogen. Zweitens, sportlich erfolgreiche Klubs profitieren überproportional, das heißt, die Verteilung erfolgt vor allem über eine „gewichtete" Fünfjahreswertung (die jeweils zurückliegende Saison zählt fünffach, die davor vierfach und so weiter). Ein Platz im TV-Ranking der Bundesliga ist ungefähr zwei Mio. Euro wert. Und drittens, international spielende Klubs erhalten nicht nur aus der Zentralvermarktung der europäischen Wettbewerbe sehr hohe zusätzliche Einnahmen, insbesondere aus der Champions League, sondern sie profitieren auch zu großen Teilen aus der internationalen Vermarktung der Bundesliga, dem sogenannten „Topf International".

Es gibt noch eine fünfte Kategorie von Einnahmen, die wir bewusst erst jetzt erwähnen, weil sie in vielerlei Hinsicht anders ist als die anderen: Transfererlöse. Der Transferwert der Spieler macht den Unterschied aus. Genau deshalb ist – neben der Möglichkeit, selbst die Spieler für das Profiteam auszubilden – das Akquirieren und Verkaufen von Spielern auf dem Transfermarkt ein zentrales Tool im Handeln von Klubs. Die Qualität der Entscheidungen auf diesem Feld ist offensichtlich ein kritischer Erfolgsfaktor. Während wenige Klubs wie der FC Bayern am Transfermarkt meistens mehr investieren, als sie einnehmen, sind die allermeisten Klubs eher daran interessiert, reale Transferüberschüsse zu erzielen. Das galt auch zu allen Zeiten für Werder.

Ein Blick in die Bilanzen

Es ist eine auf den ersten Blick etwas skurril anmutende Besonderheit von Fußballklubs, wie bilanziell mit den Spielern umgegangen wird: Im Grunde werden sie in gewisser Weise wie Maschinen betrachtet. In den Bilanzen der Klubs tauchen die Spieler nämlich nur auf, falls es „Anschaffungskosten“ für sie gab, also vor allem Transferausgaben. Diese werden dann über die Laufzeit des Vertrages linear abgeschrieben, genau wie bei Maschinen in Industrieunternehmen.

Wenn also ein Spieler X für eine Transfersumme von acht Mio. Euro eingekauft wird und einen Vierjahresvertrag erhält, beträgt die jährliche Abschreibung zwei Mio. Euro. Abschreibungen sind natürlich in der Gewinn- und Verlustrechnung Aufwand und reduzieren den möglichen Jahresgewinn. Nach zwei Jahren steht dieser Spieler X dann noch mit vier Mio. Euro in der Bilanz. Wird sein Vertrag noch einmal verlängert, taucht er nach den vier Jahren als Wert in der Bilanz gar nicht mehr auf, weil seine Anschaffungskosten schon „abgeschrieben“ sind. Genauso verhält es sich bei einem Spieler Y, der aus der eigenen Jugend kommt und einen Profivertrag erhält, oder einem Spieler Z, der ablösefrei von einem anderen Klub kommt. Auch diese sucht man in der Bilanz vergebens.

Aber im Grunde ist das natürlich gut für den Klub, weil der schon abgeschriebene Spieler X, der ablösefreie Spieler Z oder auch das eigene Talent wie Spieler Y sogenannte stille Reserven für die Klubs darstellen. In der letzten „Vor-Corona“-Saison 2018/19 spielten für den FC Bayern laut *transfermarkt.de* Spieler im Wert von über 800 Mio. Euro. In der Bilanz zum 30.06.2019 standen „nur“ Spielerwerte in einer Höhe von 154 Mio. Euro. Es ist eine leichte „System 2-Aufgabe“, daraus die stillen Reserven zu berechnen!

Interessant wird es nun bei einem Transfer. Wechselt beispielsweise Spieler X, für den der Klub acht Mio. Euro bezahlt hatte, nach zwei Jahren für zehn Mio. zu einem anderen Klub, muss der „Restbuchwert“ von vier Mio. abgezogen werden, und es ergibt sich nur ein Gewinn von sechs Mio., auch wenn tatsächlich zehn Mio. gezahlt wurden. Für Spieler, die nicht in der Bilanz stehen, ist die volle Summe für das Ergebnis wirksam, das ist für den abgebenden Klub ideal. Furchtbar ist es dagegen, wenn man einen wichtigen Spieler ablösefrei ziehen lassen muss, so wie das Schalke 2018 mit Leon Goretzka passiert ist. Laut *transfermarkt.de* hatte Goretzka zu dem Zeitpunkt einen Wert von 40 Mio. Euro, aber Schalke bekam vom FC Bayern München keinen Cent. Das ist ein für die Vereine sehr problematisches Resultat des berühmten Bosman-Urteils von 1995. Heute soll Goretzka einen Wert von 70 Mio. Euro haben. Das wäre für Bayern München vollständig eine stille Reserve, da der Spieler in der Bilanz mit null Euro steht.

Es wird einem ganz schwindelig bei diesen Summen, aber es ist wichtig, all das zu verstehen, weil sich daraus je nach Strategie als „Ausbildungsklub“ oder „Weiterbildungsklub“ Chancen *und* Risiken ergeben. Den Marktwert von Spielern zu steigern, ist meistens nur durch sportlichen Erfolg möglich – und dafür braucht es wiederum gute Spieler! Manchmal hat man als Klub Interesse, einen Spieler abzugeben, aber der Spieler möchte lieber bleiben, manchmal ist es umgekehrt. Die fünfte Kategorie von Einnahmen ist also sehr schwer kalkulierbar.

Die andere Seite der Medaille

Schauen wir nun in der Gewinn- und Verlustrechnung noch auf die andere Seite, die Aufwendungen, so sind hier zwei Kategorien zentral: Personalaufwendungen und Aufwendungen für den Spielbetrieb. Letzteres wird manchmal vergessen, aber für einen Klub wie Werder kann das ein Drittel der Ausgaben bedeuten, die man verwendet, um den Spielbetrieb und alle damit zusammenhängenden operativen Aufgaben zu gewährleisten. Der größte Teil der Ausgaben aber, im Fall von Werder ungefähr 50 Prozent, wird für Personal verwendet, davon natürlich zuallererst für den Profikader, der Rest für die Geschäftsleitung, Administration und das Leistungszentrum, also für die Nachwuchsförderung.

Zwischen den Klubs gibt es hinsichtlich der absoluten Zahlen große Unterschiede, aber man kann sicher die These aufstellen, dass die Struktur der Ausgaben und hier auch insbesondere die Personalquote von ungefähr 50 Prozent für alle ähnlich ist.

Machen wir es konkret und betrachten am Beispiel von Werder Bremen die Jahre 2010/11 (das letzte Jahr in der Champions League), die darauffolgende Saison 2011/12 (ohne europäischen Wettbewerb) sowie die Saison 2018/19 (die letzte Saison vor der Corona-Pandemie). In der Saison 2010/11 beliefen sich die Gesamtumsätze auf fast 120 Mio. Euro und Werder konnte einen historisch hohen Gewinn von 8,2 Mio. Euro erwirtschaften.

Das Jahr danach, nach dem Verlust des internationalen Wettbewerbs, brachte einen Umsatz von 95 Mio. Euro und einen Verlust von 13,8 Mio. Euro. Auch wenn man wegen der Kategorie Transfererlöse bei der Interpretation etwas vorsichtig sein muss, fällt sofort auf, dass mehr als 20 Mio. Euro aus der Champions League fehlten. Dass diese fehlenden Umsätze meist auch direkt zu Verlusten führten, lag daran, dass der zentrale Kostenfaktor Spielergehälter wegen bestehender Verträge nicht ausreichend schnell (oder nicht weit genug) nach unten korrigiert werden konnte.

Werder hatte sich mit den Erfolgen ein gewisses Polster geschaffen, nicht alles Geld wieder sofort in den Kader investiert. Anders als Dortmund versuchte man das Risiko zu begrenzen, und nicht selten wurde die Entscheidung bei der Risikoabwägung zwischen sportlicher Ambition und wirtschaftlicher Vernunft in der Geschäftsführung und im Aufsichtsrat auch kontrovers diskutiert. Trotzdem, der auf Europa getrimmte Kader hatte seinen Preis. Er konnte nur unter der Voraussetzung dauerhaft refinanziert werden, dass man regelmäßig in Europa unterwegs war, im optimalen Fall in der Champions League, denn hier gab es deutlich mehr Geld zu verdienen als in der Europa League. Ohne den internationalen Wettbewerb machte Werder Verluste.

Im Sommer 2011 verfügte Werder über ein Eigenkapital von ungefähr 40 Mio. Euro. Vier Jahre später, im Sommer 2015, nach deutlichen Verlusten in allen Spielzeiten, war das Eigenkapital fast vollständig aufgebraucht.

Bis zur Saison 2018/19 stiegen die Gesamteinnahmen weiter an, vor allem, weil mit dem neuen TV-Vertrag (2017-2021) immer mehr Geld aus der zentralen Mediavermarktung ausgeschüttet wurde. Der Gesamtumsatz betrug nun mehr als 150 Mio. Euro. Das war der höchste Umsatz, den Werder jemals erzielen konnte. Selbst wenn man die Transfererlöse von ca. 23 Mio. Euro abzieht, waren es immer noch ca. 130 Mio. Euro.

Der Einnahme-Mix in der Bundesliga

Die prozentuale Verteilung der Einnahmen, der sogenannte Einnahme-Mix, sah für Werder Bremen so aus (in Klammern nennen wir den Durchschnittswert der Bundesligaklubs)[10]: Media 43 Prozent (36,9 Prozent), Spiel 18 Prozent (12,9 Prozent), Werbung 16 Prozent (21,0 Prozent), Transfer 15 Prozent (16,8 Prozent), Sonstiges 8 Prozent (12,4 Prozent).

Die Gesamterlöse der Bundesligaklubs in der Saison 2018/19 waren im Vergleich zum Vorjahr um mehr als fünf Prozent auf über vier Milliarden Euro gestiegen, was einem arithmetischen Durchschnitt von mehr als 220 Mio. Euro entsprach. Wo kann man Werder Bremen hinsichtlich der Erlöse einordnen? Die DFL bietet seit einigen Jahren in ihrem Wirtschaftsreport ein hilfreiches Tool an. Die Liga wird in drei Cluster unterteilt, wobei das Kriterium der Unterscheidung in den Ausgaben für den Spielbetrieb besteht. Werder gehörte in der Saison 2018/19 ins mittlere Cluster. Aber selbst in diesem betrug der durchschnittliche Umsatz 174 Mio. Euro. Das bedeutet, dass der historisch höchste Umsatz nur für einen unteren Mittelfeldplatz in der „Geldtabelle“ reichte. Nichts verdeutlicht besser, wie sehr Werder wirtschaftlich den Anschluss gegenüber den erfolgreichen Jahren der Schaaf-Ära verloren hatte.

Schauen wir uns zum Vergleich einmal die Zahlen des FC Bayern an. Sein Konzernumsatz in der Saison 18/19 erreichte den Rekordwert von mehr als 750 Mio. Euro. Seine Personalquote lag bei 47 Prozent. Nehmen wir an, dass seine Personalquote für den Kader bei 40 Prozent lag, dann haben die Bayern ungefähr 300 Mio. Euro für ihren Lizenzspielerkader verwendet. War der Unterschied bei den Aufwendungen für den Lizenzkader zwischen Bayern und Werder 2004, als Werder das Double gewann, vermutlich bei einem Faktor von ca. 2,5, betrug dieser nun ungefähr sechs. Er hatte sich also mehr als verdoppelt.

Niemand will hier behaupten, dass die Bayern es leicht hätten. Auch sie stehen jedes Jahr vor der Herausforderung, ihre Top-Position zu verteidigen. Darüber hinaus konkurrieren sie in der Champions League

10 Quelle: Öffentlich zugängliche DFL Wirtschaftsreporte.

mit Superreichen neuen Typs, die völlig anders agieren können. Im Bericht des Jahresabschlusses des FCB zu den Branchenrisiken heißt es dazu: „Der internationale Transfermarkt wird durch die zunehmende Finanzkraft der europäischen Fußballelite geprägt, was zu steigenden Transfersummen und Gehältern führt. Der FC Bayern München kann sich diesem Trend nicht entziehen und muss, um die Leistungskraft des Lizenzkaders zu erhalten, mit steigenden Ausgaben planen." – Das Rattenrennen auf höchstem Niveau!

In der Liga ist Bayern München der Konkurrenz enteilt. Ändert sich nichts Grundlegendes an den Rahmenbedingungen (z. B. bei der „50+1"-Regel), wird ein Klub wie Werder vermutlich nie wieder Meister werden können. Auf europäischer Ebene ist Bayern dagegen eher strukturell ein Herausforderer. In der Analogie haben sie es dort mit „Werksklubs" der besonderen Art zu tun.

EINWURF

Anzahl der Platzierungen in der Bundesliga unter den ersten vier, Saisons 2000/01-2010/11 (elf Spielzeiten)

Bayern: elf
Werder: sechs
Schalke: sechs
Bayer Leverkusen: fünf
VfB Stuttgart: vier
BVB: vier
Hertha BSC: drei
Hamburger SV: drei
VfL Wolfsburg: eine
Hannover 96: eine

Von diesen zehn Klubs spielten in den folgenden elf Jahren nur vier durchgängig in der ersten Liga: Bayern, Bayer, BVB und Wolfsburg. Zwei Klubs stiegen zwischenzeitlich ab, kehrten aber zurück: Stuttgart (stieg gleich zweimal ab) und Hertha. Vier spielten in der Saison 2021/22 in der zweiten Liga: Werder, HSV, Schalke und Hannover 96.

EINWURF

Saisons 2011/12-2020/21 (zehn Spielzeiten)

Bayern: zehn
BVB: neun
Bayer Leverkusen: fünf
RB Leipzig: vier
Schalke 04: vier
Gladbach: vier
VfL Wolfsburg: zwei
1899 Hoffenheim: zwei

Von diesen acht Vereinen stieg nur einer in die zweite Bundesliga ab: Schalke 04. Vier der acht Vereine sind Leverkusen, Wolfsburg, Hoffenheim und Leipzig.

KAPITEL 6

Auf der Suche nach der VARheit

„Dem Schiedsrichter zu widersprechen, das ist, wie wenn man in der Kirche aufsteht und eine Diskussion verlangt."

DIETER HILDEBRANDT

Sobald ein Fußballspiel auf dem Platz beginnt, treten die Entscheidungen der Trainer in den Hintergrund, und die Entscheidungen der nun aktiven Akteure gewinnen dementsprechend an Bedeutung. Ein ganz wichtiger Akteur mit großem Einfluss auf den Verlauf und das Ergebnis des Spiels ist der Schiedsrichter. Inzwischen ist das natürlich ein ganzes Team aus den Assistenten an der Linie (früher Linienrichter), dem vierten Schiedsrichter, der sich insbesondere therapeutisch um die Trainer kümmert oder auch als Blitzableiter fungiert, und dem VAR, dem Video Assistant Referee.

Schiedsrichter haben zweifellos den schwierigsten Job im ganzen Spiel, weil sie eigentlich nur dann positiv auffallen, wenn man sie nicht wahrnimmt. Was klingt wie ein Paradoxon, wird noch klarer, wenn man es andersherum ausdrückt: Sobald man Schiedsrichter wahrnimmt, geht es nicht selten um spielentscheidende, knifflige Entscheidungen über Abseits, Foulspiel, Elfmeter, Unsportlichkeiten und Handspiel – und es geht um Fehler, die Schiedsrichter dabei machen und zu allen Zeiten gemacht haben.

Wir haben am Anfang unserer Betrachtung von Entscheidungen schon festgestellt, dass wir Menschen Schwierigkeiten haben, wenn wir rational und sorgfältig denken und entscheiden sollen, dabei aber unter großem Zeitdruck stehen. Nichts ist schwieriger, als schnell langsam zu denken!

Aber genau das verlangen wir von den Schiedsrichtern: Dass sie objektive, nicht selten komplexe Regeln auf hochdynamische Spielsituationen anwenden und in Sekundenbruchteilen die richtige Entscheidung treffen.

Vielleicht wäre das gerade noch zu schaffen, wenn die anderen Akteure auf dem Platz (die Spieler) den Schiedsrichter wohlwollend in seiner Aufgabe unterstützen würden. Aber das Gegenteil ist der Fall. Wahrscheinlich gibt es kaum eine andere Sportart als Fußball (der Männer), bei der die Spieler mit so viel Theatralik und böser Absicht versuchen, den Schiedsrichter in die Irre zu führen, seine Entscheidungen zu beeinflussen oder meist unangemessen kommentieren. Auf der anderen Seite gehört zur Wahrheit aber auch, dass Schiedsrichter gelegentlich eine Körpersprache an den Tag legen, die einen kollegialen, respektvollen Umgang nicht unbedingt fördert.

Wir meinen trotzdem, dass es insgesamt einen ganz anderen Umgang zwischen den Akteuren auf dem Platz braucht. Spieler müssen Regeln und Entscheidungen akzeptieren, und das unaufhörliche Kommentieren muss aufhören. In anderen Sportarten wie Handball oder Hockey, ganz zu schweigen von Rugby, gibt es diesen anderen, besseren Umgang. Warum sollte das im Fußball nicht möglich sein?

Schöne neue Schiedsrichterwelt

Nun wollen wir hier aber den Blick auf ein noch relativ neues Tool im Schiedsrichterkosmos lenken – den VAR. Obwohl dieser nun schon Jahre in der Bundesliga angewendet wird, hört die Diskussion um ihn nicht auf, und uns erscheint die Akzeptanz insbesondere bei Spielern und Trainern nach wie vor gering. Beim VAR scheiden sich die Geister.

Die zentrale Frage, auf die es hinausläuft, lautet wohl: Bringt der VAR mehr Gerechtigkeit in den Fußball? Marcos Antwort lautete anfangs „Eher nein" und ist heute vielleicht „Ja, aber". Und auch seine generelle Haltung zum VAR ging von Ablehnung über kritische Offenheit hin zu einem leicht resignierenden Gefühl, das man vielleicht so ausdrücken könnte: „Kriegen wir nicht mehr weg, manchmal auch hilfreich, aber wir müssen uns dringend über das Wie unterhalten und das Ganze optimieren!"

Schauen wir einmal auf die wichtigsten Argumente, die vorgebracht werden. Und fragen wir uns , was das grundlegende Ziel bei der Einführung war und wie sich dieses Ziel verändert hat. Der VAR wurde in der Saison 2017/18 in der Bundesliga installiert. Damals wurde kommuniziert, dass vor allem extrem krasse Fehlentscheidungen korrigiert werden sollten. Paradebeispiele für eine solche Situation waren wohl die sogenannten „Phantomtore", wie sie Thomas Helmer oder Stefan Kießling eben *nicht* erzielt hatten. Im Fall Helmer wurde das Spiel wiederholt, die Entscheidung Kießling blieb wegen „Tatsachenentscheidung" auch nachträglich unkorrigiert. Um sicherzustellen, dass der VAR nicht zu extensiv eingesetzt wird, legte man von Anfang an fest, dass nur bestimmte Entscheidungen überprüft werden sollten, die vier relevante Spielsituationen betreffen: Tore, Elfmeter, rote Karten und Spielerverwechslungen. Im VAR-Protokoll der IFAB wird von „klaren und offensichtlichen Fehlentscheidungen oder schwerwiegenden übersehenen Vorfällen" gesprochen. Außerdem beginnen die Grundsätze im Protokoll mit dem schönen Satz: „Das VAR Protokoll entspricht *soweit möglich* den Grundsätzen und der Philosophie der Spielregeln."

So weit, so gut. Marco erinnert sich an ein Gespräch mit dem Ex-Schiedsrichter Peter Gagelmann, der auf Marcos Skepsis antwortete: „Wir wollen sehr wenig eingreifen. Es sollen nur deutliche Fehler korrigiert werden. Es geht nicht um 50:50-Entscheidungen."

Obwohl wir glauben, dass alle Beteiligten mit dieser Intention begonnen haben, können wir mit fast vier Jahren Erfahrung nun aber zweifellos konstatieren, dass dieses ursprüngliche Ziel aufgegeben wurde und durch das Ziel ersetzt wurde, so viele Fehlentscheidungen wie nur möglich zum Besseren zu korrigieren. Wo es ursprünglich nur um die Korrektur von 100:0- oder 90:10-Entscheidungen gehen sollte, wird tatsächlich in der Praxis jede strittige Entscheidung überprüft. Gerade bei der Frage, ob ein elfmeterwürdiges Foulspiel oder Handspiel vorliegt, gehen die Meinungen aber oft so weit auseinander, dass wir es tatsächlich mit 50:50- oder 60:40-Entscheidungen zu tun haben.

Sehnsucht nach Gerechtigkeit

Im Menschen ist eine natürliche Sehnsucht nach Gerechtigkeit angelegt, und diese führte und führt dazu, dass man möglichst alle Entscheidungen richtig treffen und alle Fehler ausmerzen will. Vielleicht sind wir in Deutschland sogar noch etwas ambitionierter und konsequenter als andere darin, Fehler vermeiden zu wollen.

Der Drang, das Richtige tun zu wollen, so gerecht wie möglich zu entscheiden, hatte in jedem Fall zur Folge, dass man sich von der ursprünglichen Herangehensweise verabschiedete und es viel mehr Überprüfungen gab, als man vorher beabsichtigt hatte. Außerdem hat man den Eindruck, dass zwischen dem Schiedsrichter auf dem Platz und dem VAR in Köln auch viel mehr Kommunikation stattfindet als vorgesehen. De facto gibt es also eher eine Teamentscheidung von Schiedsrichter und VAR als eine Entscheidung auf dem Platz, die eventuell korrigiert werden kann.

Aber ist das eigentlich so schlimm? Sehen vier Augen nicht mehr als zwei oder acht mehr als sechs, wenn man die Assistenten an der Linie noch hinzunimmt? Sind Teamentscheidungen nicht immer besser als die Entscheidung eines Einzelnen? Kann man damit nicht die Anzahl der Fehler reduzieren? Und führt das nicht zu mehr Gerechtigkeit?

Das sind genau betrachtet zwei unterschiedliche Fragen: Erstens: Wird die Anzahl der Fehlentscheidungen reduziert? Zweitens: Wenn ja, führt das zu mehr Gerechtigkeit? Schon die erste Frage ist nicht ganz leicht zu beantworten, weil man ja klären müsste, was eine Fehlentscheidung ist und was nicht. Auch TV-Bilder schaffen die Diskussionen um Foul- oder Handspiel jedenfalls nicht aus der Welt. Die Frage, was wirklich ein elfmeterwürdiges Foul ist, wird häufig so entschieden, dass schon die Existenz eines Kontaktes als Foul und damit als Grund für einen Elfmeter gewertet wird. „Heutzutage heißt es, es gab einen Kontakt. Ich habe immer gedacht, es muss ein Foul geben, damit es auch ein Foul ist", schimpfte Freiburgs Trainer Christian Streich.

Ähnlich wurde beim Handspiel geurteilt, fast gleich, in welcher Form es begangen wurde. Dies hatte zur Folge, dass die Anzahl der Handelfmeter inflationär stieg. Die Verhinderung einer fünfprozentigen Torchance wurde mit der Gewährung einer 90-prozentigen bestraft.

Beim Handspiel gab und gibt es als zusätzliche Problematik, dass die Regel – unabhängig vom Videoassistenten – nie eindeutig behandelt wurde. Vor der Saison 2021/22 wurde den Schiedsrichtern wieder mehr Handlungsspielraum gestattet. Der Frage nach einer möglichen Absicht sollte wieder mehr Aufmerksamkeit gegeben werden. Die ursprüngliche Grundregel lautete ja, dass eigentlich nur absichtliche Handspiele bestraft werden sollten. Zu all dem kamen häufig Hilfsregeln: Was ist eine aktive Bewegung zum Ball, was ist eine unnatürliche Handbewegung? Das sind allesamt Hilfskonstruktionen, um dieser Absicht auf die Spur zu kommen. Denn wie will man Absicht definieren? Das ist beim Handspiel ein grundsätzliches Problem. Das Handspiel sei „selbst nach diversen Präzisierungen immer noch eine schwer durchschaubare Regel", befand die *Süddeutsche Zeitung.*

Die Leiden des Felix Zwayer

Wie schwierig und umstritten Entscheidungen bei Foul und Handspiel unverändert sind, demonstrierte in der Hinrunde der Saison 2021/22 das Spitzenspiel zwischen Borussia Dortmund und dem FC Bayern. Zunächst fiel Dortmunds Marco Reus im gegnerischen Strafraum – nach einem Kontakt mit Bayerns Hernandez. Zur Empörung der Dortmunder ließ Schiedsrichter Felix Zwayer weiterspielen. Zwayer begründete dies wie folgt: „Im laufenden Spiel habe ich einen Kontakt im Oberkörper-Bereich gesehen – ein herkömmlicher Zweikampf. Für mich ist das eine Situation, die nicht schwarz oder weiß ist, aber einen robusten Zweikampf darstellt. Ich habe aufgrund meiner großzügigen Linie im Spiel gegen einen Strafstoß entschieden. Dies habe ich dem Videoassistenten aufgrund meiner klaren Wahrnehmung der Situation sofort kommuniziert. Fragestellung war dann, ob es einen anderen, für mich nicht wahrnehmbaren Kontakt gab. Dies wurde verneint und daher gab es keinen Strafstoß und keine On-Field-Review, da es für mich nicht erforderlich war."

Bei dieser Entscheidung stimmen wir ihm zu. Es gab einen Kontakt, aber kein elfmeterwürdiges Foul. Und vielleicht will Reus diesen Kontakt auch irgendwie mitnehmen. Wir hören viel zu häufig: Der Spieler zieht ein Foul. In welche Bereiche komme ich da als Schiedsrichter? Was bedeutet das? Genauer betrachtet dieses: Ja, es ist ein Foul. Aber ein Foul, das der Spieler auch haben wollte. Wobei es da noch feine Unterschiede gibt: das „aktive Ziehen" eines Fouls und das Mitnehmen eines Fouls. Ein „aktives Ziehen" liegt vor, wenn der Stürmer mehr den Kontakt sucht, als dass er ihn vermeiden will – in der Hoffnung auf einen Strafstoß. Das ist im Grunde der Versuch eines Betrugs. Von einem Mitnehmen kann man sprechen, wenn der Gefoulte macht, was in der Situation „angemessen" ist. Er bekommt ein Bein gestellt, kriegt also einen Kontakt, und dann ist die Frage: Ist dieser Kontakt so hart, dass er nicht mehr weiterlaufen kann? Hier gibt es eine Grauzone, wenn die Stürmer sagen: Klar, wenn ich unbedingt will, könnte ich weiterlaufen – aber nein. Es ist ein eindeutiges Foul, das muss ich jetzt auch mitnehmen. Zumal die Option, vom Elfmeterpunkt zum Tor zu kommen, gewöhnlich erfolgversprechender ist.

Deshalb sind wir der Auffassung, dass die Schiedsrichter auch die Gesamtlage beurteilen dürfen sollen. Ist es wirklich eine große Chance? Geht der Ball nicht sowieso ins Aus? Aber dieser Spielraum wird durch den VAR eher geraubt, wodurch die Entscheidung nicht besser wird. Wenn man die Szene noch einmal auf dem Bildschirm sieht, nimmt die Neigung zu, auf Details zu achten, den Kontakt zu überprüfen, manchmal tappt man in die „Zeitlupenfalle“ – aber eine ganzheitliche Betrachtung der Situation findet eher weniger statt.

Aus unserer Sicht sollte das jedoch anders sein, weil ein Elfmeter im Fußball, wo so wenige Tore fallen, spielentscheidend sein kann, aber bei 50:50- oder 60:40-Situationen, die noch nicht mal eine große Torchance darstellen, nicht spielentscheidend sein sollte!

Im August 2021 kündigte Mike Riley, Chef der Schiedsrichter im englischen Profifußball, eine Überarbeitung von Elfmeter-Situationen an. „Es wird nicht mehr ausreichen, nur zu sagen, dass es einen Kontakt gab. Der Kontakt als solcher ist nur ein Element, auf das der Schiedsrichter achten soll.“ Sei der Kontakt klar und dann auch ein klares Foul, werde es einen Eingriff geben – bei zweifelhaften Situationen aber nicht mehr so schnell wie bislang. Ohnehin sollten die VAR-Teams nicht mehr auf die kleinsten Vergehen eingehen. Im Zweifel sei stets für den Angeklagten zu entscheiden. Für die Autoren ist dies der richtige Ansatz.

„An die Bayern kommst du nicht ran …“

20 Minuten nach der Szene mit Reus und Hernandez beging Dortmunds Mats Hummels im eigenen Strafraum ein Handspiel. „Beging“ ist vielleicht der falsche Ausdruck – es passierte. Zwayers erste Wahrnehmung war dementsprechend: Ja okay, da war ein Handspiel. Aber er hatte Zweifel bezüglich der Strafbarkeit. Zwayer kontaktierte nun den Kölner Keller. Antwort: Ja, da ist schon eine deutliche Berührung des Balles, und auch der Ellbogen ist weit draußen. Schau dir das noch einmal an! Zwayer tat das und kam zu dem Schluss: Strafstoß. Man sah

ein Handspiel, aber man sah auch: Hummels wird halb geschubst, er stürzt, er sieht den Ball nicht – das ist keine Absicht. Aber eigentlich war doch der Gedanke, eine Entscheidung nur dann zu korrigieren, wenn sie krass falsch war. Und Zwayers erste Entscheidung: kein Elfmeter! war nicht krass falsch. Der Eingriff des VAR führte bei der Bewertung einer 60:40-Entscheidung zu einer Veränderung der ursprünglichen Entscheidung und war nicht notwendig. Dass Felix Zwayer diese Entscheidung nach der Ansicht der Bilder am Monitor selbst traf, macht die Sache nicht besser.

Marco Reus sah sein Team ungerecht behandelt: „Der Schiri kommt bei der Szene um Mats zu uns und sagt, er schaut es sich noch mal an, weil es eine 50:50-Szene war. Daraufhin meinte ich, dass meine Szene vorher doch auch 50:50 war." Vermutlich war es so. Und es wäre besser gewesen, hätte Zwayer in beiden Fällen das Spiel weiterlaufen lassen. Oder aber auf beiden Seiten einen Strafstoß gegeben. Der Strafstoß für die Bayern wäre dann die ausgleichende Gerechtigkeit für den Elfmeterpfiff beim Zweikampf von Reus und Hernandez gewesen. Aber Zwayer wählte die schlechteste Option – oder besser, er wurde dazu gebracht, diese Option zu wählen: Elfmeter hier, kein Elfmeter dort. Es bleibt natürlich spekulativ, aber durch diesen knappen Sieg und diese knappe Schiedsrichterentscheidung waren die Bayern auf einmal wieder vier Punkte weg, bei einem Unentschieden, vermutlich dem gerechten Ergebnis, wäre es nur einer gewesen. In den folgenden Spielen bis Weihnachten baute Bayern München den Vorsprung auf neun Punkte aus, was den Dortmund-Chef Watzke dazu brachte, die Meisterschaft abzuschreiben und zu formulieren: „An die Bayern kommst du nicht ran!"

Wir fummeln jetzt an allen 70:30-, 60:40-, häufig auch an 50:50-Entscheidungen herum und schaffen dadurch neue Probleme. Bei den Schiedsrichtern verstärkte der VAR die Neigung, nicht selbst zu entscheiden. Während der Video-Assistent dem Drang erliegt, einzugreifen und mitzuentscheiden. Schauen wir noch einmal auf unsere Ausgangsfragen, kommen wir trotz aller Schwierigkeiten und trotz des subjektiven Gefühls, dass sich Fehlentscheidungen mit dem VAR schlimmer anfühlen als vorher, insgesamt zu dem Schluss, dass die erste Frage eher mit „Ja" beantwortet werden kann. Die Anzahl der Fehlentscheidungen ist reduziert worden.

Weniger Fehlentscheidungen = mehr Gerechtigkeit?

Nun aber zur zweiten Frage: Führt das auch zu mehr Gerechtigkeit? Was nach einer trivialen Gewissheit klingt, sollte man auf jeden Fall noch genauer betrachten. Gilt diese These immer, für jedes einzelne Spiel? Oder kann auch das Gegenteil der Fall sein, dass die Gerechtigkeit sogar zunimmt, wenn sich zwei Fehlentscheidungen in ihrer Wirkung gegenseitig aufheben?

Um diese Frage zu beantworten, betrachten wir ein Spiel vom 23. Spieltag der Bundesligasaison 2017/18, Köln gegen Hannover. Dabei wollen wir von folgenden Prämissen ausgehen: Zweimal wurde gegen die Kölner Mannschaft in sehr aussichtsreichen Situationen Abseits gepfiffen, was sich im Nachhinein bei der Betrachtung der TV-Bilder als falsch herausstellte. Natürlich konnten diese Entscheidungen nicht durch den VAR korrigiert werden. Außerdem wurde ein Tor, das Pizarro in der Nachspielzeit für die Kölner erzielte, zurückgenommen, weil der Flankengeber Risse bei dem auf ihn gespielten Steilpass im Abseits stand. Dieses Abseits wurde vom VAR erkannt, und folgerichtig entschied der Schiedsrichter auf dem Platz gegen Tor für Köln und auf Freistoß für Hannover. In den Kölner Reihen wurde diese Entscheidung vor allem deshalb so emotional kritisiert, weil in einem Spiel der Vorwoche ein vermeintliches Abseitstor eines direkten Konkurrenten nicht korrigiert wurde. Aber darum soll es an dieser Stelle nicht gehen. Betrachten wir nur dieses eine Spiel.

Objektiv wurde die Anzahl der Fehlentscheidungen in diesem Spiel durch den Einsatz des VAR von drei auf zwei reduziert. Und an dieser Stelle wird es nun spannend: Ist damit mehr Gerechtigkeit gewonnen worden? Ohne Videobeweis wäre das Spiel 2:1 für Köln ausgegangen, denn Pizarros Tor hätte gezählt, obwohl es de facto nach einem irregulären Zuspiel entstand! Aber kann man nicht dieser Fehlentscheidung die zwei anderen gegenüberstellen, die möglicherweise auch zu Toren geführt hätten? Wie würden Sie entscheiden? Was ist gerechter?

Wir kommen zu der Auffassung, dass dieses Beispiel zeigt, dass der VAR den Fußball nicht *automatisch* gerechter macht. Das liegt vor allem daran, dass die ersten beiden Fehlentscheidungen nun mal nicht korrigiert werden konnten, letztere, die zum Tor führte, aber schon.

Uns ist bewusst, dass dieses Beispiel, das ja auch schon einige Zeit zurückliegt, heute seltener vorkommt, weil die Assistenten an den Linien inzwischen mehr laufenlassen und erst bei einem Tor auf Abseits überprüft wird. Das führt aber nicht nur zu neuen Problemen, weil dadurch manchmal extrem deutliche Abseitspositionen nicht abgepfiffen werden und noch völlig überflüssige Zweikämpfe zustande kommen, sondern es ändert auch nichts an dem Prinzip, dass Entscheidungen, die zu einer Spielunterbrechung geführt haben und sich als falsch herausstellen, nicht mehr korrigiert werden können. Wenn beispielsweise klare Fehlentscheidungen zu Freistößen oder Eckbällen führen, können diese nicht korrigiert werden, selbst wenn danach Tore fallen.

Alles in allem wird bei der Betrachtung des VAR und der Frage nach Gerechtigkeit sehr deutlich, dass mit dem VAR eine zusätzliche „Entscheidungsebene“ hinzugekommen ist. Früher musste der Schiedsrichter auf dem Platz entscheiden, ob ein Foul vorlag, das Handspiel absichtlich war oder ob er die rote Karte ziehen musste. Diese Entscheidungen müssen immer noch getroffen werden, und wir haben gesehen, dass viele Entscheidungen auch mit dem Blick auf den Monitor mindestens diskutabel bleiben. Aber nun muss darüber hinaus noch die zusätzliche Entscheidung getroffen werden, ob die ursprüngliche Entscheidung des Schiedsrichters überprüft und gegebenenfalls korrigiert werden muss. Der Schiedsrichter bekommt quasi eine zweite Chance und Hilfe von außen. Aber das macht die Sache eben nicht automatisch besser. Sondern auch etwas komplizierter.

Das Experiment

Beim VAR scheiden sich also die Geister. Aber wir werden ihn nicht zurückdrehen. Wahrscheinlich würde das die Situation auch nicht mehr verbessern. Die „Büchse der Pandora“ wurde geöffnet. Gingen wir zurück in die Zeit ohne VAR, wäre unser Gefühl vermutlich noch schlimmer bei jeder diskutablen Entscheidung des Schiedsrichters. Aber könnte man den Einsatz des VAR optimieren? Vielleicht kann man sagen: Bei faktischen Entscheidungen wie Abseits: ja. Bei nichtfaktischen Entscheidungen wie Foul oder nicht Foul, Handspiel oder kein Handspiel: eher weglassen.

Wir wollen hier aber noch einen anderen, hoffentlich bedenkenswerten Vorschlag für ein Experiment unterbreiten, das man vielleicht bei einem besonderen Spiel testen könnte, zum Beispiel beim Supercup. Unser zentraler Ansatz in diesem Experiment ist es, *unabhängige* Entscheidungen der Akteure zu erhalten, ohne dass sie sich gegenseitig beeinflussen können. Noch einmal: Wir meinen, unabhängige Entscheidungen erhöhen die Qualität! Aus unserer Sicht ist die „gutgemeinte" ständige Kommunikation zwischen dem Schiedsrichter auf dem Platz und dem VAR Teil des Problems. Beide Akteure entscheiden nicht unabhängig, sondern beeinflussen sich (auch unbewusst) gegenseitig.

Wenn man bei einem Verbrechen Zeugen befragt, tut man das auch einzeln und verhindert jegliche wechselseitige Beeinflussung, und das nicht nur, um Absprachen zwischen Verdächtigen zu vermeiden. Darüber hinaus soll der Ursprungsgedanke des VAR, dass tatsächlich nur krasse Fehlentscheidungen korrigiert werden, erneuert werden. Wir wollen die Finger lassen von allen 50:50-, 60:40- oder 70:30- Entscheidungen!

Wir haben folgenden Aufbau: Der übliche VAR wird ergänzt durch drei Experten (zum Beispiel ehemalige Schiedsrichter oder Nachwuchs-Schiedsrichter), die in Einzelkabinen das Spiel verfolgen und keine Möglichkeit haben, miteinander zu kommunizieren. Auch mit dem Schiedsrichterteam auf dem Platz findet keine Kommunikation statt. Der Schiedsrichter auf dem Platz leitet mit seinen Assistenten das Spiel so, wie es früher vor Einführung des VAR der Fall war, trifft alle Entscheidungen nach bestem Wissen. Eine Möglichkeit, beim VAR nachzufragen, falls er eine Szene nicht wahrgenommen hat, hat er nicht.

Was passiert bei strittigen Entscheidungen? Hier unterscheiden wir zwei Alternativen: faktische und nicht-faktische Entscheidungen. Beispielhaft betrachten wir hier die faktische Entscheidung „Abseits ja/nein" nach einem Tor und die nicht-faktische Entscheidung „Elfmeter ja/nein" nach Foul- oder Handspiel. Wir gehen von der Prämisse aus, dass faktische Entscheidungen objektiv zu klären sind, nicht-faktische dagegen beurteilt werden müssen.

Unser Vorschlag ist nun, im ersten Fall, die Frage „Abseits ja/nein" bei Tor so zu klären, wie das aktuell geschieht.

Im zweiten Fall schlagen wir allerdings eine grundsätzliche Veränderung vor: Bei nicht-faktischen Entscheidungen beurteilt der Schiedsrichter die Situation und seine Entscheidung steht, es sei denn, ALLE Experten kommen zu dem Schluss, dass eine Fehlentscheidung vorliegt. In diesem Fall wird die Entscheidung korrigiert und an den Schiedsrichter kommuniziert. Wenn nur ein Experte *nicht* die „Rote Taste" drückt, wird nicht eingegriffen – offensichtlich war die Situation nicht eindeutig genug.

Kritiker könnten einwenden, dass der Aufbau des Experiments mit drei zusätzlichen Experten für den Alltagsbetrieb in der Bundesliga zu groß, zu teuer sei. Hier würden wir erwidern, dass man auch in dem bestehenden Aufbau für eine Unabhängigkeit der Entscheidungen sorgen könnte, wenn die Kommunikation zwischen Platz und Köln auf ein absolutes Mindestmaß reduziert würde.

Aber auch ein optimierter VAR wird nicht immer zu richtigen Entscheidungen führen. In einem Spiel, in dem in der Regel nur wenige Tore fallen (und entscheiden), folglich schon eine einzige Fehlentscheidungen „großes Unheil" anrichten kann, wäre dies natürlich wünschenswert. Allein schon der „Faktor Mensch" steht diesem Wunsch jedoch im Wege. Und dass Spiele auch durch Glück und Zufall entschieden werden, daran wird auch der beste VAR nichts ändern.

KAPITEL 7

Konsolidierung oder „Selbstverzwergung“?

„Von jetzt an werde ich nur so viel ausgeben, wie ich einnehme – und wenn ich mir dafür Geld borgen muss!“

MARK TWAIN

Auch bei der Neubesetzung der Trainerposition entschied man sich bei Werder für eine externe Lösung. Thomas Schaafs Nachfolger wurde Robin Dutt, der vorher als Sportdirektor beim DFB und als Trainer beim SC Freiburg und Bayer Leverkusen gearbeitet hatte. Die beiden großen Herausforderungen der kommenden Jahre blieben: Erstens, der Umgang mit der Erwartungshaltung, irgendwie zurück in die Spitzengruppe, zurück nach Europa zu kommen. Zweitens, wirtschaftlich zu konsolidieren, was bedeutete, dass Gehaltskosten reduziert werden mussten und Investitionen in Transfers nur möglich waren, wenn den Ausgaben Einnahmen vorausgingen.

In der Saison 2013/14 wurde Werder Zwölfter. Cord Schnibben schrieb im *Spiegel:* „Mit den Champions-League-Einnahmen hat sich Werder so lange nach oben gewirtschaftet, bis die Mannschaft so teuer war, dass der sportliche Misserfolg sie in die Luft jagte und über ganz Europa verstreute. Die großen Spieler sind weg. Seit drei Jahren macht der Verein hohe Verluste, das Eigenkapital hat sich innerhalb von zwei Jahren halbiert, ist auf 16,5 Millionen Euro zusammengeschmolzen (...) am Ende kann man froh sein, den Abstieg vermieden zu haben, weil es drei Vereine gibt, die noch schlechter gespielt haben.“

Einer dieser drei Vereine war der alte Nordrivale Hamburger SV, der in die Relegation musste, die er nur mit viel Glück überstand. 2014/15 landete der HSV erneut nur auf dem Relegationsplatz. Zwei Spielzeiten später reichte es auch dafür nicht mehr und der strauchelnde „Dino“, der als einziger seit der Gründung der Bundesliga ununterbrochen dabei gewesen war, stieg ab. Aus einer sofortigen Rückkehr in die Eliteklasse wurde nichts. Die Saison 2021/22 ist die vierte in Folge, die der HSV in der zweiten Liga verbringt.

Die Aussagen von Schnibben sind hart, wahrscheinlich auch unfair, weil darin implizit ein (einfacher) Schuldvorwurf mitschwingt – doch sie sind nicht falsch. Indirekt hört man aber auch die Erwartungshaltung heraus, die Teil des Problems ist, die aus der Perspektive eines Medienvertreters aber eine willkommene „Fallhöhe“ darstellt – Geschichten vom Scheitern sind einfach die besten Geschichten!

In diesen Jahren sah sich Werder ständig mit dem Vorwurf der „Selbstverzwergung“ konfrontiert. Was sollte das bedeuten? Dass man einfach nur *wollen* müsse und dann ginge es wieder aufwärts? Das ist selbstverständlich Unsinn. Richtig ist, dass es notwendig war, strukturell zu gesunden, nicht mehr länger mehr Geld auszugeben, als man einnahm. Sparen und gleichzeitig sportlich erfolgreich sein … wieder der alte Zielkonflikt!

Rückblickend wäre wahrscheinlich ein noch konsequenterer Strategiewechsel mit dem Fokus auf Ausbildung und Durchlässigkeit notwendig gewesen, auch auf die Gefahr hin, dass der Abstieg früher gekommen wäre. Vielleicht wäre er aber auch gar nicht gekommen. In den Jahren zwischen 2012 und 2016 sind viele Talente aus der eigenen Jugend an die Bundesliga herangeführt worden. Es ist nicht so, dass der Strategiewechsel als Gedanke nicht vorhanden war. Aber weder unter Robin Dutt noch unter Viktor Skripnik und Alexander Nouri gelang es, diesen Weg konstant und konsequent zu gehen. Wir schauen uns das Thema Durchlässigkeit und Ausbildung im Leistungszentrum (LZ) später noch mal genauer an.

Trainer- und andere Führungswechsel

Im Herbst 2014, nach einem Auftakt von neun sieglosen Spielen, inklusive einer 0:6-Klatsche in München, wurde Robin Dutt entlassen. Zufällig am gleichen Tag übernahm Marco den Vorsitz im Aufsichtsrat von Willi Lemke. Die Entscheidungen waren tatsächlich unabhängig, der Wechsel im Aufsichtsrat war schon einige Zeit vorher entschieden worden. Wenig später ging eine weitere Ära zu Ende, als der Präsident und Geschäftsführer Klaus-Dieter Fischer beide Ämter aufgab. Nachfolger wurde Hubertus Hess-Grunewald. Auch diese Entscheidung hatte Fischer selbst getroffen, und auch schon einige Monate vorher. Auch sie hatte mit der Entscheidung in Sachen Dutt nichts zu tun. „Ich hatte immer den Ehrgeiz, den Zeitpunkt meines Ausscheidens selbst zu bestimmen und halte ihn am Jahresende für gekommen. Ich habe mich zudem entschieden, auch das Amt des Präsidenten zur Verfügung zu stellen", so Fischer im März 2014.

Rückblickend sagt Robin Dutt, dass er nicht geglaubt habe, dass eine Entlassung in Bremen so früh in einer Saison kommen würde: „In Hamburg oder auf Schalke ja, aber doch nicht in Bremen!" Und er hat nicht ganz unrecht. Schließlich waren die Leistungen in den ersten Spielen (drei Unentschieden gegen Hertha, Leverkusen und Hoffenheim) ansprechend, und es gab neben der hohen Niederlage gegen Bayern nur eine wirklich miserable Vorstellung, als man dem 1. FC Köln im eigenen Stadion mit 0:1 unterlag. Dies war Dutts letztes Spiel als Werder-Trainer. Hatte man zu sehr auf die Ergebnisse geschaut und sich vom letzten Tabellenplatz beeindrucken lassen? Vielleicht.

Aber mit Dutts Nachfolger Viktor Skripnik schien es sofort aufwärts zu gehen. Einem Auftaktsieg im Pokal folgten zwei Siege in der Bundesliga, und nach der Halbserie hatte man wieder Anschluss ans Mittelfeld gefunden und stand immerhin auf einem Relegationsplatz – vor Dortmund und Freiburg! War dies Zufall? Vielleicht.

Werder beendete die Saison mit 43 Punkten auf Platz zehn, einem sicheren Mittelfeldplatz. Von der Europa League trennten die Mannschaft nur drei Punkte. Freiburg stieg in dieser Saison ab, kam aber im Jahr danach sofort zurück. 2015/16 fiel die Mannschaft zurück ins untere Mittelfeld. In der „Wertetabelle" belegte Werder Platz 15, sportlich reichte es für Platz 13. Was sich besser anhört, als es war. Denn die Rettung gelang erst wenige Minuten vor Abpfiff der Saison. Nach 33 Spielen stand Werder mit 35 Punkten auf Platz 16, also auf dem Relegationsplatz. Auch der direkte Abstieg war noch möglich. Einen Platz vor Werder lag Eintracht Frankfurt mit einem Zähler mehr. Am letzten Spieltag kam es im Weserstadion zum Showdown mit den Hessen. Werder musste gewinnen, ein Remis war zu wenig. Und Werder gewann. Das rettende 1:0 fiel erst in der 88. Minute, als Djilobodji traf.

Wir werden noch darauf zu sprechen kommen, wie sehr Kleinigkeiten, Zufälle, Schiedsrichterentscheidungen, Glück und Pech die Dinge beeinflussen können. Aber *wir* schauen häufig nur auf das nackte Ergebnis und erfinden Geschichten, die alles wunderbar erklären.

Immer wieder in den Jahren zwischen 2011 und 2016, aber eigentlich sogar zu allen Zeiten, haben sich am letzten Spieltag der Saison „Ausgänge" ergeben, die rückblickend als notwendig und kausal erklärbar erscheinen, es aber tatsächlich nicht waren. Fällt dieses Tor gegen die Eintracht kurz vor Schluss nicht (es war eher kein „expected goal"), wäre Werder in der Relegation gelandet und möglicherweise abgestiegen. Stattdessen sprang Werder gleich drei Ränge höher. Hier und in vielen anderen Momenten liegen die möglichen Ausgänge sehr nah beieinander, weil auch die Mannschaften so nah beieinander liegen – und haben doch so viel Einfluss auf die Liga, in der man spielen wird, ob man in Europa spielt oder nicht oder auf ein paar Plätze im TV Ranking, die schnell einige Millionen Euro Unterschied machen können.

Am Ende der Saison 2015/16 wurde im Aufsichtsrat die Entscheidung getroffen, den Geschäftsführer Fußball Thomas Eichin freizustellen und durch Frank Baumann zu ersetzen.

DIETRICH: Für die Öffentlichkeit war der Hauptgrund für die Trennung unterschiedliche Auffassungen bezüglich Viktor Skripnik. Einfach gesagt, meinte man, dass sich Thomas Eichin von Skripnik trennen wollte, aber der Aufsichtsrat, und hier insbesondere du, Marco, dies verhindern wollte.

MARCO: Diese Darstellung ist falsch oder mindestens sehr verkürzt. Aber mir ist schon klar, dass ein vermeintlicher Machtkampf zwischen Thomas Eichin als Sportchef und mir als Aufsichtsratsvorsitzendem für die Medien eine interessante Story und für den Fan ein nachvollziehbarer Streit war. Es ging aber nicht nur um die Trainerfrage und die Zukunft von Viktor Skripnik. Das sieht man auch daran, dass wir auch Frank Baumann aufforderten, die Trainerfrage ganz unabhängig von uns zu beurteilen. Als Aufsichtsrat war ich immer der Meinung, dass die Initiative für Entscheidungen, die den Trainer betreffen, immer zunächst bei der Geschäftsführung liegen müsse.

Die wirklichen Gründe für den Wechsel von Eichin zu Baumann waren komplexer. Thomas und ich hatten am Ende zu wichtigen Fragen einfach unterschiedliche Auffassungen, und ich war der Meinung, dass wir an der Spitze des Sports eine

Veränderung vornehmen müssten, um wieder vorwärts zu kommen. Das betraf insbesondere konzeptionelle Fragen zur Kaderplanung, sicher auch zur Trainerposition, aber auch die Klubphilosophie und Kultur. Damit meine ich aber nicht, dass Thomas nicht zur Werder-Familie gehören konnte, weil er von extern kam – das ist Unsinn! Für mich muss die Werder-Familie immer offen sein für Einflüsse und Ideen von außen, aber natürlich sollten die Werte des Klubs wichtiger sein als Personen. Und das passte einfach nicht mehr.

DIETRICH: Thomas Eichin hatte Werder in seiner dreijährigen Amtszeit stabilisiert, hatte unter schwierigen Bedingungen gearbeitet. Finanziell verlor Werder in der Liga immer mehr an Boden, die Notwendigkeit, zu sparen und Transfererlöse zu generieren, machte Eichin in diesen Jahren schwer zu schaffen.

Woran Thomas Eichin überhaupt keine Schuld trug, was aber seine tägliche Arbeit zusätzlich belastete: Als er kam, war die Sehnsucht nach einer Rückkehr zu den alten Zeiten noch extrem ausgeprägt. „Wir waren doch gerade noch der große Champions-League-Klub?“ Darunter litt Eichin sehr. Im Klub und seinem Umfeld herrschte noch eine Erwartungshaltung, die mit der Realität nichts mehr zu tun hatte. Eichin war sich der Realität bewusst: Das Geld war knapp, das Eigenkapital war zu großem Teil aufgebraucht, Werder musste sparen.

Die Kluft zwischen Erwartungshaltung und Realität war also ein großes und ungelöstes Problem. Wie geht man damit um? Heute hat eine Mehrheit begriffen, dass die große Zeit vorbei ist. Und auch nicht so schnell wiederkommen wird, wahrscheinlich sogar nie mehr. Als Thomas Eichin seinen Job antrat, war dies noch ganz anders.

MARCO: Das stimmt! Für Thomas Eichin war es nach Allofs sehr schwer, so wie es für Robin Dutt nach Thomas Schaaf sehr schwer war.

Wir haben ja schon festgestellt, dass auch in den guten Zeiten nicht immer alles rund lief und dass schon in der Endphase der Ära von Allofs und Schaaf die Probleme anfingen, mit denen

Werder noch heute zu kämpfen hat. Trotzdem ist es natürlich so, dass diejenigen, die direkt nach einer solchen Ära kommen, immer mit der erfolgreichen Phase verglichen werden.

Thomas hat definitiv keinen leichten Job gehabt. Wir haben in den Tagen nach der Saison 2015/16 sehr kontrovers diskutiert und waren auch beide hoch emotional in diesen Streitgesprächen. Heute können wir uns aber trotz der Trennung immer noch freundschaftlich begegnen und haben Verständnis für unsere unterschiedlichen Rollen und Sichtweisen. Thomas war mutig und hat gerne Entscheidungen getroffen, auch schwierige oder unangenehme. Einmal hat er sich auch mit den Bayern angelegt – dass die durch ihren Status bei Schiedsrichterentscheidungen meistens im Vorteil sind – und er hatte recht damit!

Am Ende ist es wie immer bei solchen Entscheidungen, heute kann keiner sagen, wie es mit ihm weitergegangen wäre. Trotzdem bin ich auch mit dem Wissen von heute der Überzeugung, dass der Wechsel zu Frank Baumann richtig war.

DIETRICH: Frank Baumann, Kapitän der „Double"-Gewinner von 2004, war Werderaner durch und durch. Hatte der Aufsichtsrat nach Daniel Kahneman die schwierige Frage „Wer ist der richtige Sportchef für Werder Bremen?" ersetzt durch die leichtere „Wer fällt uns ein?" und „Wen finden wir sympathisch?" Man könnte tatsächlich auf die Idee kommen, der Aufsichtsrat habe Frank Baumann auch deshalb gewählt, weil er Werderaner war, weil man ihn mochte, weil er einfach näher dran war.

MARCO: Diese Frage hat mich auch sehr beschäftigt. Ich weiß, jeder ist anfällig für diese systematische Verzerrung. Ja, Frank und ich hatten und haben ein freundschaftliches Verhältnis, und es wäre gelogen zu behaupten, diese emotionale Nähe spielte gar keine Rolle. Aber wir beide sind immer auch sehr professionell miteinander umgegangen. Für mich waren bei der Entscheidung für Frank drei Kategorien wichtig: Kompetenz und Erfahrung, Persönlichkeit und die Philosophie und Vision für Werder Bremen. Wir sind mit Fragen nach dem Sportdirektor oder dem Trainer nie leichtfertig umgegangen.

Dass Frank Werderaner war, hat natürlich nicht gegen ihn gesprochen. Aber darüber hinaus wusste ich, dass er einen guten Kompass besaß. Er hatte eine Vision, eine Vorstellung davon, wie sich Werder mit Hilfe einer konsequenten (Vereins-)Philosophie, einer kontinuierlichen Kaderplanung und der Herstellung einer besonderen Atmosphäre in den kommenden Jahren entwickeln sollte. Klar, unsere Vorstellungen waren sehr nah beieinander. Aber nur wenige in seinem Job haben eine vergleichbare Tiefe in ihrem Denken und Handeln. Und schließlich hatte Frank an der Seite von Klaus Allofs ab 2010 schon Erfahrungen gesammelt. Er stand nun zum ersten Mal ganz vorne, aber er kannte das Geschäft.

Unter Frank Baumann ging es nun in den nächsten Jahren bergauf. Zumindest stabilisierte sich die Mannschaft auf einem Niveau jenseits von Abstiegsängsten. Werder durfte sogar wieder nach oben blicken. Trotz der schwierigen Ausgangslage im Kader, beim Trainer und den Finanzen gelang es mit klaren Grundsätzen für die Kaderzusammenstellung und guten Entscheidungen, eine Mannschaft aufzubauen, die hungrig und ambitioniert war und in der Werte geschaffen wurden.

Die Trainer-Frage

Frank Baumann war sich zunächst nicht sicher, ob man mit Skripnik in die Saison gehen sollte. Am Ende der Saison 2015/16 hatte es im Trainerteam Unstimmigkeiten zwischen den beiden Assistenten Torsten Frings und Florian Kohfeldt gegeben. Frings war der gestandene Ex-Profi, Kohfeldt vielleicht eher der „Laptop-Trainer". Von Skripnik hatte er den Spitznamen „der Student" erhalten, was aber nicht böse gemeint war. Ganz abgesehen davon, dass Kohfeldt tatsächlich studiert hatte. 2013 hatte er an der Universität Bremen ein Studium der Sport- und Gesundheitswissenschaften mit dem akademischen Grad „Master of Arts" abgeschlossen. Parallel dazu hatte er seit 2006 verschiedene Jugendmannschaften von Werder Bremen trainiert. 2015 schloss er die Ausbildung zum Fußballlehrer an der Hennes-Weisweiler-Akademie als Jahrgangsbester ab. Auf den ersten Blick war das Trio ein sehr gutes Trainerteam, das sich durch komplementäre Stärken gut ergänzen konnte, aber klar, auch die Chemie musste stimmen.

Baumann suchte das offene Gespräch mit allen Beteiligten und alle gaben ihr Commitment für eine weitere Zusammenarbeit. Die Pro-Skripnik-Entscheidung wurde trotzdem von einem unguten Gefühl begleitet. Dieses wurde sehr schnell bestätigt, denn Werder legte einen echten Fehlstart hin: zuerst das Ausscheiden aus dem DFB-Pokal in Runde 1 gegen den Drittligisten Sportfreunde Lotte, dann drei Niederlagen in der Liga. Nach dem 1:4 in Gladbach am dritten Spieltag wurde Skripnik entlassen. Eine Entlassung mit Ansage – zumindest ein bisschen.

Aber war sie richtig? Skripnik wird von vielen als Trainer unterschätzt. Und mit ihm hatte Werder auch gute Phasen erlebt. Zu Beginn des Jahres 2015 war Marco als Gast bei Sky 90 eingeladen. Werder hatte da unter Skripnik fünf Siege in Folge eingefahren. Alle fanden Skripnik großartig. Dass er nicht so gut Deutsch sprach, war kultig, aber kein Problem. Als die Ergebnisse schlecht wurden, fand man es auf einmal unmöglich, dass der Verein sich einen Cheftrainer leistete, den man manchmal nicht mal verstehen konnte. Der Rückschaufehler? Oder ein „Halo-Effekt"? In Phasen der Erfolglosigkeit ist jedenfalls plötzlich alles falsch – auch Dinge, die man vorher als problemlos, ja sympathisch erachtete. Mit der Trennung von Skripnik hatte man zweifellos auch dem Druck von außen nachgegeben.

Mit Alexander Nouri wählte Baumann erneut einen Cheftrainer aus der eigenen Struktur. Wie zuvor Skripnik hatte Nouri die U23 trainiert. Am Ende wurde der Beinahe-Absteiger aus dem Vorjahr Achter. Dass war die beste Platzierung seit der Saison 2009/10. Dies galt auch für die 45 Punkte, die man verbuchen konnte. Vom Platz sieben, der zur Teilnahme an der Qualifikationsrunde zur Europa League berechtigte, trennten die Mannschaft lediglich drei Zähler.

Ein bisschen enttäuscht

Frank Baumanns erste Spielzeit 2016/17 als Geschäftsführer Fußball war aber nicht nur sportlich erfolgreich. Werder erzielte auch einen erheblichen Transferüberschuss. Ein gewisser Anteil daran gebührt natürlich auch seinem Vorgänger Thomas Eichin.

Trotz der guten Platzierung herrschte eine gewisse Enttäuschung. Denn nach 31 Spieltagen war Werder noch Tabellensechster und klar auf Kurs Europa gewesen. Doch die letzten drei Spiele gingen verloren, obwohl man jeweils drei Tore geschossen hatte. Die Mannschaft hatte insgesamt 61-mal getroffen – nur die vier Erstplatzierten erzielten noch mehr Tore. Es war Werders beste Torausbeute seit der Saison 2009/10. Damals traf man als Tabellendritter 71-mal. Allerdings kassierte Werder in der Saison 2016/17 auch 64 Gegentore und damit die meisten in der Liga.

Überraschungself der Saison war der 1. FC Köln, der Fünfter wurde und sich für die Europa League qualifizierte. 25 der 51 Kölner Tore entfielen auf einen einzigen Spieler: Anthony Modeste. Dieser verließ nun die Domstädter in Richtung China. Sein Abgang und die Zusatzbelastung Europa überforderte eine Mannschaft, die über ihren Verhältnissen gespielt hatte. Eine Spielzeit später wurde der 1. FC Köln mit nur 22 Punkten und lediglich 35 geschossenen Toren Letzter.

In der Saison 2016/17 gingen zwei der vier Champions-League-Plätze an zwei noch recht junge Player: RB Leipzig und die TSG Hoffenheim. 2010/11, als Werder letztmalig in der Champions League spielte, trat RB in der Regionalliga an. Auch die TSG aus Hoffenheim spielte in Werders „Double"-Saison 2003/04 noch in der Regionalliga.

RB wurde als Aufsteiger Vizemeister. Vor der Saison wurden Investitionen von fast 100 Mio. Euro in den Kader vorgenommen. Die drei teuersten Transfers waren Timo Werner aus Stuttgart sowie Naby Keïta und Dayot Upamecano vom „Schwesterklub" RB Salzburg, zusammen kosteten sie mehr als 60 Mio. Euro.

Der RasenBallsport Leipzig e.V. war erst 2009 auf Initiative der Red Bull GmbH gegründet worden. Zur Saison 2009/10 hatte RB das Startrecht des SSV Markranstädt in der fünftklassigen Oberliga Nordost erworben. 2014 stieg die Profimannschaft in die zweite Bundesliga auf.

EINWURF

50+1

Die 50+1-Regel wurde 1998 eingeführt. Die Vereine durften nun ihre Profiabteilungen in Kapitalgesellschaften ausgliedern, aber hier mussten 50 Prozent plus eine Stimme dem Verein gehören. Die Ausgliederung sollte die Attraktivität der Profiklubs gegenüber Sponsoren und Investoren erhöhen, 50 +1 sollte den „Fußball-Kapitalismus" einhegen. Auf diese Weise hoffte man, die Verbindung zwischen dem Profi- und dem Breitenfußball zu bewahren.

Am 1. April 1999 war Bayer 04 Leverkusen der erste Fußballverein in Deutschland, der die Fußball-Profis aus dem Gesamtverein ausgliederte und eine Fußball-GmbH gründete. Die wirtschaftliche Entwicklung in der Bundesliga verlief so rasant, dass es den Anschein hatte, als habe sich die Rechtsform eines eingetragenen Vereins überlebt. Auch viele andere Profivereine haben seither ihre Profifußballer als GmbH, Kommandit- oder Aktiengesellschaft ausgegliedert. So auch Werder Bremen.

50+1 besaß von Anfang an eine Achillesferse, da die sogenannte „Lex Leverkusen" Ausnahmen gestattete. Bayer Leverkusen und später auch der VfL Wolfsburg, deren GmbHs sich zu 100 Prozent im Besitz des Bayer- bzw. VW-Konzerns befanden, waren ausgenommen. Die Deutsche Fußball-Liga (DFL) befreit Klubs „in denen ein Wirtschaftsunternehmen seit mehr als 20 Jahren vor dem 1. Januar 1999 den Fußballsport des Muttervereins ununterbrochen und erheblich gefördert hat" von dieser Regel. 2015 wurde auch 1899 Hoffenheim von 50+1 befreit, weil ihr Mäzen und Hauptgesellschafter, der SAP-Gründer Dietmar Hopp, den Verein schon seit mehr als 20 Jahren signifikant unterstützt hatte.

Des weiteren gibt es Modelle, die zwar formal die Regel einhalten, diese aber in der Realität unterlaufen. In Leipzig wird das Stammkapital zu 99 Prozent von der Red Bull-GmbH gehalten und nur zu einem Prozent vom Mutterverein RasenballSport Leipzig. Der „Klub" wird faktisch von der GmbH kontrolliert. Formal erfüllt der Klub die 50+1-Regel, weil der e.V. die Mehrheit der Stimmen in der Gesellschafterversammlung der GmbH hält. Allerdings hat der Verein nur etwas über 20 Mitglieder, die ausgewählt sind und eine geschlossene Gesellschaft bilden. RB-Anhänger können nicht Mitglied ihres Klubs werden. Es gibt lediglich eine Fördermitgliedschaft. Fördermitglieder sind aber keine Mitglieder im Sinne des BGB und besitzen kein Stimmrecht in der Mitgliederversammlung.

Auch der FC Augsburg ist nur auf dem Papier ein 50+1-Verein. 99 Prozent der Anteile an der GmbH & Co. KGaA sind im Besitz der Hofmann Investoren GmbH von Klaus Hofmann. Formal ist das in Ordnung, da der eingetragene Verein die Stimmenmehrheit besitzt. Allerdings heißt dessen Präsident Klaus Hofmann …

Max Kruse kommt

Baumanns erste Verpflichtung als Geschäftsführer Fußball und der „Königstransfer" des Sommers 2016 war Max Kruse. Das war in vielerlei Hinsicht ein mutiger, vielleicht sogar riskanter Transfer. Kruse war und ist ein besonderer Spieler und sein Wechsel nach Bremen hatte großen Einfluss auf den „Werder-Aufbruch" des Sommers 2016. Kruse, 1988 vor den Toren Hamburgs geboren, hatte bereits in der U19-Jugend für Werder gespielt und zwischen 2006 und 2009 68-mal für die U23. Bei den Profis war er nur zu einem einzigen Einsatz gekommen. 2009 war Kruse zum FC St. Pauli gewechselt. Seine positive Entwicklung ging in Freiburg und Gladbach weiter. Zur Saison 2015/16 holte ihn Klaus Allofs zum VfL Wolfsburg, für eine Ablöse von zwölf Mio. Euro. Dass Spieler wie Kruse woanders ihr Glück versuchten, war auch der enormen Qualität des damaligen Werder-Kaders geschuldet. In diesen Jahren hatten junge Spieler aus dem eigenen Stall kaum eine Chance, sich durchzusetzen. „Wenn du Champions League spielst, dann überlegst du dir genauer als vorher, ob ein junger Spieler die Qualität der Mannschaft steigert oder nicht", sagte Klaus Allofs.

Im Oktober 2015 hatte der Nationalspieler Kruse beim 2:1-Sieg der DFB-Elf über Georgien den letzten Treffer markiert und damit sein Team zur EM geschossen. Bis zum Wechsel zu Werder war er 14-mal für die Nationalelf aufgelaufen. Zwei Vorfälle außerhalb des Spielfelds beendeten seine Nationalspielerkarriere. Am 21. März 2016 wurde Kruse von Bundestrainer Löw für die bevorstehenden Testspiele gegen England und Italien aus dem Kader der Nationalmannschaft gestrichen. In Wolfsburg wurde Kruse nicht glücklich und spielte auch nicht gut.

Der „Unterschiedsspieler"

Für Baumann war Kruse in erster Linie ein Riesenfußballer. Er war optimistisch: Wir bekommen den „eingefangen", wir geben ihm Luft, die Freiheiten, die er braucht, dann wird er auch zurückzahlen. Das war Werder in der Vergangenheit schon häufiger gelungen, Werder hatte immer auch schwierige Typen im Kader gehabt: Mario Basler, Johan Micoud, Diego, Ailton oder Claudio Pizarro. Meistens hatten sie in Bremen Leistung gezeigt, einige hatten hier ihre beste Zeit als Profifußballer erlebt.

Bei Werder gelang das meistens, wenn auch nicht konstant. Max Kruse schoss Tore, bereitete noch mehr vor. In 84 Bundesligaspielen für Werder traf Kruse 32-mal. Werder schoss in den Jahren mit Kruse in der Liga 156 Tore, Kruse war an mehr als einem Drittel direkt oder als Passgeber beteiligt. Er leitete die meisten der gefährlichen Angriffe ein und gab der Mannschaft eine gewisse Siegermentalität. Spieler wie Maxi Eggestein, Thomas Delaney, Davy Klaassen, Florian Grillitsch oder Yuya Osako, allesamt selbst sehr gute Fußballer, wurden an der Seite von Max Kruse noch besser. Auf der anderen Seite kann ein Spieler wie Kruse nur funktionieren, physisch und mental sein Leistungspotenzial ausschöpfen, wenn er sich wohlfühlt und Spaß hat, aber auch ambitioniert seinen Job erledigt. Wir Menschen bringen Höchstleistung, wenn wir die richtige Balance finden zwischen Anspannung und Freude. In diese „Zone" zu kommen, mit dem Maximum, das man auch „Flow" nennt – das ist für jeden Spieler das Ziel. Aber ganz besonders für Spieler wie Max Kruse.

Dass Werder, ein Verein, der gerade fast abgestiegen war, sich einen Max Kruse angeln konnte, war alles andere als selbstverständlich. Wahrscheinlich war dieser Transfer nur möglich, weil Kruse in Wolfsburg unglücklich war und Wolfsburg auch mit ihm. Beim VfL spielte er unter seinen Möglichkeiten und aufgrund einiger privater Eskapaden war seine Reputation im Sommer 2016 nicht die beste. Finanziell musste sich Werder extrem strecken und ging mit der Ablöse von 7,5 Mio. Euro und dem Gehalt ein signifikantes finanzielles Risiko ein.

Der „Zocker"

Werder hatte in den drei Jahren 2016 bis 2019 nicht nur Max Kruse. Frank Baumann gelangen weitere gute Transfers: Ermöglicht durch die Abgänge von Jannik Vestergaard nach Gladbach und Anthony Ujah nach China, kamen im Sommer 2016 der Außenstürmer Serge Gnabry vom FC Arsenal und der Innenverteidiger Niklas Moisander von Sampdoria Genua. In der Winterpause wurde noch der dänische defensive Mittelfeldspieler Thomas Delaney für zwei Mio. vom FC Kopenhagen verpflichtet. Anderthalb Jahre später wechselte er im Sommer 2018 für 20 Mio. Euro zum BVB. Zudem entwickelten sich Talente aus der eigenen Jugend wie Maxi Eggestein und Florian Grillitsch sehr gut und wurden zu Stammspielern. Trotzdem: *Der Schlüssel* zu einer positiven sportlichen Entwicklung war Max Kruse, besonders in Hinblick auf das Offensivspiel von Werder.

Die Kehrseite war vielleicht eine zunehmende Abhängigkeit von dem „Unterschieds-Spieler“ Kruse. Jederzeit konnte er auch in die falsche Richtung den Unterschied ausmachen, wenn er emotional oder physisch nicht sein höchstes Niveau erreichte. Auch brachte er manchmal eine gewisse „Zocker-Mentalität“[11] mit in die Kabine und auf den Platz. Das bereicherte manchmal Werders Spiel, manchmal machte es Werder aber auch anfällig und leichtsinnig.

Das Verhältnis zwischen Max Kruse und Florian Kohfeldt, zunächst sein Co-, später sein Chef-Trainer, war sicher ein besonderes. Kein ganz normales Trainer-Spieler-Verhältnis, nicht nur weil sie regelmäßig an der Tischtennisplatte oder Dart-Scheibe wetteiferten. Wie immer in solchen Fällen ist es für die Trainer schwer, ihren Stars so viel Freiheit wie möglich zu geben, damit sie Top-Leistungen bringen können, sie aber auch gegenüber dem Team nicht zu sehr zu bevorzugen. „Ich muss mich fragen, wo lasse ich die Leine etwas länger werden für jemanden, der besondere Leistungen bringt“, sagt Kohfeldt, dem es gelang, die Balance zu finden und Max Kruse vom Individualisten sogar in Richtung Führungspersönlichkeit zu entwickeln, auch indem er ihn zum Kapitän machte. Ohne Risiko war das nicht.

Hätte man Kruse halten sollen?

Wie wichtig Max Kruse für das Team gewesen war, merkte man erst so richtig, nachdem er Werder verlassen hatte. Max fehlte. Wir springen in der Zeit ein wenig vor, in die Saison 2018/19, die für Werder sportlich die beste seit 2010 war – aber auch die letzte mit Kruse. Denn im Sommer 2019 lief der Vertrag aus. In den zwei Krisenjahren danach ist aus vielen Richtungen immer wieder der Vorwurf erhoben worden, man habe Kruse fahrlässig gehen lassen, nicht genug um ihn gekämpft und seine Bedeutung für das Team unterschätzt.

---

11 Selbstkritisch – und weil wir Kahneman gelesen haben – müssen wir wohl zugeben, dass wir diesen Begriff auch deshalb wählen, weil Kruse dem Hobby „Poker spielen“ frönt – wie auch andere Kollegen, aber niemand von ihnen ist dafür so bekannt wie Kruse.

Aus unserer Sicht ist am ehesten am letzten Vorwurf etwas dran. Grundsätzlich wollte Werder gerne mit Kruse verlängern. Noch immer sah Baumann in ihm zuerst den guten Fußballer und schätzte dessen Bedeutung für das Team richtig ein. Aber Baumann wollte auch vernünftig bleiben und finanziell nicht über gewisse Grenzen gehen. Hätte man Kruses Gehalt weiter erhöht, hätte er also einen ganz eigenen „Gehaltskorridor" bekommen, wäre das bei seinen Mitspielern nicht gut angekommen. Im Team hätte das zwangsläufig für Unruhe gesorgt. Zudem hätten dann einige Leistungsträger ebenfalls eine Gehaltserhöhung gefordert, um die Kluft zwischen sich und Kruse etwas zu verkleinern. Unterm Strich wäre das für den Verein nicht finanzierbar gewesen. Wir sehen einmal mehr: Schnelle Urteile werden häufig den Tatsachen nicht gerecht. Aber wir sehen auch, welche Folgen scheinbar banale Entscheidungen (pro oder contra einer Weiterverpflichtung von Kruse) haben können.

Richtig ist vermutlich auch, dass Werder nicht sicher sein konnte, ob Kruse sein Niveau halten würde, wenn er im Herzen etwas anderes wollte. In einem von Marcos Lieblingsfilmen, dem Klassiker „Die Verurteilten", heißt es sinngemäß: „Wenn du einen Vogel einsperrst, der frei sein und fliegen will, wird er unglücklich und hört auf zu singen!". Kruse wollte fliegen, er wollte ein neues Abenteuer. Am liebsten einen Spitzenklub in Europa als Höhepunkt seiner Karriere. Aber diese Angebote kamen nicht – vielleicht hatte er sich „verzockt". Kruse ging zu Fenerbahçe Istanbul. Laut Medien bezog Kruse dort ein Jahresgehalt von sechs Mio. Euro – dieses hätte ihm Werder nie zahlen können. Aber man tut Kruse unrecht, wenn man ihm unterstellt, es sei ihm nur ums Geld gegangen. Wahrscheinlicher ist, dass sein Freiheitsdrang und sein Wunsch, noch einmal etwas Neues zu erleben, nämlich im Ausland zu kicken, gegen eine Fortsetzung in Bremen sprachen. Werder hatte nie eine Chance ihn zu halten, und vielleicht wäre es sogar falsch gewesen, es mit allen Mitteln zu versuchen.

Als das Abenteuer in Istanbul nicht funktionierte, unternahm Werder noch einmal einen Versuch, Kruse zurückzugewinnen, aber er entschied sich für Union Berlin, wieder etwas Neues und Spannendes. Schade? Vermutlich schon. Obwohl, das mit den „Rückholaktionen" von Spielern ist so eine Sache. Nicht immer geht es so aus wie bei Claudio Pizarro!

Bei Union war Max Kruse ein weiteres Mal der Spieler, der den Unterschied ausmachte. Nicht zuletzt dank ihm konnte sich der Klub in der Saison 2020/21 erstmals für einen europäischen Wettbewerb qualifizieren. Aufgrund eines Muskelbündelrisses war er nur in 22 von 34 Spielen dabei, erzielte in diesen aber elf Tore und bereitete fünf weitere vor. In der folgenden Spielzeit 2021/22 war Union nach 20 Spieltagen Vierter, lag also auf einem Champions-League-Platz. Aber dann entschied sich Kruse für den nächsten Vereinswechsel. Florian Kohfeldt holte ihn zum abstiegsbedrohten und seit elf Spielen sieglosen VfL Wolfsburg. Kruse machte keinen Hehl daraus, dass nicht die sportliche Perspektive und auch nicht der Mittellandkanal zum VfL gelockt hatten, sondern ein sehr lukratives Jahresgehalt mindestens bis Sommer 2023. Was ehrlich und irgendwie in Ordnung war.

Florian Kohfeldt

Wenn man über Florian Kohfeldt aus heutiger Perspektive schreibt, ist man beeinflusst, man könnte auch sagen „geprimt", von Werders Abstieg. Zu leicht kann man dann „den Zauber des Anfangs", ja den gesamten Zeitraum bis zum Sommer 2019 vergessen. Als Werder in der Saison 2017/18 in den ersten zehn Bundesligabegegnungen sieglos blieb und sich mit gerade mal fünf Punkten auf Platz 17 wiederfand, wurde Alexander Nouri beurlaubt. Florian Kohfeldt sprang als Interimscoach ein, kurze Zeit später erhielt er zunächst eine Job-Garantie bis zum Saisonende. Im April 2018 bekam er schließlich einen Vertrag bis 2021. Dass Baumann und seine Kollegen anfangs vorsichtig waren und in den ersten Wochen einen „Proof of Concept", also eine erste Bewährungsprobe, abwarteten, hatte wohl auch damit zu tun, dass zum dritten Mal ein Cheftrainer aus der eigenen Struktur befördert wurde. Im Umfeld und im Aufsichtsrat wurde Kohfeldt zunächst auch kritisch gesehen.

Aber Kohfeldt schaffte es schnell in die Köpfe und die Herzen der Werder-Familie und von allen drum herum. Er war nicht nur fachlich gut, sondern auch exzellent im Umgang mit den Mitarbeitern, dem Umfeld des Klubs und den Medien. Er war im positiven Sinne ein „Menschenfänger", rhetorisch stark, nahbar und freundlich. Manche verglichen ihn bald mit Jürgen Klopp.

Bei einem Trainingslager stellt sich stets die Frage, wie nah die Journalisten an Mannschaft und Trainer herandürfen. Kohfeldt ließ sie beim ersten

Trainingslager sehr nah heran. Der Deal war: „Ihr dürft beim Training dabei sein. Ihr sollt kritisch sein, aber nicht ausplaudern, wenn sich mal zwei Spieler beim Training streiten. Ich verlasse mich auf euch." Es funktionierte.

Kohfeldt erklärte den Journalisten, was der Sinn von bestimmten Übungen sei, ließ sie an seinen taktischen Überlegungen teilhaben. Die Journalisten waren beeindruckt und einige behaupteten sogar, sie hätten noch nie so viel über Fußball gelernt wie in dieser Zeit. Auf Pressekonferenzen übertrieb er diesbezüglich manchmal – aber er kam überall gut an. Nicht nur seine Ausstrahlung, auch seine Fußballphilosophie war positiv und neu. Seine selbstbewusste Botschaft schon nach wenigen Tagen im Amt war, dass dieser Kader einen spielerischen Ansatz brauche! „Für einen Tabellen-Siebzehnten ist das vielleicht etwas ungewöhnlich, aber das ist meine Analyse des Kaders … wir wollen einen offensiven Fußball auf den Platz bringen, der vorsieht, dort zu verteidigen, wo wir spielen."

Und er hielt Wort, oder besser, allen zusammen gelang der Paradigmenwechsel zu einem anderen Fußball und auch zu einer neuen Art der Kommunikation. Kohfeldt und Baumann harmonierten miteinander. Die Heimspiele im Weserstadion wurden wieder zu einem Erlebnis, und der „spielphilosophische" Wechsel zum Ballbesitzfußball mit variablen Lösungen im Offensivspiel war wirklich zu erkennen. Frank Baumann nach Kohfeldts Entlassung im Mai 2021: „Wir hatten mit Florian Kohfeldt einen Trainer an der Seitenlinie, der den Werder-Fußball wiederaufleben ließ." Kohfeldt gelang es, junge und alte Spieler zu integrieren und zu einem Team zusammenzuschweißen. Auch machte er einige Akteure besser.

Mit Florian Kohfeldt als Cheftrainer holte die Mannschaft aus den verbleibenden 24 Spielen der Saison 2017/18 37 Punkte – also im Schnitt 1,54 pro Spiel. Trotz des katastrophalen Saisonstarts verbuchte Werder nur drei Zähler weniger als im Vorjahr, was am Ende Platz elf bedeutete.

Schon vor der erfolgreichen Saison 2018/19 breitete sich ein Gefühl aus, dass mit Kohfeldt wieder ein rundum stimmiger Trainer gefunden worden war, dass Werder nun wieder ein Verein sein könnte, der sich nach schwierigen Jahren „berappelt", mit dem Abstieg nichts mehr zu tun hat und wieder etwas weiter nach oben blicken kann. Erinnerungen an alte Zeiten wurden wach, an die Ära Otto Rehhagel und die Ära Thomas Schaaf. Arnd Zeigler, Werders legendärer Stadionsprecher: „Bei Werder hofft man immer auf eine neue Ära."

KAPITEL 8

Wie bauen wir unser „Winning Team“?

„Seltsam, dass Leute, die zusammen leiden, stärkere Beziehungen haben als Leute, die sehr zufrieden sind.“

BOB DYLAN

Auch auf die Gefahr hin, dass wir uns wiederholen: Gute Entscheidungen zu treffen, das ist, wenn man mal von den finanziellen Möglichkeiten absieht, wahrscheinlich der wichtigste Erfolgsfaktor für einen Fußballklub. Und unter diesen ist die Auswahl des richtigen Personals vermutlich die Königsdisziplin. Jim Collins, Management-Experte und Autor des Bestsellers „Good to great“ beschreibt ein Prinzip mit „First Who, Then What“ und will damit ausdrücken, dass die Menschen, ihre Einstellung und ihre Rollen, wichtiger sind als die Strategie. Für den Erfolg von Unternehmen (und vielleicht auch Fußballklubs?) sei entscheidend, die richtigen Personen auf die richtige Position zu bringen: „Put the right people on the right seat of your bus.“

Collins' Ideen sind ziemlich radikal und würden auf ein Fußballteam bezogen wohl bedeuten, dass man, um erfolgreich zu sein, *zuerst* einen sehr guten Trainer und sehr gute Spieler finden muss und sich erst dann Gedanken darüber macht, welche Art von Fußball man spielen möchte. Wir haben dagegen die Auffassung vertreten, dass ein Klub sich zuerst über seine (Spiel-) Philosophie klar sein sollte und für diese dann eben den *richtigen* Trainer und die *richtigen* Spieler finden müsse, die diese Philosophie mit Leben erfüllen. Natürlich sollte diese Philosophie nicht vollkommen starr sein. Hat man die Chance, einen Spieler wie Max Kruse zu verpflichten, kann das durchaus sinnvoll sein, auch wenn man bis dahin eher auf Umschaltspiel gesetzt hatte.

Zweifellos bleibt aber bei der Betrachtung von Collins' „First Who“-Prinzip richtig, dass es erfolgskritisch ist, aus guten Spielern ein starkes

Team oder, wie wir es nennen wollen, ein „Winning Team“ zu bauen. Wie aber finde ich die richtigen Spieler für das Team, das an der Spitze in meinem Klub steht, das Bundeligateam? Die beiden wichtigsten Werkzeuge dafür sind wohl Ausbildung und Scouting. Mit diesen beiden Ausprägungen oder Aufgaben der Kaderplanung und einigen damit zusammenhängenden Fragen wollen wir uns in diesem Kapitel beschäftigen.

Goldlöckchen und die drei Bären

Wie sollte ein Bundesligakader generell, aber besonders für einen Klub wie Werder, idealerweise gestaltet sein? Wie baue ich ein Winning Team? Es gibt unterschiedliche Kriterien, die aus unserer Sicht berücksichtigt werden müssen. Und wie wir sehen werden, geht es fast immer darum, die richtige Balance zu finden, Extreme eher zu vermeiden.

Das erste Kriterium ist die Kadergröße. Natürlich hängt vieles davon ab, ob der Klub international spielt oder nicht, aber selbst, wenn das der Fall ist, sollte der Kader nicht zu groß sein, weil das die Zahl unzufriedener Spieler erhöht. Die Aufgabe, alle bei Laune zu halten, wird für den Trainer dann sehr herausfordernd. Natürlich darf der Kader auch nicht zu klein sein, weil er dann bei Verletzungsproblemen nicht mehr die nötige Tiefe besitzen würde. Einigermaßen ideal ist aus Sicht der Autoren ein Profikader von ungefähr 24 Spielern.

Im Prinzip ist es wie bei dem Kindermärchen „Goldlöckchen und die drei Bären“ (Im Original: „Goldilocks and the three Bears“), dass häufig eben genau die Mitte ideal ist. Im englischen Sprachgebrauch hat dieses Prinzip sogar für Ökonomie und Wissenschaft Bedeutung und den schönen Namen „Goldilocks Principle“ erhalten, dass immer nur die Mitte „gerade richtig“ ist. In der Astronomie sind „Goldilocks planets“ Planeten, auf denen die Umweltbedingungen ein so gutes Mittelmaß haben, dass sie bewohnbar sind.

An Goldilocks könnten wir auch bei den anderen Kriterien denken: fußballerische Fähigkeiten, Alter und Erfahrung, Gehaltsstruktur, Persönlichkeit oder Nationalität und kultureller Background. Allerdings wäre es natürlich falsch, bei allen Kriterien immer die Mitte zu wählen. Eher geht es darum, die richtige Mischung, die richtige Balance zu finden. „Unterschiede sind ein Gewinn!“, sagt Marco immer in seinen

Vorträgen in Unternehmen, weil es dort in Teams genauso funktioniert. „Diverse Teams sind stärker als homogene“ wäre eine moderne Übersetzung dieser Idee.

Die richtige Balance finden

Gehen wir die Kriterien noch mal der Reihe nach durch. Zunächst vielleicht das wichtigste: fußballerische Qualität! Hierunter fallen natürlich viele Einzelkompetenzen wie Technik und (Individual-) Taktik, aber auch athletische Kompetenzen wie Schnelligkeit, Sprungkraft, Ausdauer. Schließlich spielen auch kognitive und mentale Fähigkeiten eine große und zunehmende Rolle, zum Beispiel Resilienz, Reaktion, Antizipation, Handlungsschnelligkeit oder Orientierung im Raum. Viele dieser psychologischen Aspekte betreffen natürlich offensichtlich schon die Persönlichkeit des Spielers.

Über all diese Kompetenzen und Skills und ihre Bedeutung für den Erfolg im Fußball, über die Fragen, wie viel davon auf Talent basiert, und wie sich Spieler durch effektives Training verbessern können, gibt es ganze Bibliotheken von (Trainings-) Literatur. Darauf wollen wir hier nicht im Detail eingehen. Klar ist aber, dass unterschiedliche Positionen unterschiedliche Anforderungen haben. Auf den offensiven Außenpositionen braucht es kleine, schnelle Dribbler, im Zentrum der Abwehr eher große, robuste Zweikämpfer, im Mittelfeld laufstarke „box to box“-Spieler oder technisch herausragende Strategen.

Etwas weiter unten betrachten wir noch einen wichtigen Aspekt in Hinblick auf die „Football Skills“, nämlich wie das Scouting durch die Analyse von Daten optimiert werden kann. Schauen wir aber zunächst auf das nächste sehr wichtige Kriterium, die Persönlichkeit. Grundsätzlich kann man einige Grundtypen von Spielern unterscheiden: dominante Führungsspieler, Teamplayer und Individualisten.

Führungsspieler erkennt man nicht nur an ihrer Leistung, sondern auch daran, dass sie durch ihre Persönlichkeit andere motivieren und mitreißen können. Sie sind Vorbilder („Role Models“), häufig Wortführer und Ansprechpartner für den Trainer, auch außerhalb des Platzes – und sie stehen für die Werte des Teams.

Individualisten dagegen bereichern das Team durch herausragende Fähigkeiten, eine besondere Stärke oder durch Kreativität. Manchmal sind sie ein bisschen verrückt oder Einzelgänger, die sich nicht so leicht in ein Team einordnen. So wie das Teamplayer tun, die im Gegensatz zu den Individualisten gerade nicht so gern im Mittelpunkt stehen, sie denken stattdessen vor allem und zuerst an das Team.

Führungsspieler sind meistens (aber nicht immer) auch Leistungsträger und Stammspieler. Andersrum ist aber nicht jeder Stammspieler oder Star ein Führungsspieler, sondern häufig eher ein Individualist. Micoud war ein Führungsspieler, Ismael auch – Ailton oder Pizarro dagegen waren eher Individualisten. Manchmal sind Führungsspieler auch Teamplayer und nicht so dominant, selten sind Führungsspieler nicht Stammspieler, aber wichtig für die Kabine. Und oft übernimmt ein Teamplayer mit zunehmender Erfahrung immer mehr eine Führungsrolle oder, wie vielleicht im Fall von Max Kruse, ein Individualist wird auch zum „Chef".

Natürlich gibt es nicht immer eine klare Abgrenzung, aber es hilft, sich diese Grundtypen vorzustellen und sich zu fragen, welcher Spieler am ehesten in welche Kategorie passt. Kaderplaner müssen entscheiden, wie viele Führungsspieler und Individualisten sie in ihrem Team haben wollen. Gute Teamplayer, Spieler, die wichtig sind, aber nicht unbedingt im Rampenlicht stehen wollen, braucht es am meisten, aber aus unserer Sicht zeichnen sich erfolgreiche Teams dadurch aus, dass sie auch (wenige) Führungsspieler haben, vielleicht nur zwei oder drei und ein paar besondere Individualisten.

Schließlich ist für einen idealen Kader auch wichtig, wie die Balance in Sachen Alter und Potenzial gefunden wird. Auch hier sollten totale Extreme eher vermieden werden, es sei denn, man möchte ganz allgemein eine „extreme" Klubphilosophie verfolgen und zum Beispiel ausschließlich auf eigene Talente setzen, wie es der FC Nordsjaelland in Dänemark tut. Für die allermeisten Klubs geht es aber darum, Talente aus der eigenen Struktur, „Potenzialspieler" *und* verlässliche Stammkräfte in den eigenen Reihen zu haben. Potenzialspieler sind dabei junge (nicht selten internationale) Spieler, die im Klub entwickelt und dann transferiert oder zu verlässlichen Leistungsträgern werden, die lange im Klub bleiben. Borussia Dortmund verfolgt seit einiger Zeit sicher die Strategie, die besten „Potenzialspieler" in Europa zu finden und sie nach Dortmund zu holen.

Je nach Klubphilosophie werden sich unterschiedliche Kaderstrukturen ergeben, aber für Werder war Marco immer der Meinung, dass der Klub quasi eine „Goldilocks-Strategie" fahren und nicht in Richtung Extreme denken sollte. In einem 24er-Kader sollte man versuchen, mindestens sechs Spieler zu haben, die aus der eigenen Struktur kommen, genauso braucht es Potenzialspieler, bei denen man ins Risiko geht und im Idealfall mehr Glück als Pech hat. Am besten ist es, wenn es eine Schnittmenge zwischen diesen beiden Kategorien gibt, wenn also auch potenzielle Stars aus der eigenen Jugend kommen. Und schließlich braucht es auch eine Gruppe von Spielern, „bei der man weiß, was man bekommt". Spieler also, die eine hohe Wahrscheinlichkeit mitbringen, verlässlich ihre Leistung zu zeigen.

Es hat keinen Sinn, genaue Zahlen zu definieren, wie viele Spieler jedes Typs man im Kader genau haben sollte. Häufig muss man auch Kompromisse eingehen, weil unser „Wunsch-Kader" ja auch an der Verfügbarkeit der Spieler hängt. Was mache ich, wenn ich nicht die gewünschte Anzahl von Individualisten und technisch beschlagenen Strategen bekomme? Das hat möglicherweise auch Auswirkungen auf meine Spielphilosophie. In jedem Fall sollte man die orientierungslose, ja wilde Verpflichtung von Spielern vermeiden.

Gehaltskorridore

Das letzte Kriterium, das wir hier erwähnen wollen und das man auch im Blick behalten sollte, ist die Gehaltsstruktur des Kaders. Auch hier ist es aus Sicht der Autoren sinnvoll, Kategorien von Spielern „Gehaltskorridore" zuzuordnen und sich als Sportdirektor oder Manager bei Gehaltverhandlungen immer wieder daran zu orientieren und diszipliniert zu bleiben.

Es geht natürlich nicht um absolute Zahlen, weil die bei jedem Klub je nach Gesamtbudget unterschiedlich sein werden. Stattdessen könnte man die prozentuale Verteilung des Gesamtbudgets betrachten, festlegen welcher Anteil als fixe Gehälter definiert werden soll, und welche erfolgsabhängigen Komponenten in den Verträgen zu berücksichtigen sind.

Nehmen wir an, Sie haben als Kaderplaner ein Gesamtbudget von 50 Mio. Euro zur Verfügung, und Ihre Kadergröße soll sich auf 25 Spieler belaufen. Des Weiteren könnten Sie nun vier Korridore definieren für die unterschiedlichen Karrierephasen und Leistungsniveaus der Spieler, angefangen bei jungen Talenten, die vielleicht noch in der U23 spielen bis hin zu den Stars und Führungsspielern der Mannschaft. Zum Beispiel: Talente, Potenzialspieler, Stammspieler, Führungsspieler. Spieler, die in keine dieser Kategorien passen, beispielsweise Ergänzungsspieler, die vorher mal Stammspieler waren, könnte man der Kategorie Potenzialspieler zuordnen. Schauen wir uns mal den aktuellen Kader von Werder beispielhaft an. In die Top-Kategorie gehört sicher Ömer Toprak, Milos Velkovic ist Stammspieler, Felix Agu und Romano Schmid sind vermutlich Potenzialspieler am oberen Ende, weil sie nun auch regelmäßig spielen. Oskar Schönfelder wird man als Talent sehen. Auch hier gilt, dass die Kategorien manchmal nicht ganz klar abgegrenzt sind, weil es Potenzialspieler geben kann, deren Potenzial so hoch erscheint, dass sie schon wie Stammspieler bezahlt werden. Wichtig ist uns nur zu verdeutlichen, dass man sich konzeptionell auch mit der Gestaltung der „Gehaltskorridore“ beschäftigen sollte.

Schließlich sollte man sich Gedanken machen, welche variablen Komponenten bedacht werden sollten. Wir haben gelernt, dass es für die allermeisten Klubs sinnvoll ist, flexibel auf die jeweilige Situation reagieren zu können, schon bei den Fix-Gehältern. Das heißt, man sollte versuchen, in den Verträgen unterschiedliche Grundgehälter für die erste und zweite Liga, aber auch für Jahre mit oder ohne Europa- oder Champions League zu vereinbaren. Außerdem gibt es normalerweise noch individuelle „erfolgsabhängige Auflaufprämien“, „Jahresleistungsprämien“ und möglicherweise „Mannschaftserfolgsprämien“. Um all diese Komponenten im Blick zu behalten, braucht es ein gutes Controlling. Schließlich darf das Gesamtbudget nicht überschritten werden.

Für die Planung kalkuliert man normalerweise eine Punktzahl, die in der Saison realistisch erscheint, zum Beispiel 50 Punkte. Wenn die Punktzahl nicht erreicht wird, spart man an der Stelle etwas an Prämien ein, muss auf der anderen Seite aber auch damit rechnen, dass man im TV-Ranking im Verhältnis zu den anderen Klubs Positionen verliert und deshalb im folgenden Jahr mit einem geringeren Budget planen muss. Und andersherum natürlich genauso: Erreicht man mehr Punkte als geplant, hat man zu wenig erfolgsabhängige Zahlungen kalkuliert. Man wird aber möglicherweise im nächsten Jahr mit höheren Einnahmen aus der zentralen Mediavermarktung rechnen können.

Wer baut den Kader?

Wer entscheidet überhaupt über die Zusammenstellung des Kaders? Der Trainer oder der Sportdirektor? Oder ist der richtige Weg der Kompromiss? Ramazan Yildirim, u. a. ehemals Direktor Profisport bei der SpVgg Greuther Fürth beantwortet diese Frage im Interview mit dem *kicker* so: „Ein Kompromiss ist ein guter Schirm, aber kein gutes Dach. Der Verein und der Sportdirektor müssen die Vorgaben machen und dabei die Ideen des Trainers berücksichtigen. Im Idealfall haben sie den Trainer, der mit seiner Persönlichkeit, Fach- und Sozialkompetenz zu ihrer Philosophie passt."

Das sehen wir ähnlich. Natürlich hat der Trainer auch bei Transfers und bei der Kaderplanung eine gewichtige Stimme, aber er sollte nicht alles bestimmen dürfen. Den größten Einfluss muss der Sportverantwortliche haben, egal ob Geschäftsführer oder Sportdirektor. Im Idealfall steht hinter jeder wichtigen (Spieler-) Personalentscheidung ein koordinierter Prozess und eine „konsensuale" Teamentscheidung. Wie dieses Team von Entscheidern genau zusammengestellt ist, hängt von der Organisationsstruktur im Klub ab. Sicher darf dieses Team auch nicht zu groß sein, der Trainer sollte aber definitiv dazugehören.

Wenn die Klubführung eine Philosophie und Spielidee definiert hat, sollte mindestens grundsätzlich auch klar sein, welche Kriterien bei der Suche oder Entwicklung von möglichen Zugängen relevant sind. Das Resultat solcher Überlegungen ist häufig eine Art „Schattenkader", was bedeutet, dass man zu jedem Zeitpunkt für jede Position potenzielle Kandidaten im Blick und schon analysiert hat. Dieses Team von möglichen Neuzugängen verändert sich natürlich ständig, weil Optionen kommen und gehen oder sich auch die Einschätzung der (eigenen) Spieler verändert. Verändern können sich auch die finanziellen Bedingungen, Vertragskonstellationen und Laufzeiten eben dieser. Der „Schattenkader" stellt einfach ein Tool dar, mit dem man jederzeit flexibel auf Veränderung reagieren kann – im optimalen Fall. Er erfordert ein akribisches Arbeiten, bei dem der Blick nicht nur auf die kommende Saison gerichtet ist, sondern auf die nächsten Jahre.

Ein Problem sind Kader, die primär für den kurzfristigen Erfolg zusammengestellt wurden. Und dazu noch fern von einer Spielphilosophie. Wird das jeweilige Ziel verfehlt, beispielsweise der Aufstieg, hat man zu viele Spieler, die den Verein wieder verlassen *wollen.* Denn ihr Engagement galt allein dem Ziel Aufstieg. Sie sind aber nicht das einzige Problem. Ein weiteres Problem stellen Spieler dar, die den Verein wieder verlassen *sollen,* aber diesbezüglich keinerlei Anstalten machen. Um das große Ziel zu erreichen, hat man sie mit Verträgen ausgestattet, zu denen kein anderer Verein mehr bereit ist – beispielsweise aufgrund des Alters des Spielers. Bei diesem Kader hat man sich recht sicher von der Hoffnung leiten lassen, dass Erfahrung den Aufstieg bringen wird. Diese Spieler binden nun Ressourcen, die man gerne für einen Umbau des Kaders und die Verpflichtung von Spielern mit Perspektive zur Verfügung hätte. Oder für einen spielerisch neuen Ansatz. Manchmal dauert es zwei bis drei Transferperioden, bis der Kader wieder „in Ordnung" gebracht ist.

Wie funktioniert Scouting?

Gehen wir noch einmal zurück zum Begriff des „Führungsspielers", weil sich anhand dieses Akteurs ganz gut die Komplexität des Scoutings darstellen lässt. Aus der Distanz betrachtet ist für viele ein Führungsspieler derjenige, der eine bestimmte Anzahl von Spielen bestritten hat, ein gewisses Alter hat, vielleicht auch Nationalspieler ist oder war und vielleicht auch schon mal bei einem anderen Klub die Kapitänsbinde getragen hat. Aber wir haben schon festgestellt, dass zu der Persönlichkeit eines Führungsspielers noch mehr gehört. Ein Scout berichtet uns, dass er, um den Charakter zu erkennen, darauf achtet, wie der Spieler mit jüngeren Spielern umgeht, ob er seinen Nebenleuten auf dem Platz hilft, oder wie er auf einen Rückstand im Spiel reagiert. Trägt er beim Training auch mal einen Ballsack, hilft er nach dem Ende der Einheit beim Abräumen des Platzes, oder verschwindet er als Erster in die Kabine und vom Trainingsgelände?

Der erwähnte Managementexperte Jim Collins beschreibt die höchste Stufe von „Leadership" damit, dass auf fast paradoxe Weise Entschlossenheit in der Sache mit Zurückhaltung und Bescheidenheit in Hinblick auf die eigene Person kombiniert wird. Vielleicht ist das im Fußball auf dem Platz nicht ganz die Wahrheit, aber manchmal erkennt man echte Führungsspieler definitiv erst auf den zweiten Blick. Marco ist jedenfalls der Meinung, dass die Hierarchie in einem Winning Team nicht so sehr auf dem Status des jeweiligen Spielers beruhen dürfe, sondern dass die beiden wichtigsten Kriterien „aktuelle Leistung" und „Persönlichkeit" sein sollten.

Der Scout erzählt uns weiter, dass er einen Spieler bereits beim Aufwärmen beobachten würde. Auch wenn er anschließend erst einmal nur auf der Bank säße, möglicherweise nur wenige Minuten zum Einsatz käme, würde er aus dem Spielbesuch etwas mitnehmen: „Wie verhält er sich, wenn der Trainer ihn erst einmal draußen lässt? Wie bringt er sich ins Spiel ein, wenn er eingewechselt wird?" Aber der Spielbesuch sei nur eine Sache, denn im Stadion würde man nicht alles sehen. Beispielsweise nicht, wie sich der Spieler unter der Woche verhält. Hierzu bedürfe es Gespräche mit ehemaligen Mitspielern und Trainern des Kandidaten.

Wer scoutet den Spieler? Und wozu?

Beim Spieler-Scouting ist zunächst einmal entscheidend, wer das Talent beurteilt. Ein simples Beispiel, was *nicht* passieren sollte: Es werden Torhüter gescoutet. Der hierfür zuständige Scout hält nicht viel vom modernen Torwartspiel. Sein Torwart muss vor allem groß sein, mindestens 1,90 Meter messen. Er soll Bälle halten, Flanken abfangen. Was er mit seinen Füßen anstellt, ob er mitspielen kann – diese Fragen sind von sekundärer Bedeutung. Der Torwart, den sich der Scout anschaut, misst „nur" 1,85 Meter, beteiligt sich aber exzellent am Spielaufbau. Ideal für eine Mannschaft, die ihre letzte Reihe gerne hochschiebt. Trotzdem: Allein schon der physische Eindruck, den der Kandidat hinterlässt, führt zu einer negativen Rückmeldung an den Verein.

Unser „Zehner" Daniel Kahneman beschreibt in seinem jüngsten Buch „Noise", wie Entscheidungen durch solche (negativen) zufälligen Faktoren beeinflusst werden. Vor Gericht sollte das Strafmaß eines Verbrechers nicht vom Richter abhängen, sondern zwei Verurteilte sollten für das gleiche Vergehen das gleiche Strafmaß erwarten. Theoretisch. Kahneman beschreibt, dass das in der Praxis in den USA häufig nicht der Fall war und ist. Manchmal gibt es für ein Vergehen eine unglaubliche Spannbreite im Strafmaß – acht Jahre Gefängnis gegenüber zwei Jahren auf Bewährung. Nicht gemeint ist hier, dass bestimmte Angeklagte aufgrund ihrer Hautfarbe oder anderer Merkmale möglicherweise strenger behandelt werden als andere. Das sind systematische Fehler, die natürlich auch existieren. Wir meinen hier aber nur den Zufall, welchen Richter man als Angeklagter bekommt und den Einfluss des richterlichen Weltbildes auf das Strafmaß.

Genauso sollte es bei der Beurteilung eines Spielers oder eines Talentes im Idealfall nicht auf den Scout und seine persönlichen Vorlieben ankommen. Der gleiche Spieler sollte von verschiedenen Scouts sehr ähnlich oder gleich beurteilt werden. Deshalb ist es wichtig, dass zunächst einmal ein klares Anforderungsprofil erstellt wird, das den Korridor der Entscheidung bestimmt. Nun muss zu diesem Anforderungsprofil natürlich auch der Scout passen bzw. der Scout sollte sich an diesen objektiven Kriterien orientieren. Nicht der Scout sollte (allein) entscheiden, welchen Torwart man holt, ob das Verhalten auf der Linie, im Eins-gegen-Eins, im Passspiel oder bei der Strafraumbeherrschung im Vordergrund stehen.

Die Vermutung der Autoren ist, dass in der Praxis auch im Fußball nicht vom Idealfall auszugehen ist. Wie man einen Spieler als Klub beurteilt, hängt vermutlich doch nicht selten davon ab, welcher Scout mit welchen Präferenzen diesen Spieler beobachtet. Solche Zufälligkeiten – welcher Scout beobachtet mich gerade? – entscheiden wahrscheinlich nicht selten über Karrieren.

Technik, Daten und der Mensch

2004 gewann das Baseball Team Boston Red Sox zum sechsten Mal die „World Series". Nach einer Durststrecke von 86 Jahren im prestigeträchtigsten Baseball-Wettbewerb. Auch 2007, 2013 und 2018 hieß der Sieger der World Series Boston Red Sox. Errungen wurden die Titel nicht nur dank hoher Investitionen in den Kader, sondern mit Hilfe des „Moneyball-Systems". Schwer verkürzt bedeutet dies: die Evaluation von Spielern und Spielsituationen mit Hilfe statistischer Daten. Diese sollen u. a. dabei helfen, Spieler zu identifizieren, die allgemein unterbewertet werden, aber zum Team und dessen Philosophie perfekt passen. aufgrund ihrer Unterbewertung sind diese Spieler preiswert – man gibt wenig Geld aus und bekommt dafür viel.

Im Fußball war Europas erster „Moneyball-Klub" der dänische Erstligist FC Midtjylland, der 2014 vom englischen Unternehmer Matthew Benham übernommen wurde. Zuvor hatte Benham mit seinem Unternehmen „Smart Odds“ zehn Jahre lang erfolgreich kleine „Fehler“ bei Sportwetten ausgenutzt – auf Basis eines mathematischen Modells. In der Saison 2014/15 wurde Midtjylland erstmals Meister.

Midtjyllands effektiver und erfolgreicher Umgang mit Daten lag auch darin begründet, dass nur bestimmte, besonders aussagekräftige Daten in die Beurteilung der Spieler einflossen. Analysten und Trainer des Klubs interessierten sich nicht für die generelle Passquote eines Spielers, seine Laufleistung, die Anzahl der Torschüsse oder seine generellen Zweikampfwerte. Pässe wurden in wichtige und weniger wichtige unterteilt, d. h. nach ihrem Ergebnis beurteilt. Nimmt ein Pass einen oder mehrere gegnerische Spieler aus dem Spiel, mündet er in einer Torchance?

Diese Kriterien sind ähnlich zu dem des unter anderem vom Ex-Profi Stefan Reinartz entwickelten „Packing“-System, das besonders bewertet, wie viele Spieler nach einem Pass (oder Dribbling) überspielt wurden, und wie viele noch zu überspielen sind. Genauso geht man an das Thema Zweikämpfe heran: Welche führen direkt zu Torchancen, welche vereiteln Gegentore, und welche sind schlichtweg überflüssig? Schließlich entwickelten die Dänen auch eine besondere Strategie bei Standardsituationen. Große, kopfballstarke Spieler in den Reihen zu haben, ist das eine Element. Darüber hinaus wurde genau analysiert, in welchen Zonen die Wahrscheinlichkeit für einen Torerfolg am größten ist, um dann gezielt zu trainieren, die Bälle in diese Zonen zu bringen. Midtjylland wurde mit dieser Strategie signifikant effektiver bei Standards. Im Schnitt resultierte ein Tor pro Spiel aus einem Eck- oder einem Freistoß. In den europäischen Topligen war hier keine andere Mannschaft erfolgreicher.

Daten allein reichen nicht

Es gibt Sportarten, wie zum Beispiel Baseball, die zwar Teamsportarten sind, bei denen aber die individuelle Leistung wichtiger ist als im Fußball. „Pitcher“, „Batter“, „Base Runner“, sie sind Teil eines Teams, aber ihre Aktionen greifen weniger als beim Fußball ineinander. Deshalb sind die individuellen Daten in der Sportart Baseball aussagekräftiger als im Fußball. Dort spielen gruppentaktische Elemente eine größere Rolle und weiche Faktoren sind wichtiger.

Mirko Ronge arbeitet für *Matchmetrics*, eine Firma, die im Fußball Lösungen und Produkte rund um Scouting und Spielanalyse anbietet.

Matchmetrics will „bessere Daten für bessere Entscheidungen" liefern. Es ist einleuchtend, dass die Qualität der Daten, die richtigen Daten zu finden und die richtigen Fragen zu stellen, entscheidend für den Erfolg sind. Genauso wichtig ist es, wie diese Daten von Menschen interpretiert werden.

Im Interview für den *Werkstatt-Blog* erläutert Ronge: „Wir helfen dabei, Daten zu verstehen und den Prozess zu erleichtern." Aber natürlich gebe es Grenzen. „Der Mensch spielt eine wichtige Rolle. Der Fußball ist sehr komplex und hängt auch von sehr vielen weichen Faktoren ab. Passt der Spieler menschlich in mein Team? Wie sind seine Mentalität und sein Verhalten in Spielen? Die ‚weichen' Faktoren sind das, was den Spieler am Ende erfolgreich macht." Diese „weichen Faktoren" werden aber von Daten allein nicht erfasst.

Das volle Potenzial ausschöpfen

So wichtig ein gutes Scouting ist, so wichtig ist es, dass Klubs sich um den Spieler und um den Menschen kümmern, sobald er da ist. Nur dann wird er seine maximale Leistungsfähigkeit erreichen. Es gibt allerlei Faktoren, auf die man achten muss: Gefällt ihm die Atmosphäre im Klub und in der Mannschaft, sagt die Stadt ihm zu? Wie ist sein Verhältnis zum Trainer und zu dessen Spielphilosophie? Kann er mit dem Erwartungsdruck umgehen, den sein Transfer begleitet? Wenn es sich um einen sehr jungen Spieler handelt: Wie kommt er damit klar, dass er erstmals fern der Heimat, ohne Unterstützung des familiären Umfelds ist? Und das sind nur einige von vielen Fragen.

Den besten Fußball spielt man jedenfalls dort, wo man sich am wohlsten fühlt. Der Fußballprofi ist also auch nur ein Mensch, dessen Leistungsfähigkeit durch viele Faktoren beeinflusst wird. Menschen sind unterschiedlich, Fußballprofis somit auch. Die Spieler unterscheiden sich nicht nur hinsichtlich ihrer sportlichen Qualitäten: Jeder Spieler benötigt eine eigene Form der Ansprache. Was bei Spieler A funktioniert, muss nicht auch bei Spieler B funktionieren. Profiteams sind zudem multikulturelle Ensembles. „Multikulti" macht Teams stark, ist aber auch eine Herausforderung. Denn bei der Auswahl des Spielers muss man auch seinen kulturellen Hintergrund berücksichtigen.

Bei Spielern werden uns in Zukunft noch mehr Daten zur Verfügung stehen. Sie werden noch besser und aussagekräftiger sein. Bei der großen

Zahl von Talenten kann das hilfreich sein. Aber sie werden uns nie die komplette Wahrheit erzählen. Wir sollten unsere Intuition zulassen, aber durch Daten absichern, bestätigen. Und den Menschen sehen.

Spieler mit einem „Makel“

Wenn man als Klub nicht viel Geld hat, sind gestandene Spieler mit hoher Qualität nur zu haben, wenn sie einen gewissen „Makel“ mit sich herumschleppen. Zum Beispiel den, als schwieriger Typ zu gelten – was immer „schwierig“ heißen mag. Oder: Der Spieler hatte eine schwere Verletzung oder war bislang generell verletzungsanfällig.

Auf Werder bezogen kann man hier als Beispiele Max Kruse und Ömer Toprak nehmen. Über den „schwierigen Spieler“ Kruse haben wir bereits gesprochen. Ähnlich wie beim kulturellen Hintergrund eines Spielers lautet hier eine der entscheidenden Fragen: Verfügt man als Klub über eine Struktur, in der sich auch „schwierige Spieler“ wohl fühlen? Wer kümmert sich um sie?

Nun zu Ömer Toprak, einem Spieler, der mit dem Makel der Verletzungsanfälligkeit in Bremen ankam. Im Sommer 2017 war der Innenverteidiger zum BVB gewechselt, nach 203 Pflichtspielen für die Werkself in Leverkusen und für eine Ablöse von 12 Mio. Euro. Beim BVB konnte er sich keinen Stammplatz erkämpfen, was auch Verletzungen geschuldet war. Im August 2019 wurde Toprak an Werder ausgeliehen. Als Werder der Klassenerhalt gelang, griff eine Kaufoption. Werder musste nun an den BVB vier Mio. Euro überweisen, also ein Drittel der Summe, die der BVB bezahlt hatte.

Für einige war die Summe zu hoch. Berücksichtigt man ausschließlich seine fußballerischen Qualitäten, dann war Toprak für einen Verein wie Werder ein Topspieler. Für Werder war er nur verfügbar, weil ihn beim BVB viele Verletzungen geplagt und zurückgeworfen hatten, die seinen Marktwert drastisch gedrückt hatten. Für Werder war die Verpflichtung trotzdem ein Risiko, denn vier Mio. Euro sind für den Verein alles andere als ein Pappenstiel. Werder musste hoffen, dass Toprak zur alten Stärke zurückfindet und nicht zu häufig verletzt ist.

In Bremen fiel Toprak im Zeitraum Sommer 2019 bis November 2021 325 Tage aus – Trainingsrückstände einberechnet. So besehen war das Risiko seiner Verpflichtung zu groß gewesen. Aber nach seiner

Rückkehr auf den Platz avancierte Toprak zu einer ganz wichtigen Stütze seiner Mannschaft. In der Saison 2021/22 wurde Werders Team auf die kurze Formel gebracht: „Vorne Ducksch, Füllkrug – hinten Toprak!“ Nach der Hinrunde schrieb der *kicker* über den Kapitän: „Ein einziges benotetes Spiel fehlte Ömer Toprak, dann hätte er die Mindestzahl von neun Einsätzen erreicht, die für die kicker-Rangliste festgelegt wurde – und es ganz sicher in die Rubrik *Herausragend* geschafft. Nicht nur wegen des besten Bremer Notenschnitts (2,75), eher aufgrund seines Werts für Werder. Vom siebten bis zum zwölften Spieltag fehlte der Verteidiger wegen einer Wadenverletzung. Während der Abstinenz gab es nur einen Sieg (bei drei Pleiten).“

U23-Teams: Ja oder Nein?

Als Bayer Leverkusen und Eintracht Frankfurt nach der Saison 2013/14 ihre U23-Teams abmeldeten, ging Jürgen Klopp auf die Barrikaden: „Das ist eine Katastrophe. Das ist eine ganz schlimme Entscheidung.“ Spielern würde damit Raum und Zeit für Entwicklung genommen. „Spätentwickler“, Spieler, die mit 18, 19, 20 noch körperliche (und andere) Defizite haben, fielen dadurch durchs Netz und würden nicht weiter gefördert.

Jahre später, als Trainer vom FC Liverpool, konnte sich Klopp bestätigt fühlen, als sein Innenverteidiger Virgil van Dijk Anfang 2018 mit einer Ablöse von 85 Mio. Euro zum weltweit teuersten Abwehrspieler avancierte. Im Alter von 17 Jahren war der Niederländer nach eigener Auskunft „ein langsamer Außenverteidiger und nicht gut genug, um Innenverteidiger zu sein“. Im zweiten Halbjahr geboren und noch relativ klein war van Dijk ein Opfer des sogenannten „Relative Age Effects“ (RAE). In den Niederlanden hatte keiner der größeren Klubs Interesse an seiner Verpflichtung. Ajax zog einen anderen Spieler vor, der später in der zweiten englischen Liga spielte. Von 2011 bis 2013 kickte van Dijk für den FC Groningen, „aber auch nach zwei Spielzeiten in der ‚Eredivisie‘ sah niemand in den Niederlanden sein Potential“, so Christian Eichler in der *Frankfurter Allgemeinen Sonntagszeitung*. Mit 22 wechselte er zu Celtic Glasgow in die international nur zweitklassige schottische Liga. Zwei Jahre später holte ihn Ronald Koemann zum FC Southampton. 2019 landete van Dijk, den zunächst kein Topklub wollte, bei der Ballon-d'Or-Wahl auf Platz zwei – als Abwehrspieler.

Als in Frankfurt und Leverkusen die Entscheidungen getroffen wurden, die U-23-Teams abzuschaffen, war das Hauptargument, dass eine Durchlässigkeit über die höchsten Nachwuchsmannschaften in den Bundesligakader nicht gegeben ist. „Wir mussten erkennen, dass unseren Top-Talenten der Sprung in die Bundesligamannschaft nicht über eine zweite Mannschaft in der vierten Liga gelingen kann“, sagte Geschäftsführer Rudi Völler. Und in Frankfurt sagte der Nachwuchsleiter Armin Kraaz: „Bei neun von zehn Spielern können wir nach der U19 zuverlässig vorhersagen, ob es für den Profifußball reicht oder nicht. Anders herum: Wer es bis dahin nicht geschafft hat, dürfte auch später kaum noch zum Zug kommen.“

Einige Klubs folgten dem Beispiel von Eintracht Frankfurt und Bayer Leverkusen und verzichten auf eine eigene U23, noch mehr hielten aber an einer zweiten Mannschaft im Erwachsenenalter fest. Inzwischen hat Eintracht Frankfurt auf Initiative von Vorstand Markus Krösche seine Entscheidung revidiert und für die Saison 2022/23 wieder eine U23 angemeldet, die in der Hessenliga, der fünften Liga bzw. höchsten Amateurklasse, startet. Die *Frankfurter Rundschau* schreibt: „Ziel ist, gerade den jungen Akteuren, die noch keine Perspektive bei den Profis haben, Spielzeit im Erwachsenenfußball zu ermöglichen, damit sie wichtige Entwicklungsschritte nehmen können. Dass die Eintracht vor rund sieben Jahren die zweite Mannschaft abschaffte, wird mittlerweile von allen Verantwortlichen als Fehler angesehen.“

Bayer Leverkusen dagegen hält an seiner Strategie ohne U23 fest und setzt eher darauf, Talente auszuleihen, falls man der Meinung ist, dass sie noch einen Zwischenschritt brauchen. Diesen Weg geht seit 2021 auch der VfL Wolfsburg. Seine Toptalente sollen sich beim Kooperationspartner, dem österreichischen Erstligisten St. Pölten, weiterentwickeln.

„Best Case“ Ajax Amsterdam

Einer der derzeit interessantesten Vereine ist Ajax Amsterdam. Bis Mitte der 1990er gehörte Ajax zu den größten und erfolgreichsten Klubs in Europa. Am 15. Dezember 1995 fällte der Europäische Gerichtshof (EuGH) das sogenannte „Bosman-Urteil“. Keine der europäischen Topadressen wurde von diesem so brutal getroffen wie der Ausbildungsverein Ajax. 1995 hatte Louis Van Gaal die Champions League mit einem jungen und zukunftsträchtigen Team gewonnen. Viele hatten die Ajax-Nachwuchsakademie De Toekomst durchlaufen. Doch nun erfolgte ein Exodus von hochkarätigen Spielern in die Serie A, Primera Division und Premier League. Vor allem Klubs, die einen technisch feinen und offensiv ausgerichteten Fußball bevorzugten, wie Arsenal und der FC Barcelona, gierten nach Ajax-Spielern.

Im Sommer 2011 begann Ajax mit einer Überarbeitung seiner Nachwuchsarbeit. Zusammengefasst ging es um eine stärkere Betrachtung und Beschäftigung mit dem einzelnen Spieler, um Technik vor Taktik, um weniger Erfolgs- und mehr Ausbildungsorientierung. Die Reformer um Johan Cruyff versprachen nicht weniger als die Rückkehr von Ajax an die europäische Spitze. Kritiker wandten ein, dies sei in Anbetracht der finanziellen Kräfteverhältnisse in Europa und der Qualitätsunterschiede zwischen den Ligen nicht möglich. Ajax könnte vielleicht *mal* die Champions League gewinnen – aber nur als eher zufälliges und singuläres Ereignis, so wie Mourinhos FC Porto 2004. Anschließend würden die finanzkräftigeren Klubs Europas Ajax leerkaufen. Ein Dauergast unter Europas Besten könne Ajax nie wieder werden. Diese pessimistische Prognose ist vermutlich richtig.

Und trotzdem: In der Saison 2016/17 erreichte Ajax das Finale der Europa League. Zwei Spielzeiten später, 2018/19, stand Ajax im Halbfinale der Champions League. Das letzte Mal, dass ein Team unter die besten Vier vordrang, das nicht in den Topligen in Spanien, England, Deutschland, Italien oder Frankreich spielte, war 2004/05 gewesen. In den vergangenen vier Jahren verbuchte Ajax in der Gruppenhase der Champions League 1,95 Punkte pro Spiel. Viermal traf man hier auf Bundesligisten. Von den Bayern trennte man sich zweimal unentschieden, der BVB wurde zweimal deutlich besiegt. So klein ist Ajax auch gar nicht mehr. Mit einer klugen Kaderpolitik gelang es, Werte zu schaffen. *Transfermarkt.de* beziffert den Gesamtwert des Ajax-Kaders mit 338,5 Mio. Euro. In der Bundesliga würde dies für Platz fünf reichen – vor Wolfsburg, Gladbach, Frankfurt.

Zum „Erfolgsgeheimnis" von Ajax gehört auch die hauseigene zweite Mannschaft, Jong Ajax. Früher lieh Ajax junge Spieler aus, damit diese Spielpraxis sammeln konnten. Heute bekommen sie diese im eigenen Verein. Jong Ajax bzw. Ajax II spielt in der zweiten Liga. 2017/18 wurde

Jong Ajax in dieser sogar Meister, durfte aber natürlich nicht aufsteigen. Top-Spieler wie Donny van de Beek (Manchester United), Matthijs de Ligt (Juventus Turin) und Frankie de Jong spielten zunächst „nur“ für Ajax II. Der Verkauf dieser drei Spieler spülte über 200 Mio. Euro in die Ajax-Kasse.

„Verstärkt auf Eigengewächse setzen“

Für Gladbachs ehemaligen Sportdirektor Max Eberl bekommen Nachwuchsarbeit und das Bessermachen von Spielern eine immer größere Bedeutung. Vor der Saison 2021/22 kündigte Eberl an, den Kader zu verschlanken und „verstärkt auf Eigengewächse zu setzen“. Dies sei ein „bewusster Strategiewechsel, den wir auch so erklären werden. Er kann bedeuten, dass man auch mal einen Schritt zurückgeht, etwas aufbaut, um anschließend wieder etwas Größeres angreifen zu können. (…) In den vergangenen Jahren hatten wir einen Kader entwickelt, der es Talenten aus dem Nachwuchsleistungszentrum schwergemacht hat, richtig Fuß zu fassen in der Bundesliga. Wir werden zur neuen Saison vier, fünf spannende Spieler dazu nehmen, die ihre Chance bekommen – und das Potenzial haben, sie auch zu nutzen.“ Von Leihgeschäften hält Eberl nicht viel: „Leihen helfen kurzfristig. Die Kosten sind vergleichsweise überschaubar und das Risiko geringer. Aber es ist nicht der Ansatz, um nachhaltige Kaderpolitik zu betreiben und damit auch Geld zu verdienen.“

Diese Politik funktioniert aber nur, wenn die jungen Spieler nicht reine „Kaderfüller“ sind, die Nummer 20 bis 26 im Kader, die eine ausreichend große Trainingsgruppe garantieren, sondern auch zum Einsatz kommen. Hierzu gehört viel Mut. Oder eine finanzielle Schieflage, die dem Verein bei der Kaderzusammenstellung wenig Möglichkeiten lässt. Manchmal wird man zu seinem Glück gezwungen. Existiert unter der ersten Mannschaft kein U23-Unterbau, besteht die Gefahr, dass zu viele Spieler zu wenig Spielpraxis bekommen.

Dritte Liga oder Regionalliga?

Einige Bundesligisten möchten ihre „Zweitvertretung“ gerne in der dritten Liga sehen. Höher geht es nicht für diese Mannschaften. (2019/20 wurde Bayern II hier Meister, durfte aber nicht aufsteigen.) In der Saison 2021/22 sind in der dritthöchsten Spielklasse von den Erstligisten nur der BVB und der SC Freiburg mit ihrer U23 vertreten. Zum 27-köpfigen Profikader der Freiburger gehören sechs Akteure, die in der vergangenen Saison noch in der U23 des Klubs gespielt haben. (Insgesamt haben zehn Spieler des Kaders bereits in der Jugend – einschließlich der U23 – für die Breisgauer gespielt.) In der Regionalliga sind es die Zweitvertretungen des FC Augsburg, FC Bayern, Greuther Fürth, Hertha BSC, Hoffenheim, 1. FC Köln, Mainz 05, Borussia Mönchengladbach und des VfB Stuttgart.

Ist die dritte Liga die optimale Spielklasse für U23-Teams? Wir sind uns nicht sicher. Vielleicht bietet die Regionalliga mehr Raum für Entwicklung. In der dritten Liga besteht die Gefahr, dass ein junges Team von physisch überlegenen und erfahreneren Gegnern zum „Survival-Fußball" genötigt wird, was der fußballerischen Entwicklung abträglich sein könnte. In keiner anderen Liga sind die Existenzängste so groß. Die einen wollen mit allen Mitteln raus aus dieser Liga, die finanziell problematisch ist. Die anderen fürchten den Abstieg in die Regionalliga und die damit verbundenen finanziellen Folgen. Bis zu drei Aufsteiger und vier Absteiger bedeutet: Die Zusammensetzung der Liga kann sich von Saison zur Saison um ein Drittel verändern. Man könnte natürlich auch sagen: Die dritte Liga ist eine extrem harte Schule – und deshalb perfekt. Man spielt durchweg in richtigen Stadien und häufig vor vielen Zuschauern, kann sich somit auch atmosphärisch auf die Bundesliga vorbereiten.

In den Regionalligen werden die U23-Teams weniger gefordert, aber das muss nicht durchweg falsch sein. Was man hier vielleicht besser lernt als eine Etage höher: Wie man selber das Spiel macht. Und wie man spielerische Lösungen gegen Teams findet, die gegen einen technisch überlegenen Gegner ihr Heil in der Defensive suchen. Auch die Frage der Ausleihen ist differenziert zu sehen: Für einige Spieler ist sie die bessere Option. Für manche ist sie allein schon deshalb positiv, weil sie noch ein anderes Umfeld als den eigenen Verein kennenlernen, sich in fremder Umgebung bewähren müssen. Also: Auch im Falle einer hauseigenen U23 müssen Leihgeschäfte nicht immer schlecht sein.

DIETRICH: Wie ist Werders Haltung zur Frage der U23? Habt ihr auch überlegt, den Frankfurter Weg zu gehen und diese abzuschaffen?

MARCO: Wir haben diese Diskussion tatsächlich auch geführt, aber erst ausgelöst durch die Pandemie und unsere Sparzwänge vor allem mit dem Fokus auf die Frage: „Sollen wir uns die U23 noch leisten?" Konzeptionell waren wir uns aber einig, dass wir an der U23 als wichtiges letztes Element in der Entwicklung festhalten wollen. Werder war vielleicht nie ein reiner Ausbildungsklub, aber immer ein Klub, der keine fertigen Stars kaufen konnte, sondern durch Talententwicklung und kreative Transfers Spieler zu Stars machen wollte.

Ich war 2020 sogar der Meinung, dass es ja mit dem Sparkurs noch ein weiteres Argument gab, verstärkt auf Ausbildung zu setzen. Aber natürlich muss man es gut machen.

DIETRICH: Was macht Werder gut, und wie ist euer Konzept?

MARCO: Ohne zu sehr ins Detail zu gehen, würde ich drei Elemente unserer Ausbildungs-Philosophie erwähnen wollen: erstens der Fokus auf die individuelle Entwicklung der Talente, zweitens eine besondere Atmosphäre und drittens eine ganzheitliche Sicht auf Entwicklung.

DIETRICH: Was bedeutet das genau?

MARCO: Wenn wir sagen, dass die individuelle Entwicklung im Fokus steht, heißt das auch, dass der Mannschaftserfolg eher zweitrangig ist. Natürlich sollen unsere Talente auch mit ihrem Team gewinnen wollen, das ist sogar ein wichtiger Punkt, dass sie diese Ambition immer haben. Aber auf der anderen Seite sollen gerade unsere Trainer eher auf das große Ganze schauen und nicht nur auf ihr eigenes Team. Deshalb „incentivieren" wir sie auch auf diese Weise. Eine besondere Werder-Atmosphäre zu schaffen, ist der nächste Punkt, den ich sehr wichtig finde. Die Werte unserer Werder-Familie auch im Leistungszentrum erlebbar zu machen. Immer den Zusammenhalt zu leben, Mut einzufordern, aber auch Fehler zuzulassen und bei Niederlagen oder Herausforderungen zu unterstützen, das ist wichtig. Wenn wir behaupten, ein „menschenfreundlicher" Klub zu sein, dann müssen wir unsere Talente zuallererst auch als Mensch sehen und nicht als möglichst funktionierende Spieler. Schließlich geht es auch darum, neben der fußballerischen Entwicklung die Schule und die Entwicklung als Persönlichkeit zu sehen. Auch die, die später nicht im Profifußball unterwegs sind, sollen rückblickend viel mitnehmen für ihr Leben. Das Ziel, das ich gerne formuliere, ist: Die Zeit bei Werder soll eine schöne und wichtige Zeit gewesen sein, „The best days of my life …"

Schließlich gibt es noch ein methodisches Thema, das bei Werder vor einigen Jahren entwickelt wurde: das Top-Talente-Programm. Das bedeutet, dass für eine Gruppe von ungefähr 10 Top-Talenten zusätzlich zu dem, was ich erwähnt habe, Zugänge zu den Ressourcen des Profiteams ermöglicht werden, egal ob es um Athletiktraining, medizinische Versorgung, Mentalcoaching oder individuelles Taktiktraining geht. Dadurch soll die Durchlässigkeit zur Bundesliga weiter verbessert werden. Auch wenn dieses Programm in den vergangenen Jahren noch nicht in allen Aspekten effektiv umgesetzt wurde, ist die Grundidee sicher gut. Große Teile der U23-Stammmannschaft trainieren unter der Woche auch schon bei den Profis.

DIETRICH: Ich sehe, Eure Nachwuchsarbeit, einschließlich der U23, ist keine Alibi-Veranstaltung. Ihr leiht aber immer wieder auch U23-Spieler aus – z. B. an Klubs in der dritten Liga. Was für Spieler sind das? Und was ist die Überlegung dahinter?

MARCO: Es ist aus meiner Sicht ein Irrglaube, zu meinen, man könne bei jedem Talent schon mit 17, 18 Jahren erkennen, wohin die Entwicklung geht. Das kann man nicht! Außerdem ist jeder Mensch anders. Und deshalb sollte man auch verschiedene Optionen im Blick haben. Es gibt Talente, die ganz früh zu uns kommen, die nach der U19 noch ein oder zwei Jahre in der Regionalliga spielen und dann bereit sind für den Schritt in die Bundesliga. Aber es gibt auch Spieler, da scheint zu einem gewissen Zeitpunkt ein weiteres Jahr in der Regionalliga wenig hilfreich, aber den Schritt nach ganz oben traut man ihnen auch noch nicht zu. Für diese Spieler mag ein Zwischenschritt in der dritten Liga vielversprechend sein. Vielleicht auch nur, damit sie mal etwas andere Luft schnuppern, sich in einer anderen Umgebung noch entwickeln können, auch als Persönlichkeit. Es gibt keinen Weg, der für alle passt, es gibt viele Wege. Und bei aller Expertise ist man gelegentlich immer noch überrascht, dass es der eine schafft und der andere nicht – oder erst mit deutlicher Verzögerung!

Last but not least: Die Spielphilosophie

Eine etablierte Spielphilosophie erleichtert natürlich die Kaderbildung, da die Anforderungsprofile klar sind. So einfach ist es dann aber für viele Klubs doch nicht. Denn erstens ist es nicht einfach, für alle Positionen die passenden Spieler zu bekommen. Und zweitens kann sich die Umgebung, in der sich das Team behaupten muss, verändern. Dies gilt beispielsweise im Falle von Auf- und Abstiegen. Für Werder-Geschäftsführer Klaus Filbry ist die von Ole Werner praktizierte Rückkehr zum „Werder-Fußball" der richtige Weg in der zweiten Liga. Setzt man diesen Weg in der ersten Liga fort, auch mit Blick auf Neuverpflichtungen? Dies wäre konsequent und richtig. Aber Filbry ist sich nicht sicher, ob „Werder-Fußball" in Reinkultur auch eine Etage höher funktionieren würde: „Ist das, was sich zwischen den Leitplanken verbirgt, ein nachhaltiges Modell, um im Mittelfeld der ersten Liga zu bestehen? Das kann ich genau nicht sagen." Hat man das Personal, um auch eine Klasse höher den Werder-Fußball durchzuziehen? Oder muss man Kompromisse eingehen – zunächst um zu überleben, dann um sich Stück für Stück nach vorne zu robben? Vielleicht geht es ja auch mehr um die Klub- als um die Spielphilosophie und um gewisse Prinzipien.

Für Ramazan Yildirim hätte Greuther Fürth Kompromisse eingehen müssen. Der Tabellenletzte habe die Spielphilosophie zu stark in den Vordergrund gestellt. Fürth erfahre schmerzhaft, dass es mit dem Spiel, dem man den Aufstieg zu verdanken hat, in der Bundesliga schwierig werde. „Mein Gefühl ist, dass die Art, mit der der Aufstieg gelang, fortgesetzt werden sollte. Damit fuhr die Spielvereinigung nicht gut. Ein Aufsteiger muss in der Bundesliga zunächst die Defensive verstärken." Yildirim hält es somit für legitim, wenn man seine Prinzipien überdenkt, sofern dies eine neue Umgebung erfordert. Dies kann richtig sein, um sich zunächst einmal zu stabilisieren. Wenn man dann anschließend Schritt für Schritt die alte Philosophie zurückerobert.

KAPITEL 9

Aufbruch und Absturz

„Gegen Zielsetzungen ist nichts einzuwenden, sofern man sich dadurch nicht von interessanten Umwegen abhalten lässt.“

MARK TWAIN

Vor jeder Saison stehen die Klubs der Bundesliga vor der Frage, welche sportlichen Ziele sie formulieren, nach innen in Richtung Mannschaft und nach außen in Richtung Öffentlichkeit. Nicht immer stimmen diese vollkommen überein, häufig sind die Klubs nach außen vorsichtiger oder verzichten auch vollkommen darauf, ein Ziel zu kommunizieren. „Wir schauen von Spiel zu Spiel“, oder „wir wollen jedes Spiel gewinnen“, das sind dann meistens die Formulierungen, die verwendet werden. Natürlich ist das legitim, vielleicht sogar schlau, auch wenn die Medien darauf drängen, irgendeine konkrete „Fallhöhe“ zu definieren. Nach innen werden die Saisonziele mutiger kommuniziert. Wer gibt das Ziel vor? Manchmal ist das die Klubführung, meistens aber wohl eher der Trainer gemeinsam mit dem Sportdirektor oder dem Geschäftsführer, der sportlich verantwortlich ist. Oder, auch das kommt oft vor, Trainer und Mannschaft entwickeln gemeinsam ein Ziel. Die Spieler neigen dazu, sehr mutig zu sein. Implizit wird ja auch von ihnen verlangt, dass sie sich selbst hohe Ziele setzen. Niemand will sich schließlich nachsagen lassen, dass es ihm an Ehrgeiz mangele.

Schaut man auf die Managementtheorie zur Zieldefinition, so wird meist davon gesprochen, Ziele sollten „smart“ sein, wobei das ein Akronym darstellt: spezifisch, messbar, ambitioniert, realistisch, terminiert. Das ist sicher korrekt, aber ob ein Fußballteam damit viel anfangen kann, sei mal dahingestellt.

Viele Klubs haben in ihrer Philosophie oder in ihrer Markenpositionierung auch eine Art Vision formuliert, ein Bild, das nicht nur das Saisonziel sondern eine mittelfristige Perspektive betrachtet, manchmal auch „weich“ formuliert ist und nicht ausschließlich den Sport betrifft.

Vision, Mission, Werte, Purpose[12], Leitbild, Philosophie – all das sind Begriffe, die heute nicht nur in Unternehmen, sondern auch in Fußballklubs verwendet werden, bei manchen mehr, bei anderen weniger.

Für Werder Bremen haben sie nicht erst seit gestern eine große Bedeutung. In einer ausführlich und detailliert ausformulierten Strategie, die den vierjährigen Zeitraum zwischen 2017 und 2021 in den Blick nahm, wurde als sportliche Vision formuliert: „Zurück nach Europa". Auf der wirtschaftlichen Seite wurde sehr konkret davon gesprochen, dass jährlich ein bis drei Mio. Euro Gewinn gemacht, und am Ende prozentual zum Umsatz und in absoluten Zahlen ein bestimmtes Eigenkapital erreicht werden sollte. Schon für die Saison 2018/19, die erste komplette Saison mit Florian Kohfeldt als Trainer, hatte Werders sportliche Führung ganz konkret das Ziel formuliert, wieder um die europäischen Plätze spielen zu wollen. Lange hatte man diskutiert, ob man auch so ambitioniert nach außen kommunizieren solle, aber am Ende hatten sich alle darauf geeinigt.

Die starke Rückserie in der Saison 2017/18 (Platz fünf in der Rückrundentabelle), die Möglichkeit, mit den Einnahmen aus dem Delaney-Verkauf sowie weiter gestiegenen Media-Einnahmen einen Spieler wie Davy Klaassen aus England zu holen, emotional dann noch die Rückholaktion des Publikumslieblings Claudio Pizarro – alles sprach dafür, dass man eine Chance zum Aufbruch nutzen konnte.

„Wir konnten einen Spieler in einer Größenordnung verpflichten, wie es hier noch nie der Fall war (…) Wir haben immer gesagt, dass wir, wenn das Paket passt, auch mutig sind. Diese Überzeugung haben wir, deshalb war die Unterstützung in allen Gremien vorhanden", so Frank Baumann zum Klaassen-Transfer. Und Klaus Filbry versprach zur Saisoneröffnung den Fans: „Wir werden um Europa spielen!"

Wir werden gleich sehen, dass den Worten auch Taten folgten, aber schon hier sei festgestellt, dass sich auch die Außenwahrnehmung drehen sollte. Am Ende des Kalenderjahres 2018 schrieb die *Deichstube*: „Nach der Hälfte der Saison lässt sich sagen: Die Bremer besitzen keine Garantie auf das internationale Geschäft, aber dem Teufelskreis aus Abstiegskampf, Trainerentlassung, Aufschwung und Abschwung ist der Klub 2018 entkommen. Das Jahr hat gezeigt: Es geht aufwärts!"

---

12 Mit „Purpose" ist in diesem Zusammenhang etwa Zweck oder Haltung gemeint.

Die beste Saison seit neun Jahren

Zur Saison 2018/19 wurde Thomas Schaaf bei Werder Technischer Direktor. In dieser Funktion verantwortete er die Spielphilosophie im Nachwuchsbereich: „Wir möchten, dass Werders Identität – attraktiver Offensivfußball – über alle Jugendmannschaften hinweg bis zu den Profis zu erkennen ist. Die Zusammenarbeit mit Florian Kohfeldt sei sehr gut. „Florian ist sehr interessiert daran, was wir tagtäglich im Leistungszentrum machen. Nicht zuletzt, weil er selbst aus diesem Bereich kommt. Besonderes Augenmerk liegt auf der Nahtstelle zwischen der U19 beziehungsweise der U23 und dem Profibereich." Als Andreas Kötter vom *Redaktionsnetzwerk Deutschland (RND)* Thomas Schaaf im November 2018 die Frage stellte, ob Werder schon wieder das Potenzial fürs erste Tabellendrittel habe, fand dieser etwas Anderes entscheidender: „Dass wir in der Art und Weise Fußball spielen, die wir uns vorgenommen haben. Wir möchten unser Spiel unabhängig vom Gegner selbst gestalten, offensiv und mit schnellem Kombinationsspiel auftreten. Und aktuell finden sich diese Elemente in unserem Spiel wieder. Das macht die Leute neugierig auf Werder Bremen."

Werder prominentester Neuzugang war der schon erwähnte niederländische Mittelfeldspieler Davy Klaassen vom FC Everton. Der 25-Jährige kostete den Verein 13,5 Mio. Euro. Werder legte einen sehr guten Saisonstart hin. Nach dem 8. Spieltag und einem Sieg auf Schalke stand Werder mit 17 Punkten auf Platz drei vor den Bayern und nur drei Punkte hinter dem Tabellenführer Borussia Dortmund. Dann allerdings gab es auch einige heftige Niederlagen, gleich am neunten Spieltag ein verrücktes 2:6 gegen Bayer Leverkusen im eigenen Stadion. Zur Winterpause Platz 10 mit 22 Punkten. In der überragenden Rückrunde (31 Punkte, nur 2 Niederlagen) blieb man sogar bis zum 30. Spieltag und der knappen Niederlage gegen Bayern ungeschlagen. Wie schon in der Saison davor erreichte Werder in der „Rückrundentabelle" Platz fünf.

Am Ende wurde Werder Achter – wie schon zwei Jahre zuvor. Bemerkenswert war allerdings die erreichte Punktzahl von 53, dies waren acht Punkte mehr als 2016/17. Noch mehr Punkte hatte Werder zuletzt in der Saison 2009/10 verbucht, als man mit 61 Zählern Dritter wurde und sich anschließend letztmalig für die Champions League qualifizieren konnte.

In den sieben vorausgegangenen Spielzeiten hätten 53 Punkte für einen Platz in Europa gereicht. Nicht so im Sommer 2019. Von der Teilnahme an der zweiten Qualifikationsrunde der Europa League trennte Werder lediglich ein Punkt. Zwei Punkte mehr hätten die Teilnahme an der Gruppenphase dieses Wettbewerbs gesichert. Und zum ersten festen Platz in der Champions League waren es auch nur fünf Punkte.

Im Achtelfinale des DFB-Pokals schaltete Werder den späteren Vizemeister BVB in Dortmund nach Elfmeterschießen aus. Eine Runde später musste sich auch Schalke der Kohfeldt-Elf beugen. In Gelsenkirchen gewann Werder mit 2:0 und stand nun im Halbfinale, wo man im Weserstadion den FC Bayern empfing.

Werder hätte für die Partie 100.000 Tickets und mehr verkaufen können, so groß war die Begeisterung. Und so groß die Hoffnung, die Bayern endlich mal wieder zu bezwingen und damit das Ticket für Berlin zu lösen. Seit der Saison 2012/13 hatte man einige heftige Niederlagen gegen die Bayern erlitten. Niederlagen, die dokumentierten, wie stark man gegenüber dem Branchenführer an Boden eingebüßt hatte. Unter Kohfeldt unterlag man den Bayern auch weiterhin, aber die Resultate wurden knapper. In der Saison 2018/19 verlor man in der Bundesliga mit 0:1 (auswärts) und 1:2 (daheim).

Im Pokalhalbfinale im April 2019 behielten die Bayern nun nach einem packenden Spiel mit 3:2 die Oberhand. Die Entscheidung fiel zehn Minuten vor dem Ende, als sich Bayerns Kingsley Coman im Laufduell mit Theo Gebre Selassie fallen ließ. Robert Lewandowski verwandelte den „Witz-Elfmeter“ (*Deichstube*) zum Siegtreffer für die Gäste.

Auch neutrale Beobachter konnten sich nicht des Eindrucks erwehren, dass das mutige Werder den Bayern ein Stückchen nähergekommen war. Die Zeit bayerischer Kantersiege schien vorbei zu sein. In dieser Saison spielte Werder sehr oft den Werder Fußball, den Thomas Schaaf angesprochen hatte. Seit zehn Jahren waren die Werder Fans nach den Heimspielen nicht mehr so glücklich nach Hause gegangen. Und Werder hatte wieder Typen in seinen Reihen, die begeisterten und für Identifikation sorgten – und nicht nur das: Max Kruse, Milot Rashica, Davy Klaassen, Maxi Eggestein, Jiri Pavlenka und Ludwig Augustinsson hatten laut *transfermarkt.de* allein einen Wert von über 100 Mio. Euro.

Dreamteam Baumann und Kohfeldt?

Im September 2018 wurde Frank Baumanns Vertrag um drei Jahre bis zum 30. Juni 2021 verlängert. Die *Deichstube* kommentierte unter der Überschrift „Baumann: Ein visionärer Wegweiser“: „Baumann bleibt bis 2021 auf dem Posten des Sportchefs. Und das ist gut so. Denn obwohl er ein Mensch ist, der Ruhm und Rampenlicht nicht zu seinen persönlichen Glücksfaktoren zählt, hat er zuletzt ziemlich viel dafür getan, dass Werder Bremen auf der nationalen Fußball-Bühne wieder ins Rampenlicht rückt, und verblasster Ruhm aufpoliert wird. (…) Seine Arbeitsnachweise tragen die Namen Max Kruse, Jiri Pavlenka, Ludwig Augustinsson, Davy Klaassen, Nuri Sahin und natürlich Thomas Delaney. Spieler, die er geholt hat, die Werder sportlich besser gemacht haben und zum Teil viel Geld gebracht haben – oder noch bringen werden. Mit anderen Worten: Der Manager Baumann hat auf dem Spielermarkt gut gemanagt. (…) Was er in fünf Transferperioden aus dem Team gemacht hat, verdient Respekt.“ Baumann habe dem Klub, den Fans, der ganzen Werder-Region in Zusammenarbeit mit Trainer Florian Kohfeldt „wieder Fantasie und eine Perspektive geschenkt. Weg vom Abstiegskandidaten, hin zum Europapokal-Anwärter.“

Im Frühjahr 2019 wurde Florian Kohfeldt vom DFB zum „Trainer des Jahres 2018“ gekürt. „Florian Kohfeldt hat ein Gespür für die Entwicklung von Talenten und genauso den Umgang mit älteren Spielern, die als nicht immer pflegeleicht gelten“, sagte der damalige DFB-Präsident Reinhard Grindel in seiner Laudatio. „Unter ihm spielt Werder Bremen frischen, begeisternden und erfolgreichen Fußball. Ich bin mir sicher, dass seine Trainerkarriere in der Bundesliga gerade erst begonnen hat.“ DFB-Direktor Oliver Bierhoff attestierte Kohfeldt, er verströme „eine ansteckende Begeisterung, die Spieler schwärmen von seiner offenen und authentischen Art. Für Werder Bremen ist er ein Glücksfall.“

Frank Baumann charakterisierte seinen Coach derweil als „sehr zielstrebigen, unglaublich akribischen Trainer, mit einer klaren Vorstellung, wie er Fußball spielen lassen möchte. Die Zusammenarbeit mit ihm ist geprägt von Professionalität, gegenseitiger Wertschätzung, aber auch Offenheit für neue Ideen und externe Ansätze.“ Und Nuri

Sahin verglich seinen Coach mit Jürgen Klopp, unter dem er beim BVB gespielt hatte: „Diese Mischung aus Nähe und Abstand, das hatte ich noch nie, obwohl ich mit Jürgen Klopp einen Trainer hatte, der den Spielern nahestand. Immer wenn ich komme, ist Florian Kohfeldt hier. Ich weiß nicht, wann er zu Hause ist. Er liebt seinen Job, schmeißt sich da rein."

Die *Deichstube* stellte nun die Frage, wie lange Kohfeldt noch zu halten sei. Denn der Coach des SV Werder sei „gerade besonders angesagt in Deutschland". Man lobte Frank Baumann für seine vorzeitige Vertragsverlängerung mit Kohfeldt: „Fast genau vor einem Jahr war sein Vertrag langfristig verlängert worden – um drei Jahre. Frank Baumann hatte ausnahmsweise die Laufzeit genannt, das macht der Sportchef sonst nie." Doch Baumann wollte nicht nur großes Vertrauen in den noch jungen Coach, der erst wenige Monate auf der Kommandobrücke stand, ausdrücken, sondern auch ein Signal an die Konkurrenz senden – nach dem Motto: Keine Chance, der gehört uns! Eine Entscheidung mit viel Weitsicht. Denn mit Kohfeldt läuft's. Werder hat nicht nur mutig Europa als Ziel ausgegeben, sondern auch die nötigen Punkte gesammelt, um der Euro-Zone ganz nah zu sein. Dazu wird attraktiver Fußball geboten. Werder macht Spaß. Aber damit nicht genug: Kohfeldt entwickelt Mannschaft und Spieler weiter."

Gefährliche Euphorie

Werder hatte vor der Saison von Europa als Ziel gesprochen und obwohl dieses Ziel knapp verfehlt worden war, hatte man doch Wort gehalten – niemand war der Meinung, dass man gescheitert war. Die Saison 2018/19 war nicht nur sportlich eine erfolgreiche. Mit 153 Mio. Euro erzielte Werder seinen höchsten Umsatz in der Vereinsgeschichte und einen Gewinn von 3,2 Mio Euro. Wie schon im Kapitel „Crashkurs: Finanzen eines Bundesligaklubs" erwähnt, reichte der historisch höchste Umsatz aber nur für einen unteren Mittelfeldplatz in der „Geldtabelle". Dennoch, es war gelungen, zum dritten Mal in Folge Gewinne zu machen, keine großen, aber kombiniert mit dem sportlichen Erfolg und der Wertsteigerung im Kader verführte dies zu einer optimistischen Sicht auf die Zukunft.

Wie wir schon weiter oben angedeutet haben: Wenn man in den Wochen nach dem Abstieg, bevor es in die Vorbereitung der neuen Saison 2021/22 ging, an diese Zeit des Sommers 2019 zurückdachte und noch einmal die Kommentare und Interviews aus der Zeit las oder anschaute, konnte man nicht glauben, dass es tatsächlich um denselben Frank Baumann und denselben Florian Kohfeldt ging, die nun (mit Marco und den anderen Verantwortlichen) so heftig kritisiert wurden.

Im Sommer 2019 (auch von Corona war die Welt noch ein gutes halbes Jahr entfernt) war die Werder-Welt so „entzündet", so euphorisch, wie lange nicht mehr. Und es ist leider ein Teil der Wahrheit, dass in dieser Euphorie mindestens auch *eine* Ursache für die kommenden Probleme, vielleicht auch für manchen Fehler lag, der noch gemacht werden sollte.

Im Juli wurde Florian Kohfeldts Vertrag ein weiteres Mal verlängert. Nun bis zum Sommer 2023. Mit der Vertragsverlängerung verband sich vielleicht auch ein bisschen die Hoffnung, eine ähnliche Ära wie mit Thomas Schaaf zu erleben. Und sollte der Trainer, der schon mit dem BVB in Verbindung gebracht worden war, den Verein vor Ablauf seines Vertrags verlassen, könnte Werder von seinem neuen Arbeitgeber eine Ablöse fordern.

Vor dem Hintergrund des Abschneidens der letzten Jahre und mit Blick auf die Erwartungen im Umfeld traf Werder nun die strategische Entscheidung, wirtschaftlich ins Risiko zu gehen. Der Plan war, jetzt erst recht, sportlich den nächsten Schritt zu machen, einige Details rund um das Profiteam weiter zu optimieren, um nun nicht mehr knapp zu scheitern, sondern tatsächlich einen der europäischen Plätze zu erreichen. „2018/19 hatten wir mit 53 Punkten das beste Ergebnis seit Jahren eingefahren", sagt Frank Baumann. „Wir schrammten nur haarscharf an einem Platz im internationalen Wettbewerb vorbei. Und wir hatten wieder eine Siegermentalität etabliert. Wir wollten wieder gewinnen – egal, wo und gegen wen wir gespielt haben. Wir wollten mehr erreichen, hatten in allen Bereichen den Anspruch, noch mehr Leistung herauszuholen."

Die Verantwortlichen entschieden gemeinsam, die Sandburg, die sie sich gebaut hatten, nicht einzureißen, sondern zu versuchen, zwei Türme dazu zu bauen.

MARCO: Dieses Bild mit der Sandburg verwende ich manchmal auch in einem anderen Zusammenhang: Wenn Kinder spielen und eine Sandburg bauen, dann geht es ihnen vor allem um das Erlebnis beim Bauen und nicht so sehr um das Ergebnis. Erwachsene schauen auf die fertige Burg und freuen sich daran. Kinder schieben alles wieder zusammen und fangen von vorne an – das ist etwas Wunderbares, wenn man so denkt.

Aber es stimmt, wir haben damals gedacht, dass wir kontinuierlich weiterbauen sollten an der „Erfolgsstory", die mit der Beförderung von Frank Baumann zum Geschäftsführer begonnen und in den anderthalb Jahren mit Florian Kohfeldt als Cheftrainer an Fahrt aufgenommen hatte.

DIETRICH: Ihr habt in der Transferperiode keine Transfererlöse generiert, stattdessen fast zehn Mio. Euro investiert.

MARCO: Das waren Niclas Füllkrug und Marco Friedl, der nun fest verpflichtet wurde. Außerdem wurden Toprak und Bittencourt zunächst ausgeliehen. Aber du hast recht, der entscheidende Punkt war, dass wir keinen Stammspieler abgegeben, also auch keine große Ablösesumme generiert haben. Möglich war das, Milot Rashica zum Beispiel hatte eine festgeschriebene Ablösesumme von 35 Mio. Euro im Vertrag – aber wir wollten den Kader weiterentwickeln und nicht Spieler zu Geld machen!

Mit dem Wissen von heute war das ein Fehler, weil uns dadurch die Corona-Krise noch etwas stärker erwischt hat als die meisten anderen Klubs. Das Letzte, was ich will, ist hier irgendwelche Rechtfertigungen loswerden. Aber vielleicht kann der eine oder die andere doch nachvollziehen, warum wir damals so entschieden haben.

DIETRICH: Mir war gar nicht so klar, dass ihr das Ziel Europa schon ein Jahr vorher so offensiv vertreten habt. Aber ich kann verstehen, dass ihr dann daran festgehalten habt. Allerdings ging Max Kruse …

MARCO: Wir haben ja schon seine große Bedeutung beschrieben und auch erklärt, warum er nicht zu halten war. Trotzdem, Frank und Florian, wir alle, haben geglaubt, dass die Mannschaft den Verlust kollektiv kompensieren könne. Und mit Niclas Füllkrug holten wir noch einen Spieler, der uns, wie wir dachten, besser und variabler machen konnte. Der Moment im Training, der Schock, als in einem Zweikampf sein Kreuzband riss, dieser Moment fühlt sich aus heutiger Sicht wie das Symbol für die Seuchen-Saison 2019/20 an. Und ganz ehrlich, in der Saison ist so viel schiefgegangen – es lag nicht nur am Fehlen von Kruse!

DIETRICH: Wie groß war das Risiko, das ihr wirtschaftlich eingegangen seid, als ihr auf einen Verkauf eines Stars verzichtetet?

MARCO: Wir kalkulierten vor der Saison ein, dass wir am Ende zusätzliche Einnahmen von ungefähr 15 Mio. Euro benötigen würden, entweder durch sportlichen Erfolg oder durch Transfererlöse, die dann erzielt werden sollten. Ich erinnere mich, wie intensiv wir in Aufsichtsrat und Geschäftsführung darüber diskutierten. Es gab eine Euphorie um Werder in jenem Sommer, aber wir haben nicht emotional und leichtfertig entschieden. Es war eine sehr vernünftige Diskussion. Und es stand sogar im Raum, ein noch höheres Risiko einzugehen und Michael Gregoritsch aus Augsburg zu holen. Aber das hätte das Risiko vermutlich verdoppelt.

DIETRICH: Ich denke, ihr hattet damals kaum eine andere Chance. Zu sagen, wir verzichten auf den nächsten Schritt, weil dies die wirtschaftliche Vernunft gebietet, wäre kaum vermittelbar gewesen. Man hätte der Vereinsführung – und hier insbesondere dem Geschäftsführer Fußball – Konservativismus, Ambitions- und Mutlosigkeit vorgeworfen. Die Fans hätten gesagt, dass ihr ihre Träume nicht teilt. Baumann wäre für sie ein Sportdirektor gewesen, der sich mit einem Platz im Mittelfeld der Tabelle begnügt. Kein Mann für höhere Ziele. Unter seiner Regentschaft würde Werder endgültig zu einer grauen Maus verkommen.

MARCO: Man merkt, dass du (auch) Journalist bist.

DIETRICH: Hm. Ich bin froh, dass ich keinen tagespolitischen Journalismus betreiben muss, sondern mir in meinen Urteilen etwas Zeit lassen darf.

EINWURF

Werder und Europa 2011/12 bis 2020/21

In der Saison 2018/19 kam Werder auf 53 Punkte. Dies war die höchste Punkteausbeute seit der Saison 2009/10.

Im Folgenden die Punktzahl der Tabellenfünften, -sechsten und siebten in den Spielzeiten 2011/12 bis 2020/21. In zehn der elf Spielzeiten hätten 53 Punkte für einen Platz in Europa gereicht.

2020/21
Platz 5: 60
Platz 6: 52
Platz 7: 50

2019/20
Platz 5: 63
Platz 6: 52
Platz 7: 49

2018/19
Platz 5: 55
Platz 6: 55
Platz 7: 54

2017/18
Platz 5: 55
Platz 6: 53
Platz 7: 51

2016/17
Platz 5: 49
Platz 6: 49
Platz 7: 48

2015/16
Platz 5: 52
Platz 6: 50
Platz 7: 50

2014/15
Platz 5: 49
Platz 6: 48
Platz 7: 46

2013/14
Platz 5: 60
Platz 6: 55
Platz 7: 53

2012/13
Platz 5: 51
Platz 6: 51
Platz 7: 48

2011/12
Platz 5: 54
Platz 6: 53
Platz 7: 48

2010/11
Platz 5: 58
Platz 6: 47
Platz 7: 46

Abstiegskampf statt Europapokal

Schauen wir auf die Saison 2019/20. Wie schon erwähnt, wurde nach dem Kruse-Abschied Niclas Füllkrug als neuer Stürmer von Hannover 96 verpflichtet. Wie Kruse hatte auch er schon als Jugendlicher für Werder gekickt. Auch seine Profikarriere hatte hier begonnen. Als die 96er in der Saison 2017/18 in die Bundesliga aufstiegen, war Füllkrug ihr erfolgreichster Torschütze.

Der Stürmer wurde später (vorrübergehend) als Fehleinkauf identifiziert, für den Werder zu viel Geld überwiesen habe. Im Sommer 2018 wollte Gladbach 15 bis 20 Mio. Euro für ihn zahlen. Hannover sagte Nein. Werder bekam ihn für 6,5 Mio. Euro. Natürlich auch, weil sein Wert bedingt durch eine Verletzung gesunken war, eine Verletzung, die ihn in der Saison 2018/19 monatelang auf Eis gelegt hatte. Man könnte auch sagen: Ohne die Verletzung hätte ihn Werder gar nicht bekommen oder sich leisten können.

In den ersten vier Meisterschaftsspielen erzielte Füllkrug zwei von Werders sechs Toren, ein drittes Tor wurde ihm vom VAR aberkannt. Der *Kicker* benotete Füllkrugs Auftritte einmal mit 3,0 und zweimal mit 2,5 (am ersten Spieltag wurde Füllkrug nur eingewechselt). Gegen Hoffenheim, Augsburg und Union Berlin gehörte er stets zu den Besten im grün-weißen Trikot. Am vierten Spieltag markierte Füllkrug bei Union Berlin den Siegtreffer. Allerdings war dies für lange Zeit sein letzter Auftritt im Werder-Trikot. Vor dem fünften Spieltag zog er sich beim Abschlusstraining einen Kreuzbandriss zu. Füllkrug konnte erst wieder im Juni 2020 ins Mannschaftstraining einsteigen.

Bis zu seiner Verletzung war die Ablöse von 6,5 Mio. nicht wirklich ein Thema oder gar ein Problem. Für einen Spieler, der sich nach der Verpflichtung schwer verletzt, für Monate ausfällt und anschließend nicht sofort wieder den Anschluss findet, was bei einem Kreuzbandriss nicht gerade selten ist, war die Ablöse natürlich zu hoch. Aber dass sich Füllkrug Mitte September 2019 diese Verletzung zuziehen würde, war den Werder-Verantwortlichen im April 2019, also zum Zeitpunkt seiner Verpflichtung, noch nicht bekannt.

Im Grunde ist der Spieler Niclas Füllkrug ein wunderbares Beispiel (von sehr vielen möglichen Beispielen) dafür, wie der im ersten Kapitel erörterte Rückschau- oder Ergebnisfehler funktioniert. Wir beurteilen

Entscheidungen rückblickend auf der Basis von Ereignissen und Ergebnissen, die zum Zeitpunkt der Entscheidung unsicher waren.

Zuerst war Füllkrug ein vielversprechender und kreativer Transfer, dann, nach dem Kreuzbandriss und anschließender Formschwäche, ein klarer Fehleinkauf, „absehbar“, weil Füllkrug ja schon immer verletzungsanfällig gewesen war – und in der Saison 2021/22 war er an der Seite von Marvin Ducksch wieder ein überragender Stürmer, der Werder zurück in die Bundesliga schießen konnte.

Zu jedem Zeitpunkt gab es Aussagen wie: „Das habe ich schon immer gewusst …“, ergänzt dann wahlweise um „… dass er nicht robust ist“ oder „… dass er ein echter ‚Knipser‘ ist, wenn er fit ist!“ Ungerecht und falsch daran ist der Ausdruck „gewusst“! Niemand hat es vorher gewusst. Niemand konnte es vorher *wissen*. Vielleicht vermuten oder glauben, vielleicht auch irgendwo mal erwähnen – aber das ist nicht das Gleiche.

Zu viele Unentschieden

Die Spielzeit 2019/20 begann mit einer 1:3-Heimniederlage gegen Fortuna Düsseldorf. Auch der erste Auswärtsauftritt ging verloren. In Hoffenheim unterlag Werder mit 2:3. Am dritten Spieltag besiegte Werder den FC Augsburg im Weserstadion mit 3:2. Nach dem 2:1-Auswärtssieg am vierten Spieltag bei Union Berlin konstatierte die *Deichstube*, Werder sei nun in der Saison angekommen. Allerdings: Nicht nur der bis dahin starke Niclas Füllkrug fiel jetzt verletzt aus, sondern auch der extrem formstarke Yuya Osako, wenngleich nur für die darauffolgenden fünf Spiele.

Nach dem Schock um die Füllkrug-Verletzung gab es eine emotionale Heimniederlage gegen Leipzig. Danach aber berappelte sich Werder, spielte in den nächsten Spielen zum Teil deutlich verbessert. Fünf Unentschieden folgten, darunter jeweils ein 2:2 auswärts in Dortmund, Frankfurt und Leverkusen.

Nach einem Drittel der Bundesligaspiele stand die Saison auf der Kippe. So eine Unentschieden-Serie ist gefährlich und schwer zu bewerten. Und es ist entscheidend, wie man aus ihr herauskommt. Mit einem Sieg, dann ist man seit sechs Spielen ungeschlagen. Bei einer Niederlage hat man sechsmal nicht gewonnen!

Werder unterlag in Gladbach nach einem guten Spiel mit 1:3. Aus den bis zur Winterpause verbleibenden sechs Spielen holte man nur noch drei Punkte. Tiefpunkt war eine 0:5-Heimniederlage am 16. Spieltag gegen Mainz 05. Nach dem Ende der Hinrunde war Werder Vorletzter.

DIETRICH: Nach dem letzten Spiel vor Weihnachten, nach einer bitteren 0:1-Niederlage in Köln, hast du in der Mixed Zone gesagt: „Wir steigen gemeinsam ab, oder wir bleiben gemeinsam drin!". Dieser „Treueschwur" zu Kohfeldt und Baumann ist später von vielen kritisiert worden.

MARCO: Ja, das stimmt. Wenn man noch die Heimniederlage gegen Mainz dazu nimmt, war das wirklich eine grausame Situation. Ich wollte deutlich machen, dass wir den Zusammenhalt nicht verlieren werden. Besser wäre der Satz natürlich andersherum gewesen, aber tatsächlich habe ich bewusst auch das Wort Abstieg in den Mund genommen, um deutlich zu sagen: „Das halten wir zusammen aus!". Ob ich mir diese Aussage hätte schenken sollen? Ich weiß es nicht – es war jedenfalls meine Überzeugung, dass unser „Team" nicht das Problem war …

DIETRICH: … Sondern?

MARCO: Wir liefen auf dem Zahnfleisch. Zunächst konnten wir die vielen Verletzungen noch einigermaßen kompensieren, aber im mittleren Saisondrittel, vor und nach der Winterpause, wurde es zu viel. Man misst in einer Saison sogenannte „Verletzten-Tage", also an wie vielen Tagen fehlten Spieler? Normalerweise kommt man in einer Saison so auf 800 Tage – in dieser Saison hatten wir das schon nach der Hälfte erreicht, kamen insgesamt auf mehr als 2.000 Ausfalltage. Da hat uns dann später sogar der Break wegen Corona geholfen. So konnten einige Spieler zurückkommen.

DIETRICH: Frank Baumann und Florian Kohfeldt haben später gesagt, dass einige Verletzungen damit zusammenhingen, dass ihr zu viel wolltet, zu ambitioniert wart. Und dass es im medizinischen Team nicht stimmte …

MARCO: Es ist wie im Fußballteam: Es muss passen. Wir hatten Experten in allen Bereichen, aber offenbar hat die Kommunikation nicht gestimmt zwischen Ärzten, Physiotherapeuten und Athletiktrainern. Frank hat versucht, das schnell zu korrigieren. Außerdem: vielleicht zu hartes Training in den ersten Wochen der Sommervorbereitung. Pech war aber auch im Spiel. Im Winter war die Situation echt extrem. Im Trainingslager standen manchmal keine zehn gesunden Spieler auf dem Trainingsplatz! Alle waren verunsichert.

DIETRICH: Vermutlich auch die Führungsspieler. Fehlte jetzt erst recht ein Spieler wie Kruse?

MARCO: Definitiv fehlte es an Selbstvertrauen, Freude und Erfolgserlebnissen – dafür hätte Max sorgen können. Spieler wie Maxi Eggestein oder Milot Rashica hatten wohl mehr von Kruse profitiert als vermutet. Nach seinem Abschied machten sie nicht den nächsten Schritt nach vorne, sondern eher einen zurück. Gerade Eggestein merkte man an, dass ihm Kruse fehlte – als Orientierung, als Anspielstation, als Mitspieler, der immer vorne dabei war. Und Osako war die ganze Zeit nicht richtig fit.

DIETRICH: Gereicht hat es am Ende trotzdem. Wenn auch mit viel Glück!

MARCO: Und dank Union Berlin, die uns am letzten Spieltag den Arsch gerettet haben! Sorry, aber das trifft es am besten!

Vor dem letzten Spieltag der Saison 2019/20 war Werders Ausgangsposition denkbar schlecht. Nach 33 Spielen und einer 1:3-Niederlage in Mainz lag die Mannschaft mit 28 Punkten auf Platz 17. Einen Platz davor, auf dem Relegationsplatz, rangierte Düsseldorf mit zwei Punkten mehr.

Werder musste sein Heimspiel gegen den 1. FC Köln gewinnen und die Fortuna bei Union Berlin verlieren. Für Union ging es um nichts mehr. Die Wahrscheinlichkeit, dass Werder die Klasse halten würde, war somit äußerst gering. Gefühlt betrug die Wahrscheinlichkeit weniger als

20 Prozent. Aber dann schoss Werder den 1. FC Köln mit 6:1 aus dem Weserstadion, es war der einzige Heimsieg in der Rückrunde. Niclas Füllkrug kam zu seinem ersten Pflichtspieleinsatz seit September 2019 und markierte das 3:0. Zeitgleich unterlag Düsseldorf in Berlin-Köpenick mit 0:3.

In der Relegation musste sich Werder mit dem Zweitligadritten 1. FC Heidenheim messen, der bis zum Sommer 2009 noch Viertligist gewesen war. In die zweite Bundesliga war Heidenheim in der Saison 2013/14 aufgestiegen. Dieser Klub ist ein wunderbares Beispiel dafür, wie sich Kontinuität auf der Trainerposition positiv auswirken kann. Frank Schmidt ist dort seit 2007 Trainer und wenn er den gerade verlängerten Vertrag erfüllt, wird er dies 20 Jahre gewesen sein. Schmidt stand auch mal in Bremen auf einer „Trainer-Shortlist", aber vielleicht ist es auch gar keine gute Idee, dass Schmidt und der FCH jemals getrennte Wege gehen.

Beim ersten Aufeinandertreffen im Weserstadion kam Werder über ein torloses Remis nicht hinaus. Das Rückspiel endete 2:2. Hier war Werder das bessere Team, aber formal blieb Werder nur aufgrund der mehr erzielten Auswärtstore erstklassig. Knapper kann man nicht die Klasse halten. Genau betrachtet war der Abstieg in der Saison 2019/20 also wahrscheinlicher als ein Jahr später.

KAPITEL 10

Sportliches versus finanzielles Risiko?

„Das ist der ganze Jammer: die Dummen sind so sicher und die Gescheiten voller Zweifel."

BERTRAND RUSSELL

Egal ob schon ausgegliederte AG oder KG oder noch eingetragener Verein, Fußballklubs wollen heute immer mehr wie Unternehmen denken. Aber sie tun es nicht! Sie ticken in vielerlei Hinsicht anders als gewöhnliche Unternehmen, weil es immer noch vor allem um den Sport geht. Trotzdem ist Geld auch in der Bundesliga zu einer entscheidenden Währung geworden, weil fast alle, ob sie es zugeben oder nicht, insgeheim daran glauben, dass mehr Geld auch mehr Erfolg bedeutet. Wenn Klubs mehr Geld ausgeben als sie haben, um sportlich erfolgreich zu sein, dann nennt man das „Rattenrennen". Und wenn die Ausgaben nicht den gewünschten Erfolg bringen, haben die Klubs „überinvestiert". Dass Führungskräfte, besonders Trainer und Sportdirektoren viel schneller ausgetauscht werden als in anderen Unternehmen, ist auch ein Resultat des Wettkampfs, der immer mehr Verlierer als Gewinner produziert.

Wir haben schon festgestellt, welch große Bedeutung gutes Entscheiden für den Erfolg von Fußballklubs hat. Aber wir haben auch gesehen, dass wir systematisch Denkfehler begehen, manchmal emotionale Entscheidungen treffen, es aber nicht merken und darüber hinaus die Bedeutung unseres eigenen Handelns über- und den Zufall unterschätzen. Das Fußballgeschäft ist schnelllebig und die Akteure stehen unter großem Druck, kurzfristig erfolgreich sein zu müssen. Trotzdem ist Sorgfalt angebracht, und es ist gut, gelegentlich nicht nur auf das Bauchgefühl und die Intuition zu vertrauen.

Wenn es um den richtigen Weg geht, wenn wir mal kurz vernachlässigen, dass wir das nächste Spiel gewinnen müssen, ist es sinnvoll, auf unsere strategischen Ziele zu schauen, an denen wir uns ausrichten und auf deren Basis wir gute Entscheidungen treffen wollen. Im letzten Teil dieses Buches werden wir noch genauer beschreiben, welche Strategien wir bei Traditionsklubs künftig für vielversprechend halten.

Aber was ist eigentlich das vorrangige Ziel von Fußballklubs? Eine überwiegende Mehrheit wird antworten: Sportlicher Erfolg! Wirtschaftlicher Erfolg ist dagegen nur so etwas wie ein Zwischen- oder Hilfsziel. Heribert Bruchhagen hat sinngemäß mal gesagt: „Wir versuchen den sportlichen Erfolg zu maximieren und dabei die Insolvenz zu vermeiden." Es existiert also eine Konfliktsituation zwischen sportlich erfolgreich und wirtschaftlich vernünftig.

In der Abschlusstabelle einer Saison wird jeder Platz nur einmal besetzt. Nicht nur für die Vereine, auch für Fans und Journalisten ist das schwer zu akzeptieren. Spieltheoretisch ist die Bundesliga mehr oder weniger ein Nullsummenspiel. Das gilt für ein einzelnes Spiel genauso wie für eine ganze Saison. Da, wo es einen Gewinner gibt, muss es auch einen Verlierer geben. „Win-Win" ist anderswo.

Das Dilemma wird uns schon beim Ausfüllen des Saison-Tippzettels vor Augen geführt. Wir sollen uns festlegen, wer die Plätze 1 bis 18 belegt. Platz eins fällt uns vielleicht noch leicht, Platz zwei geht auch noch. Den dritten Champions-League-Teilnehmer bekommen wir vielleicht ebenfalls ohne großes Nachdenken hin. Und einen der zwei bis drei Absteiger haben wir auch schon im Kopf. Aber anschließend wird es schwierig. Das Dilemma wird noch deutlicher, wenn wir uns fragen, welche sportlichen Ziele es in der Bundesliga überhaupt gibt.

Natürlich haben unterschiedliche Klubs unterschiedliche Ziele. Wir haben versucht, die internen, also nicht unbedingt so nach außen kommunizierten Ziele der 18 Mannschaften der Bundesliga für die Saison 2021/22 zu antizipieren – so wie sie möglicherweise vor der Saison ausgesehen haben (siehe Tabelle auf der nächsten Seite). Dabei unterscheiden wir drei Kategorien von Zielen:

TOP = Was können wir erreichen, wenn alles perfekt läuft?
REAL = Was ist ein realistisches Ziel für uns?
MINI = Was müssen wir auf jeden Fall erreichen?

Legende: KE = Klassenerhalt, EL = Europa League, CL = Champions League

Verein	TOP	REAL	MINI
Bayern München	Meister	Meister	Meister
Borussia Dortmund	Meister	CL	CL
RB Leipzig	Meister	CL	CL
VfL Wolfsbaurg	CL	CL	EL
Bayer Leverkusen	CL	CL	EL
Hertha BSC	CL	EL	EL
Borussia Mönchengladbach	CL	EL	EL
Eintracht Frankfurt	CL	EL	8-12
TSG Hoffenheim	CL	EL	8-12
VfB Stuttgart	EL	8-12	KE
SC Freiburg	EL	8-12	KE
FSV Mainz	EL	8-12	KE
1. FC Köln	EL	8-12	KE
Union Berlin	EL	8-12	KE
FC Augsburg	EL	8-12	KE
Arminia Bielefeld	8-12	KE	KE
VfL Bochum	KE	KE	KE
Greuther Fürth	KE	KE	KE

Ganz oben geht es um die Meisterschaft. Auch wenn es in den letzten zehn Jahren da eigentlich nur Bayern München gab, rechneten sich doch auch Klubs wie Dortmund, Leipzig, vielleicht sogar Wolfsburg oder Leverkusen Chancen aus. Um die Champions-League-Plätze kämpfen neben den Genannten noch ein paar mehr: Gladbach, vielleicht Frankfurt, vor gar nicht langer Zeit auch Schalke.

Dann geht es um die Plätze in der Europa League. Mindestens für Bayern, Dortmund, Leipzig, Wolfsburg und Leverkusen fühlt sich das schon an wie: „Wir haben unser Ziel verfehlt!" Für fast alle anderen Klubs in der Liga, ausgenommen vielleicht die Aufsteiger, wenn sie Fürth und Bochum heißen, nicht aber, wenn es um Schalke, HSV oder Werder geht, ist es ein Ziel, das mindestens möglich ist und als Erfolg betrachtet wird.

Schließlich, wenn man die Tabelle von rechts betrachtet: alle Klubs, auch die Aufsteiger, werden versuchen, die Klasse zu halten, für viele wäre es eine Katastrophe, wenn es nicht gelingt. Nur die Aufsteiger und nach eigener Einschätzung der SC Freiburg könnten mit einem Abstieg möglicherweise klarkommen.

„Es ist zu wenig Platz in der Tabelle – jeder Platz in der Tabelle wird nur einmal vergeben!" Diese vielleicht triviale Wahrheit in der Abbildung sagt auch, dass *fast alle* ihre TOP-Ziele, *viele* ihre REAL-Ziele und *manche* ihre MINI-Ziele **nicht** erreichen werden.

Geld schießt Tore

All das wäre verkraftbar, wenn es nur um den Sport ginge, aber nun kommt leider eine weitere Wahrheit hinzu, die die Sache problematisch macht: der Glaube, dass man mit Geld Erfolg kaufen kann, dass mehr Geld auch mehr Erfolg bedeutet – dass Geld Tore schießt!

Wir haben schon in der Einleitung aufgeklärt, dass das ursprüngliche Zitat von Otto Rehhagel immer wieder falsch interpretiert wurde, aber das soll hier vernachlässigt werden.

Niemand wird leugnen, dass in jedem Fall ein gewisser Zusammenhang zwischen den finanziellen Möglichkeiten der Klubs und dem sportlichen Erfolg besteht, dass es eine positive Korrelation zwischen den beiden Variablen gibt, die mathematisch also größer als 0 ist. Aber niemand kann auf der anderen Seite behaupten, dass diese Korrelation perfekt sei, also mathematisch gleich 1, ansonsten könnten wir das Spielen vernachlässigen und die Geldtabelle wäre auch die echte Tabelle.

Weil alle Klubs das wissen, auch wenn sie wahrscheinlich unterschiedlicher Auffassung darüber sind, wie stark die Korrelation genau ist, versuchen sie, ihre Einnahmen zu maximieren, bei den Zuschauereinnahmen, den TV-Erlösen, beim Sponsoring und durch Transfererlöse. All diese Erlösquellen hängen aber auch wieder vom sportlichen Erfolg ab. International zu spielen ist für eine Menge Klubs ein wichtiges sportliches Ziel, aber vor allem ist auch wichtig, an die europäischen „Geldtöpfe" zu kommen, um die Wettbewerbsfähigkeit zu erhalten oder auszubauen. Sportlicher Erfolg steigert auch die Erlöse aus Ticketing, Sponsoring und ganz besonders die aus der TV- oder allgemeiner, der Mediavermarktung.

Das Prinzip, nach dem die Ausschüttung der Mediaerlöse vonstatten geht, werden wir uns später noch genauer anschauen und fragen, ob es nicht anders gerechter sein könnte. Derzeit spielt der sportliche Erfolg der vergangenen fünf Jahre jedenfalls eine zentrale Rolle für die Ausschüttung an die Klubs. Jeder Platz im sogenannten TV-Ranking ist in der Bundesliga ungefähr 2 Mio. Euro wert – das ist für viele Klubs ein enormer wirtschaftlicher Anreiz, um jeden Platz zu kämpfen.

Als Vorstand oder Aufsichtsrat kommt man immer wieder in Situationen, in denen man vor der Frage steht: Sollen wir wirtschaftlich ins Risiko gehen in der Hoffnung, dadurch sportlich erfolgreich zu sein? Bei Traditionsklubs mit großen Erwartungen und vielen Störgeräuschen ist das nicht immer eine rationale Entscheidung.

Verlustaversion oder einfach nur Abstiegskampf

Am dramatischsten ist die Situation im unteren Tabellendrittel. Zur Vermeidung eines Abstiegs ist fast jedes Mittel recht, denn in der zweiten Liga brechen alle Erlösquellen deutlich weg, und der Weg zurück kann sehr beschwerlich sein. Auch im TV-Ranking verliert man, selbst bei raschem Wiederaufstieg, gegenüber den Konkurrenten an Boden, weil der Zweitligaaufenthalt fünf Jahre nachwirkt.

In der Psychologie gibt es das Phänomen der sogenannten „Verlustaversion“. Das bedeutet, dass wir Menschen Verluste höher bewerten als Gewinne. Wenn wir also 100 Euro gewinnen, fühlt sich das nicht so *gut* an wie es sich *schlecht* anfühlt, 100 Euro zu verlieren. Bei einer Wette, mit einer 50-Prozent-Chance 100 Euro zu verlieren, verlangen die meisten Menschen ungefähr das Doppelte als möglichen Gewinn, bevor sie bereit sind, die Wette einzugehen. Eigentlich ist das irrational. Versicherungen profitieren von diesem Phänomen.

Vermutlich ist die Verlustaversion auch ein unbewusster Grund dafür, dass abstiegsbedrohte Fußballklubs noch etwas risikobereiter sind als solche Klubs, die etwas Positives erreichen können. Überwintert der Klub auf einem Abstiegsplatz, nimmt die Risikobereitschaft zu und mit ihr die Wahrscheinlichkeit eines riskanten Wintertransfers.

Allerdings wirkt das Phänomen auch bei solchen Klubs, die konstant in der Champions League spielen wollen und alles dafür tun, den Verlust der Champions League (und der garantierten Erlöse) zu vermeiden. Und in beiden Fällen, Abstieg oder Verlust der Champions League, gilt: Sollte es trotzdem passiert sein, tut man alles, um so schnell wie möglich zurückzukommen.

Motivation ist etwas Gutes. Auch die Aversion gegen Negatives muss nicht schlecht sein, weil es uns manchmal von dummen Entscheidungen abhält. Manchmal führt sie aber auch genau dazu.

Der vernebelte Blick

Andreas Rettig, langjähriger Fußballfunktionär, heute Geschäftsführer von Viktoria Köln, erzählt folgende Geschichte. Während seiner Zeit als Manager des 1. FC Köln war sein Arbeitgeber vom Abstieg bedroht. Auf der von 8.000 Mitgliedern besuchten Hauptversammlung des Vereins trat ein Fan ans Mikro und forderte unter dem großen Beifall der Anwesenden, Rettig solle endlich mal Geld ausgeben, der FC sei schließlich „kein Sparverein". Der Klub müsse sich in der Winterpause mit einigen neuen Spielern verstärken! Rettigs Antwort: „Klasse Idee! Das Problem ist nur, bei unserem Konkurrenten gibt es jemanden, der ist ähnlich schlau wie du!". Das heißt: Dort wird man das Gleiche tun. Und dann hat mindestens einer der beiden Vereine Geld verbrannt. Rettig: „In großen Klubs herrscht eine hohe Emotionalität. Grundsätzlich ist das etwas sehr Positives. Aber Emotionen vernebeln den Blick auf morgen und übermorgen. Als Manager in einem Fußballverein pfeffert man im Winter noch mal Geld raus, weil man denkt: Steigen wir ab, werde ich sowieso entlassen. Diesen Hang, in leitender Position nur während der eigenen Vertragslaufzeit glänzen zu wollen und nicht darüber hinauszublicken, um keinen Scherbenhaufen zu hinterlassen, sieht man auch in Politik und Wirtschaft." Sogenannte „Wintertransfers" können aber auch problematisch sein, weil der Neuzugang kaum Zeit hat, mit seiner neuen Mannschaft zu trainieren. Er muss sofort liefern. Er hat nur wenige Monate Zeit, seine Qualität zu beweisen. Auch kann er sich negativ auf die Gruppe auswirken. „Große Fluktuation löst in eine Gruppe immer etwas aus", sagt auch deshalb Markus Krösche. Das Entscheidende sei aber häufig, dass man als Gruppe funktioniere, „weil man gemeinschaftlich individuelle Defizite ausgleichen kann."

Als der SC Preußen Münster in der Saison 2019/20 in der dritten Liga zur Halbzeit der Saison auf einem Abstiegsplatz lag, wurde Geld gesammelt, um Verstärkungen für den Klassenerhalt zu holen. Es wurden dann drei Spieler gekauft, aber die Konkurrenz blieb ebenfalls nicht untätig. Und einige der Konkurrenten hatten auf dem Markt bessere Möglichkeiten. Das Ende vom Lied: Die Preußen stiegen ab. Keine der drei Verstärkungen ging den Weg in die vierte Liga mit. Dort waren sie für den Klub auch nicht zu finanzieren. Schon während des Sammelns gab es Stimmen, die bezweifelten, dass die Aktion den gewünschten Erfolg zeitigen würde. Es wäre vielleicht sinnvoller gewesen, das Geld in die Vorbereitung des Kaders für die kommende Saison und in die Beseitigung der strukturellen Baustellen zu investieren. Um anschließend von einer stabileren Basis aus den Wiederaufstieg anzugehen und in jeder Hinsicht die Anforderungen der höheren Liga zu erfüllen. Aber kann man es sich wirklich leisten, auf den finanziellen Kraftakt zwecks Klassenerhalts zu verzichten? Darf man das überhaupt? Auch wenn man weiß, dass die Wahrscheinlichkeit, dass man dabei Geld verbrennt, sehr hoch ist? Bei einem Traditionsverein, der von der Bundesliga träumt, zumindest aber von der zweiten Liga, ist dies kaum möglich.

Die Angst zu versagen

Verlustaversionen und die Angst vor dem Abstieg können zu riskanten Entscheidungen in der Vereinsführung führen. Auf dem Platz ist die Konsequenz daraus manchmal genau das Gegenteil: „Angstfußball". Thomas Broich spielte in der Bundesliga für Borussia Mönchengladbach, den 1. FC Köln und den 1. FC Nürnberg. Broich galt als eines der größten Talente im deutschen Fußball und gehörte zum Perspektivteam „Team 2006". 2010 ging Broich nach Australien, nachdem er in Deutschland die Lust am Fußball verloren hatte. Beim Erstligisten Brisbane Roar entdeckte er sie wieder. Filmemacher und Grimme-Preisträger Aljoscha Pause begleitete Broich von 2003 bis 2011 mit der Kamera. Das Ergebnis war ein 135-minütiger Kinofilm mit dem Titel „Tom meets Zizou – kein Sommermärchen". Ronny Blaschke rezensierte auf *zeit.online*: „Eine geistreiche Studie einer oft geistlosen Branche. Mit Brüchen, Wendungen, Lehren – und einem heilsamen Finale. Mit einer seltenen Offenheit entlarvt Broich im Film Floskeln und Scheinheiligkeit der Bundesliga."

Broich wird im Film folgendermaßen zitiert: „Was mich in Deutschland gestört hat, ist dieses krasse Schwarz-Weiß-Denken, diese krankhaft übertriebene Erwartungshaltung. Ständig wird einem suggeriert, dass von 18 Mannschaften in der Bundesliga zwölf ihren Ansprüchen nicht gerecht werden können. Das erzeugt ein negatives, belastendes Klima." Mit Auswirkungen auf die Spielweise. In einer „Liga der Angst" mutigen Fußball zu spielen, ist in der Tat mutig.

Am elften Spieltag der Saison 2021/22 musste sich der 1. FC Köln gegen Union Berlin im eigenen Stadion mit einem Remis (2:2) begnügen. Dem zwischenzeitlichen 2:1 für die Köpenicker ging ein Fehler im Aufbauspiel der Kölner voraus. Die Fans reagierten mit Unmut: „Wir machen diesen Fehler, weil wir den Mut haben, hinten rauszuspielen", klagte Kölns Trainer Steffen Baumgart. „Wenn ich mich in den letzten vier Jahren in Köln mit Leuten unterhalten habe, ging es immer darum, dass hier kein guter Fußball gespielt wird. Jetzt spielen die Jungs guten, mutigen Fußball. Und dann liegst du gegen Union, das international spielt, 1:2 hinten und ich hab das Gefühl, dass das Stadion nicht weiß, ob es jubeln oder weinen soll." Stimmung kam erst wieder auf, nachdem Modeste den Ausgleich erzielt hatte.

Vielleicht waren es bei den Fans übertriebene Ansprüche – in der Saison davor konnte sich Köln erst in der Relegation retten. Vielleicht hatten sie aber auch den „Angstfußball" der letzten Jahre so stark verinnerlicht, dass sie im Moment des Fehlers von einem attraktiveren Fußball nichts mehr wissen wollten. Dass ein Trainer in einer von Angst beherrschten Liga mutigen Fußball spielen lässt, kann man ja nur begrüßen. Dass es dabei auch zu Fehlern kommt, weil man nicht den Kader des FC Bayern besitzt, ist logisch.

Ein alternativer Weg

Muss man das Rattenrennen mitmachen, oder gibt es einen anderen Weg, der trotzdem zum Erfolg führen kann? Wenn es einen gibt, dann finden ihn nur wenige Klubs. Das prominenteste Beispiel für einen solchen Klub ist in der Bundesliga sicher der SC Freiburg, der immer noch als Underdog gilt, auch wenn man sich in den vergangenen Jahren hinsichtlich Kaderbudget ins Mittelfeld der Liga entwickelt hat. Fredi Bobic, Sport-Geschäftsführer von Hertha BSC: „Freiburg ist nicht mehr das kleine gallische Dorf."

Der SC befindet sich heute in einer Situation, in der er nicht mehr Spieler beim erstbesten Angebot eines Konkurrenten abgeben muss. Zur Saison 2021/22 bezog der Klub ein neues Stadion, das 10.000 Plätze mehr bietet als die alte Spielstätte und mit 80 Mio. Euro selbst finanziert wurde.

Freiburg war erstmals in der Saison 1992/93 in die erste Liga aufgestiegen. Von den folgenden 29 Spielzeiten verbrachte der Klub 22 in der ersten und sieben in der zweiten Liga. Viermal stieg man ab, ohne dass in Freiburg eine Welt zusammengebrochen oder ein radikaler Wechsel in Strategie und Philosophie erfolgt wäre. Nicht einmal der Trainer wurde entlassen. Bei drei Abstiegen hieß er Volker Finke, beim letzten Mal Christian Streich. Der SC Freiburg hat in den letzten 30 Jahren nur vier Trainer „verschlissen". Der Klub bewegt und entwickelt sich seit Jahren innerhalb stabiler Leitplanken. So konnte man sich Schritt für Schritt nach oben vorarbeiten.

In Freiburg entwickeln sich auch Spieler, die nicht immer zur Startformation gehören oder mal verletzt sind. Weil sie, so Christian Streich, „hier Ruhe haben, in einem sehr guten Umfeld sind, und man ihnen Zeit gibt." Ein Erfolgsgeheimnis der Freiburger ist also, dass die Verantwortlichen wenig mit Störgeräuschen zu kämpfen haben, die sie zu emotionalen und falschen Entscheidungen verführen könnten – jedenfalls verglichen mit den Standorten einiger großer Traditionsvereine. Der SC muss sich nicht mit dem Ballast von Geschichte herumschlagen. Der Klub war nie Deutscher Meister, und niemand erwartet, dass er in absehbarer Zeit in der Champions League spielt. Und ein Jahr in der Europa League betrachten fast alle Fans nicht als Selbstverständlichkeit, sondern als seltenen Bonus. Dem SCF ist etwas gelungen, woran andere Vereine immer wieder scheitern: Die Herstellung einer Balance zwischen sportlichem Erfolg und wirtschaftlicher Vernunft.

Der SC Freiburg möchte stets unter den besten 25 sein. Da in der Bundesliga nur 18 Vereine spielen, schließt dies einen Abstieg mit ein. Anders als die Vereine, die sich nach den europäischen Geldtöpfen strecken, sind die Freiburger weniger mit dem Problem der Überinvestition konfrontiert.

Der Freiburger Weg hat viele Bewunderer. Aber nur wenige sind sich darüber im Klaren, was dieses Modell bedeutet. Robin Dutt, der die Breisgauer von 2007 bis 2011 trainierte (er wurde nicht gefeuert, sondern wollte nach Leverkusen), erzählte im Interview mit *spox.com* „Wenn andere Klubs lobend über Freiburg sprechen, dann wollen sie das Freiburger Ergebnis. Sie wollen aber nicht den Weg gehen, um dorthin zu gelangen. (…) Das an anderen Standorten nachzubauen, dieser Zug ist für die meisten Klubs abgefahren. Das ginge nur, wenn man Verantwortliche hat, die die Widerstände der Öffentlichkeit überwinden können – und zwar nicht über ein paar Spieltage hinweg, sondern über zwei, drei Jahre. An vielen Standorten kann der Druck von Fans und Öffentlichkeit jedoch so brutal werden, dass es beinahe einer Ausweglosigkeit gleichkommt. (…) Ich glaube, dass man einfach nicht mehr druckresistent ist und seine eigene Überzeugung schneller über Bord schmeißt. (…) Es geht darum, dass man die Fehler analysiert, die man im vorherigen Zyklus gemacht hat, um im nächsten Zyklus besser zu sein. Und der geht über mindestens zwei, drei Jahre." Im Falle eines Abstiegs bleibe in Freiburg „alles genauso bestehen. Man setzt sich zusammen, analysiert die Fehler und packt es wieder an. Die Mehrzahl der Vereine setzt aber lieber den Trainer vor die Tür, es kommt der nächste und der macht dann halt andere Fehler."

Frank Hellmann schreibt in der *Frankfurter Rundschau* zur Freiburger Entwicklung: „Wenn Vorstände aus Gelsenkirchen, Hamburg oder Bremen noch was lernen wollen, sollten sie mal ein Praktikum auf der Freiburger Geschäftsstelle machen." Ein Problem wird aber bleiben. Gelsenkirchen, Hamburg und Bremen sind andere Standorte als Freiburg. Der Ballast der Geschichte ist größer, die Erwartungen von Fans, Umfeld und Medien (auch von Frank Hellmann) sind es ebenfalls. Mancher Fan reagiert mit Naserümpfen, wenn er seine Ansprüche auf das Niveau von „Mittelklässlern" wie Freiburg, Mainz oder Augsburg herunterschrauben soll.

In anderen europäischen Top-Ligen ist die Situation kaum anders. Die Journalistin Alexandra Jonson erzählt dem *Ballesterer* über den hoch verschuldeten spanischen Fußball: „Vereine sind immer wieder in finanzielle Schwierigkeiten geraten, weil sie zu viel ausgegeben haben oder die neuen Eigentümer viel versprechen und dann nur Schulden hinterlassen." Manche Klubs sind in die unteren Ligen gerutscht oder aufgelöst worden. Andere haben einen Ausweg gefunden – und mehr oder weniger das Gleiche getan: sich auf ihren Nachwuchs konzentriert. Jonson: „Das Level des Fußballs, des Coachings und der Akademien ist in Spanien sehr hoch. Das ist die Basis von allem." Klubs, die diesen Weg gehen, müssten sich „nicht zu viel Sorgen wegen einer Krise machen".

In der Saison 2020/21 gewann Real Sociedad aus San Sebastian den Cup mit 18 Spielern im Kader, die aus der hauseigenen Akademie kamen. Real Sociedad ist der einzige Erstliga-Klub, dessen zweite Mannschaft in der zweiten Liga spielt. Celta Vigo schaffte es bis ins Halbfinale der Europa League – ebenfalls mit auffallend vielen Spielern Marke Eigenbau.

Riskant ist attraktiv

Bei den großen Traditionsvereinen sind die Störgeräusche deutlich lauter als bei anderen Vereinen. Mit manchmal negativen Folgen für den Kurs des Vereins: „Wo viele mitreden, besteht immer die Gefahr, dass die Emotion in Entscheidungen reinspielt, und die Führung vom Weg abkommt", weiß Jonas Boldt, Sportchef des Hamburger SV.

Im Fußball ist nichts weniger sexy als Realismus und nachhaltiges Handeln. Ein Sportdirektor, der finanziell ins Risiko geht, ist in der Regel populärer als einer, der nachhaltig denkt – sportlich wie finanziell. Dies gilt auch für den Fall, dass das sportliche Ziel zwar erreicht wurde, allerdings zu dem Preis, dass man in den folgenden Jahren mit finanziellen Problemen zu kämpfen hat. Die meistens Fans werden später vor allem davon erzählen, wie ihr Klub einen Platz in Europa buchte, von den damit verbundenen Auswärtsfahrten, von den fantastischen internationalen Spielen. Der finanzielle Preis, der dafür bezahlt wird, verblasst, gerät zur Fußnote.

Im Gespräch mit dem Magazin *11 Freunde* hat Frank Baumann das Dilemma ganz gut auf den Punkt gebracht. Vor der Saison 2020/21 musste Werder „aus wirtschaftlichen Gründen entscheiden, zwei Mittelfeldspieler, die wir gerne geholt hätten, nicht zu verpflichten. Als die Pandemie losging, gab es viele Diskussionen über die Unvernunft der Vereine. So eine Entscheidung wird einem aber nicht gedankt, wenn die sportlichen Ziele verfehlt werden." Denn im Alltag und am Ende des Tages würde man als Sport-Verantwortlicher nicht an der wirtschaftlichen Vernunft, sondern fast ausschließlich an den Ergebnissen gemessen. Dies ist vermutlich mit ein Grund, warum die Pandemie nicht zu einem Umdenken im großen Stil führte. Und es ist der Grund, warum einige sich so verhielten, als sei nichts geschehen. Vielen Fans ist eine Verschuldung viel einfacher zu vermitteln als eine Sanierung der Finanzen. So lange wie die Ergebnisse stimmen, interessiert der Zustand der Finanzen nicht. So redete sich Frank Baumann den Mund fusselig: „Ich weiß nicht, wie oft wir kommunizieren sollen, dass das wirtschaftliche Überleben an komplett erster Stelle steht."

Beim Drittligisten Preußen Münster hatte man in der Saison 2019/20 ein ähnliches Problem. Der Klub musste bei seinem Kader finanziell abspecken. Außerdem hatte er in struktureller und infrastruktureller Hinsicht den Anschluss an einige Konkurrenten verloren. Der Geschäftsführer Sport, Malte Metzelder, legte den Akzent auf die Beseitigung dieser Defizite, also auf eine nachholende Entwicklung, Beseitigung der finanziellen Probleme und Nachhaltigkeit. Am Ende der Saison waren die Preußen abgestiegen. Was aber nicht unbedingt sein musste, wenn man sich anschaut, wie sich einige der im Sommer 2019 getätigten Verpflichtungen entwickelt haben und wo sie heute spielen.

Bei den Preußen-Fans stünde Metzelder heute wesentlich besser da, hätte er mächtig das Konto überzogen, aber den Klassenerhalt geschafft, anschließend gekündigt und die durch seine Politik vergrößerten finanziellen Probleme seinem Nachfolger überlassen – einschließlich der strukturellen und infrastrukturellen Defizite. Stattdessen gilt er noch heute bei Fans und Medien als der Hauptverantwortliche für den Abstieg – obwohl der Verein nach seinem Abgang von einigen Dingen, die Metzelder angestoßen hatte, profitierte.

Am Transfermarkt wachsen

Wir haben am Beispiel Freiburg gesehen, dass die Ausbildung von eigenen Talenten vielversprechend sein kann, wenn man die nötige Geduld hat und vielleicht auch, wenn man nicht zu stark auf einen bestimmten Platz in der Tabelle schielt. Es gibt verschiedene Ansätze und Ideen, wie man versuchen kann, als Fußballklub wirtschaftlich erfolgreich zu sein, um sein höheres Potenzial dann wieder sportlich zu nutzen. Chancen und Risiken bietet zum Beispiel der Transfermarkt, auch für Klubs mit ambitionierteren Zielen. Junge Potenzialspieler am Transfermarkt zu kaufen, um sie nach einer gewissen Zeit für ein Vielfaches des Einkaufspreises zu verkaufen, das erscheint vielen Klubs vielversprechend.

Auf einem hohen Niveau ist Borussia Dortmund in den letzten Jahren sehr erfolgreich diesen Weg gegangen. Ousmane Dembélé wurde 2016 für 35 Mio. Euro von Stade Rennes geholt. Nur ein Jahr später wechselte er für 135 Mio. zum FC Barcelona. Jadon Sancho stieß 2017 als U18-Spieler von Manchester City zum BVB. Die Dortmunder mussten für ihn 7,8 Mio. überweisen. Vier Jahre später holte ihn Manchester United. Sanchos Verkauf spülte 85 Mio. in die schwarz-gelbe Kasse. Der Preis, den der BVB bislang dafür zahlt: Die Transferpolitik ist nicht wirklich dazu geeignet, den FC Bayern vom Thron zu stürzen. Hierfür ist wohl noch etwas anderes notwendig: eine Schwächephase der Bayern.

Wenn es schiefgeht

Nur im Falle einer wirklich existenziellen Schieflage ist der Aufschrei groß. Wie 2004 beim BVB, als der Meisterschaft von 2002 die Beinahe-Insolvenz folgte. Weshalb dieser Meistertitel bei den Fans nicht sehr beliebt ist. Dabei war schon vorher offensichtlich, dass die Politik der Vereinsführung hochgradig riskant war. Man ging an die Börse, um sich zu entschulden und den nächsten Angriff auf die Bayern zu starten. Als der FC St. Pauli im Westfalenstadion gastierte, skandierte die Südtribüne: „Wenn wir wollen, kaufen wir euch auf!"

Die existentielle Schieflage kam vielleicht auch dadurch zustande, dass man Schulden im Fußball etwas anders betrachtet als im sonstigen Wirtschaftsleben. Als Gerd Niebaum Präsident des BVB war, hat Dietrich häufiger mit ihm gesprochen. Es waren lange und sehr interessante Gespräche. Vielleicht kann man Niebaums Amtszeit in zwei Phasen teilen: eine gute und eine schlechte. Wenn man ehrlich ist, muss man zugeben, dass der BVB seine heutige Position im deutschen und europäischen Fußball auch Niebaum zu verdanken hat. Mit seiner Investitionspolitik („Sanieren durch Investieren") wurde der Verein überhaupt erst wieder titelfähig. Außerdem wurde das Stadion zur größten Fußballarena in Deutschland ausgebaut, die unverändert fasziniert. 2004 war dieser Ausbau ein riesiger Ballast – und dies auf Jahre hinaus. Heute ist das Stadion mit seiner Größe eine wichtige Einnahmequelle und ein Pfund in der Vermarktung des Klubs. Bei nur wenigen Vereinen ist in der äußeren Wahrnehmung die Verbindung zwischen Verein und Stadion so eng wie beim BVB.

Ein Gespräch ist Dietrich besonders in Erinnerung geblieben. Seine Bedeutung wurde ihm aber erst Jahre später bewusst. Es fand am Morgen des Tages statt, an dem Andreas Möller beim BVB unterschrieb. Möller kam von Juventus Turin und war nur einer der deutschen Nationalspieler, die der BVB aus der Serie A, die damals als weltbeste Liga galt, in die Bundesliga zurückholte. Weitere waren Stefan Reuter, Karl-Heinz Riedle, Matthias Sammer, später noch Jens Lehmann und Jürgen Kohler. Das Ganze wurde „Italien-Rückholaktion" getauft. Diese war sehr teuer, wertete aber nicht nur den BVB, sondern die gesamte Liga auf. Der BVB-Fan war stolz – nicht der FC Bayern holte die „verlorenen Söhne" zurück, sondern die Dortmunder, die dem Branchenführer nun auch finanziell die Stirn zu bieten schienen. An besagtem Morgen wirkte Niebaum fast ein wenig frustriert. Beim Fußball drehe sich alles immer mehr um Stars, die eigentlich keine Angestellten seien, sondern Subunternehmer. Dann erzählte er, wie der Wechsel von Matthias Sammer von Inter Mailand zum BVB abgelaufen sei. Die großen Klubs in Italien seien eine ganz andere Nummer als die Vereine in der Bundesliga gewesen. Der BVB würde sich auch nicht am FC Bayern orientieren, sondern an Klubs wie Juventus Turin. Auf den Fluren von Inter Mailand würden Ölgemälde der Patrone des Klubs hängen, von Großindustriellen wie z. B. Angelo Moratti.

Als über dem BVB 2004 das Gespenst einer Insolvenz schwebte, war sein Schuldenberg geringer als der einiger italienischer und spanischer Topadressen. Aber in Italien und Spanien war die Akzeptanz von durch Investitionen in den Fußball verursachte Schulden größer als in Deutschland. Schließlich machte man Schulden für eine „gute Sache". Möglicherweise hatte sich Niebaum hiervon zu stark beeinflussen lassen. Aber Deutschland tickte in Sachen „Fußball-Schulden" anders als Italien oder Spanien. Auch in Dortmund gingen die Fans erst auf die Barrikaden, als das sportliche Ziel verfehlt und ruchbar wurde, dass der Verein sein Tafelsilber verscherbelte.

Sportliche Nachhaltigkeit

Wie kann man als Sportdirektor eigentlich gut und erfolgreich arbeiten, wenn man ständig Störgeräuschen ausgesetzt ist? Jonas Boldt, Sportchef des Hamburger SV, im bereits erwähnten *11 Freunde*-Gespräch: „Mein Eindruck ist, dass früher mehr darauf geschaut wurde, wer was gut gemacht hat, etwas entwickelt und als Vorbild dienen kann. Inzwischen geht es zunehmend darum, wer der Schuldige ist. (…) Dass es keine Garantie auf Erfolg gibt, akzeptierten die Menschen heute immer weniger. (…) Wir haben jetzt drei Jahre oben mitgespielt und werden auch in dieser Saison eine konkurrenzfähige Mannschaft haben. Aber es muss eben auch unser Anspruch sein, etwas Nachhaltiges aufzubauen. Es wäre unverantwortlich zu sagen: ‚Koste es, was es wolle – und wenn's nicht funktioniert, bin ich weg, nach mir die Sintflut.'" Boldt rät: „Die Kunst ist, bei sich zu bleiben, egal, wie es läuft. Nicht alles feiern und überhöhen, wenn es gut läuft, und nicht alles für schlecht halten, wenn nicht." Wobei dieses „Bei-Sich-Bleiben" nicht bedeuten sollte, dass man sich einigelt und generell äußeren Anregungen verschließt.

Aber wird eine solche Politik von der Öffentlichkeit honoriert? Nur wenn schnell spürbar ist, dass dies der richtige Weg ist. Auch ist ein solcher Weg in Freiburg oder Mainz eher vermittelbar als „auf Schalke", beim Hamburger SV und auch bei Werder – Traditionsvereine mit vielen Fans und einer ruhmreichen Vergangenheit. Hier ist die Erwartungshaltung besonders hoch. Nach einem Abstieg hat die Mannschaft sofort wieder ins Oberhaus zurückzukehren. Das Interesse der Medien, auch der überregionalen, ist größer als bei anderen Klubs. Auch gibt es in diesen Vereinen eine sehr große Anzahl von Menschen, die noch in der Vergangenheit schwelgen. Darunter auch ehemalige Funktionäre und Spieler, die der Boulevard dann in Stellung gegen die jeweils Verantwortlichen bringt. Ohne sich zu fragen, ob die „Alten" tatsächlich helfen können, ob sie nicht den Anschluss an eine sich rasant verändernde Fußballlandschaft verloren haben. Keine Krise, in der nicht jemand aus dem Hut gezaubert wird, der noch einmal erzählt, wie früher alles besser war, und was die heute Verantwortlichen alles falsch machen. Aber die Erfolge der Vergangenheit sind unter den veränderten Bedingungen der Bundesliga kaum zu wiederholen. Auch ein sofortiger Wiederaufstieg gestaltet sich schwieriger als noch vor 40 Jahren.

„Nicht alles feiern und überhöhen, wenn es gut läuft, und nicht alles für schlecht halten, wenn nicht." Vermutlich werden dies 90 Prozent aller Fans unterschreiben. Die Realität sieht aber anders aus. Und die Blutgrätsche kommt manchmal auch aus dem Milieu, das von sich behauptet, keine „Schönwetter-„ und „Erfolgsfans" zu sein, sondern „echte Fans" …

Die Angst spielt mit

Zu den Problemen des gegenwärtigen Fußballs gehört auch die Angst – die Angst der Sportdirektoren, der Trainer und der Spieler. Und über all dem die Mutter aller Ängste: die vor falschen Entscheidungen. Wenn Fans Sportdirektoren, Trainer und Spieler bedrohen, machen sie das Spiel nicht besser, sondern schlechter. Und entpuppen sich als das, was sie eigentlich nicht sein wollen: „Erfolgsfans". Und zwar solche der extremsten Art. Mit Mainz und Freiburg hatten Klopp, Streich und Finke Arbeitgeber, die konzeptionell und perspektivisch arbeiteten, anstatt hektisch auf den kurzfristigen Erfolg zu setzen. Die von der Arbeit ihrer Trainer überzeugt waren, auch in längeren Phasen des Misserfolgs. Auch in Bremen sah dies viele Jahre so aus. Viele behaupteten von sich, die Dinge nicht anders zu sehen als in Freiburg. Der Unterschied zu Freiburg ist allerdings: Kein Trainer muss sich dort an Meisterschaften und Champions-League-Abenden messen lassen. Deshalb hörte man in Bremen nach Heimspielen in Kneipen und Restaurants auch schon mal Töne, die es in Freiburg niemals geben würde.

Insolvenzen sind selten

Insgesamt ist die Zahl der Profiklubs, die tatsächlich in die Insolvenz gingen und anschließend verschwanden, erstaunlich gering. Jedenfalls im Vergleich zum Ausmaß der wirtschaftlichen Verwerfungen. Warum ist das so? Vermutlich ist der wichtigste Grund dafür der, dass zwar die allermeisten Klubs immer wieder bereit sind, wirtschaftliche Risiken einzugehen, um sich sportlich zu verbessern, dass sie aber dabei meistens gewisse Grenzen der Unvernunft nicht überschreiten. Dazu tragen auch die in der Bundesliga traditionell strengen Lizenzregeln der DFL bei. Insbesondere hinsichtlich der Liquidität werden die Klubs zurecht an einer kurzen Leine gehalten. Übertreiben sie das Risiko, droht ihnen der Lizenzverlust und damit der Verlust ihrer Existenzgrundlage.

Dietrich ist der Meinung, dass Fußballklubs, mindestens in bestimmten Regionen, zu wichtig sind, als dass sie aufgegeben werden. Die Politik müsse bedenken, was der Verlust des Klubs für die Community, die Attraktivität der Stadt und damit auch die lokale Wirtschaft bedeuten würde. Dietrich wurde als BVB-Fan sozialisiert. Als dem BVB

2004 die Insolvenz drohte, war er nie wirklich beunruhigt. Stets war er absolut sicher, dass es nicht so weit kommen würde. Der BVB war dafür einfach zu groß und zu bedeutend für die Bundesliga, die Stadt und die Region. Und dann dieses riesige Stadion, das berühmteste Baudenkmal der Stadt. Dietrich machte sich null Sorgen über ein Verschwinden seines Vereins. Der Verein würde einige Jahre im Mittelfeld der Tabelle herumdümpeln, im schlechtesten Falle vorrübergehend in die zweite Liga abstürzen – Schlimmeres würde ihm aber nicht zustoßen.

Selbst die Corona-Krise scheinen alle Klubs der ersten und zweiten Bundesliga überstehen zu können, wenn auch wie in Bremen unterstützt durch öffentliche Kredite und Bürgschaften.

Ungleiche Bedingungen

Schließlich soll hier noch erwähnt werden, dass sich die Welt der Bundesliga in den vergangenen Jahren in einer bedeutenden Weise verändert hat. Fußballklubs sind hinsichtlich ihrer juristischen Form nicht mehr alle gleich. Wir werden darauf später noch einmal intensiver schauen und aufzeigen, welche Auswirkungen das hat und welche Probleme daraus entstehen.

„Werksklubs", wie der VfL Wolfsburg und Bayer Leverkusen, gehören als Fußball-GmbHs Konzernen, die im Notfall in der Lage sind, Verluste „zu konsolidieren" und eine Insolvenz zu verhindern. Auch in Leipzig braucht sich niemand Sorgen zu machen, obwohl dort keine Sonderregelung besteht wie bei den Werksklubs oder in Hoffenheim, sondern hier werden eher auf kreative Weise die Regeln „interpretiert".

Für manche Klubs werden die Herausforderungen, sportliche Ambition und wirtschaftliche Vernunft in Balance zu bringen oder auch eine Krise wie die aktuelle zu überstehen, durch ihre Gesellschafterstruktur deutlich abgemildert. Machen Vereine wie der BVB oder Werder einen Verlust von 50 Mio. Euro, dann nehmen sie diesen, einfach gesagt, als reduziertes Eigenkapital mit ins nächste Jahr. Bei Wolfsburg oder Leverkusen verschwinden solche Verluste im Konzern, man startet wieder bei Null.

Aber auch Traditionsklubs sind nicht mehr alle gleich: Der BVB in Dortmund ist inzwischen eine börsennotierte KG auf Aktien, Bayern München ist eine Aktiengesellschaft mit den drei Gesellschaftern adidas, Allianz und Audi, die zusammen 25 Prozent der Anteile an der AG besitzen, als strategischen Partnern.

Auch Klubs wie Frankfurt, Stuttgart, der HSV oder der FC Augsburg werden von Gesellschaftern unterstützt. Manchmal sind das Unternehmen aus der Region, manchmal Mäzene – und manchmal auch internationale Investoren.

Schließlich gibt es aber auch noch eine Menge Klubs, die als Verein firmieren (Freiburg, Schalke u. a.) oder die Kapitalgesellschaften ausgegliedert haben, wo aber der Verein noch alleiniger Gesellschafter ist (Gladbach, Bremen u. a.). Ob man dort keine Investoren will, oder ob man keine findet, ist noch mal eine eigene Frage.

Manche dieser „normalen" Klubs sind in den vergangenen Jahren erfolgreich gewesen (Gladbach, Freiburg), andere sind in Schwierigkeiten geraten (Schalke, Bremen). Wie wir schon in diesem Kapitel gesehen haben, gibt es viele Faktoren, die über Erfolg und Misserfolg entscheiden. Es werden Fehler gemacht, gute oder schlechte Entscheidungen getroffen, und manchmal entscheidet auch der Zufall.

In der Bundesliga waren niemals alle gleich, schon immer gab es klein und groß, reicher und ärmer. Aber die Unterschiede waren nicht so groß wie heute. Die zweite Liga wirkt ausgeglichener als das Oberhaus und fühlt sich in dieser Hinsicht an wie die Bundesliga von vor 20 Jahren.

Wir wollen hier nicht behaupten, dass früher alles besser war – das war es nämlich nicht. Andererseits ist eine Grundidee im Sport, dass alle die gleichen Regeln beachten müssen. Nur dann ist sportlicher Wettbewerb fair und spannend. Nicht alle müssen gleich sein, aber alle sollten nach den gleichen Regeln spielen!

KAPITEL 11

Werder muss sparen ... und steigt ab

„Wenn man etwas für recht hält, muss man es auch tun."

HERMANN HESSE

Hatte Werder in der Saison 2018/19 über seine Verhältnisse gespielt? Vielleicht hatte Werder damals einige Punkte zu viel auf dem Konto, vielleicht waren die 53 Zähler nicht wirklich verdient, hatten die reale Leistungsstärke nicht korrekt wiedergegeben. So wie man in einer Saison mal Pech hat, hat man in einer anderen Saison Glück. Das Prinzip, das dahinterstecken könnte, nennt man Regression zum Mittelwert, wir werden noch darauf eingehen. Mit Daniel Kahneman gesprochen: Bei jedem Erfolg ist auch der Zufall dabei. Jede Erfolgsgeschichte ist nah dran, eine mittelmäßige Geschichte zu sein. Dies ist in der Wirtschaft so und gilt im Fußball vielleicht noch mehr.

Auch wenn Werder abgestiegen wäre: Der Verein hätte mit Florian Kohfeldt weitergemacht. Man war sich einig, dass es kein Naturgesetz sein darf, in der Krise immer gleich den Trainer zu entlassen. Man diskutierte, wer in Werders Lage der ideale Trainer sein könnte – und kam immer wieder bei Florian Kohfeldt an.

MARCO: Ich erinnere mich gut an unsere Pressekonferenz, in der wir die Ergebnisse unserer Analyse vorstellten. Mein Kollege im Aufsichtsrat, der Kommunikationsexperte Andreas Hoetzel, mit dem ich mich immer wieder eng über mediale Themen abgestimmt habe, hatte die gute Idee, dass das gesamte Führungsteam auf dem Podium sitzen sollte, also neben den sonst auch anwesenden Frank Baumann und Florian Kohfeldt auch der Präsident Hubertus Hess-Grunewald, der Sprecher der Geschäftsführung Klaus Filbry und ich als Vorsitzender des Aufsichtsrates. Andreas hatte Recht, dass dieses Bild der Geschlossenheit in dieser Situation wichtig war. Leicht wurde es trotzdem nicht.

„Alle, die denken, es gäbe nur die zwei Extreme – ‚Weiter so' und ‚rollende Köpfe' – werden wir nicht glücklich machen", so waren sinngemäß meine ersten Worte. Meine Botschaft sollte sein, dass wir einerseits bereit sein müssten, selbstkritisch auf die vergangene Saison zu blicken, eigene Fehler zu erkennen und notwendige Veränderungen vorzunehmen, dass auf der anderen Seite aber kein Automatismus akzeptiert werden dürfe, der nahelegt, es müsse immer Schuldige geben, die nur ausgetauscht werden müssten, danach würde alles besser werden.

Außerdem war ich der Meinung, dass wir nicht unsere Grundphilosophie aufgeben durften, unsere Werte sollten die Basis für unser Handeln bleiben. „Werder muss auch Werder bleiben", war dann die verkürzte Variante dieser Botschaft und wurde von Kritikern reduziert auf den völligen Verzicht von Veränderung. Behauptet wurde dann, es gehe mir und uns um ein einfaches „Weiter so".

DIETRICH: Frank Baumann und Florian Kohfeldt waren auch sehr selbstkritisch. Kohfeldt übernahm die Verantwortung für einen Teil der Verletzungen: „Das darf mir nicht mehr passieren. Getrieben von Ehrgeiz, den athletischen Status des Teams zu verbessern, das Spiel zu ändern und beflügelt von Ergebnissen der Diagnostik haben wir gedacht, dass das Team dafür bereit sei. Doch die Mannschaft war es nicht."

Und Baumann gab zu, dass er bestimmte Konsequenzen schneller hätte ziehen müssen. Außerdem seien die Transfers nicht aufgegangen: „Kaum bis keine der Ideen haben funktioniert", sagte er. Damit meinte er wohl besonders Davie Selke. Was war mit dem Kader? Wurde dessen Qualität von euch überschätzt?

MARCO: Qualität ist wahrscheinlich nicht das richtige Wort, die war schon vorhanden. Aber dem Kader mangelte es an Robustheit, sowohl physisch wie mental. Kaum ein Spieler erreichte als

Einzelspieler sein Normalniveau, und als Team war die „Summe der Teile“ dann noch mal kleiner! Aber wir befanden uns auch in einem Teufelskreis: Verletzungen, ständig wechselnde Aufstellungen, keine Automatismen, keine Flexibilität, Formschwäche, Misserfolge, mangelndes Selbstvertrauen – ich will hier nicht Dettmar Cramer zitieren …

DIETRICH: Mach ruhig!

MARCO: Der meinte: „Im Fußball hängt alles mit allem zusammen. Wenn ich mir am Hintern ein Haar ausreiße, tränt mir das Auge!“ Jedenfalls kann man sagen, dass Verletzungen, Fehleinschätzungen, schlechte Entscheidungen und vielleicht auch übertriebene Ambitionen und zu großer Ehrgeiz die Ursachen für die Krisensaison waren.

DIETRICH: Inzwischen hatte sich die Welt auch durch die Corona-Pandemie verändert. Auch die Fußballwelt. Das hat auch für euch im Sommer 2020 alles verändert …

MARCO: Wir haben bereits über die beiden Ziele gesprochen, die alle Klubs im Auge haben: sportlicher Erfolg und wirtschaftliche Stabilität. Trotz des glücklichen Klassenerhalts waren wir von der Pandemie finanziell schwer getroffen. Wir haben im Aufsichtsrat wiederholt über verschiedene Szenarien diskutiert. Beim Worst-Case-Szenario (vermutlich 17 Heimspiele ohne Zuschauer und keine Transfereinnahmen bis zum Sommer 2021) für die Saison 2020/21 gab es ernsthafte Diskussionen über Maßnahmen gegen eine mögliche Insolvenz.

Fokus auf Finanzen

Wieso wurde Werder so hart getroffen? Ging es den anderen besser? Manchen ging es besser, andere waren vermutlich nur nicht so transparent wie Werder. Und wir haben schon erwähnt, dass der Klub nicht nur wie zu allen Zeiten auf Transfererlöse angewiesen war, sondern ein Jahr zuvor ein zusätzliches Risiko von ca. 15 Mio. Euro eingegangen war. Der Marktwert des Kaders war aber durch die Pandemie, durch die vielen Verletzungen und auch durch den sportlichen Misserfolg komplett eingebrochen.

Bedingt durch die Pandemie gab es außerdem keinen funktionierenden Transfermarkt, alleine in den Top-Fünf-Ligen wurden über drei Milliarden Euro weniger Transferausgaben getätigt als üblich. „Seit März 2020 hat die Pandemie unseren Verein und unsere Branche vor extreme Herausforderungen gestellt", sagt Frank Baumann. „Der Spielbetrieb stoppte, die Vereine kämpften und kämpfen auch heute noch um das wirtschaftliche Überleben. Obwohl wir mehrere Jahre hintereinander ein positives Ergebnis erzielt hatten, hatten wir nun eine existenziell bedrohliche, wirtschaftliche Krise mit Verlusten in zweistelliger Millionenhöhe."

Die allermeisten Klubs der ersten und zweiten Bundesliga haben seit dem Beginn der Corona-Pandemie signifikante Verluste erlitten und negative Ergebnisse erwirtschaftet. Die im Frühjahr 2022 veröffentlichten Zahlen der DFL bestätigen, dass die Umsätze der ersten und zweiten Liga in der Pandemie um mehr als eine Milliarde Euro eingebrochen sind.

Reduzierte Einnahmen gab es in allen Kategorien, am stärksten waren die Negativeffekte im Bereich Spielbetrieb, also vor allem durch fehlende Ticketeinahmen aufgrund von sogenannten „Geisterspielen". Aber auch in den anderen Bereichen (Media, Sponsoring, Merchandising) brachen die Einnahmen ein. Wie existenzgefährdend das war und ist, kann hier noch nicht abschließend beurteilt werden, aber es ist einleuchtend, dass die Klubs, die Konzerne als Gesellschafter haben, im Vorteil sind. Hier können Verluste im Konzern konsolidiert werden. Ebenso gilt aber natürlich auch, dass jene Klubs, die eine starke Eigenkapitalquote besaßen, weil sie gut gewirtschaftet hatten, im Vorteil waren und sind gegenüber denjenigen, die sehr riskant am „Rattenrennen" teilgenommen haben.

Die kaum nachvollziehbare, erwähnte Summe von drei Milliarden Euro, die innerhalb der Top-Fünf-Ligen weniger am Transfermarkt investiert wurden, ist ein guter Hinweis auf die Auswirkungen auf die Branche. Auch in Deutschland, wo man seit vielen Jahren einen ausschließlich wachsenden Markt erlebt hatte, wurde man nun vorsichtiger, und es musste (fast) allerorts gespart werden.

Die Herausforderung zu sparen ist für viele Klubs ähnlich, für Klubs wie Werder aber, die regelmäßig auf Netto-Transfererlöse angewiesen sind, war der eingebrochene Transfermarkt ein echtes Problem. Darüber hinaus waren auch die vor Corona getätigten Leihgeschäfte (Selke, Bittencourt, Toprak) kritisch zu bewerten. Die Marktwerte hatten sich einfach stark verändert. Vorauszusehen war auch das nicht.

Die veränderte Situation für Werder

Als die Verantwortlichen im August 2020 im Trainingslager im Zillertal zusammenkamen, war Krisenmanagement angesagt. Auch wenn das Jahresergebnis der Saison 2019/20 im Detail noch nicht vorlag, war klar, dass Werder einen Verlust von mehr als 20 Mio. Euro einfahren würde. Bezogen auf die abgelaufene und die folgende Saison wurden pandemie-bedingte Einnahmeverluste von mindestens 30 Mio. Euro kalkuliert.

Die Konsequenz, die man aus dieser kritischen Lage und der düsteren Prognose zog, lautete, den Fokus nun konsequent auf die Bewältigung der wirtschaftlichen Krise zu legen. Diesmal musste man bereit sein, *sportlich* ins Risiko zu gehen. Werder musste im Sommer 2020 alles dafür tun, um wirtschaftlich zu überleben und keine Insolvenz zu riskieren.

Das bedeutete zum einen, dass man bereit sein musste, Stammspieler zu verkaufen, sofern sich Interessenten auftaten. Und es bedeutete, auf alle Transfers zu verzichten, bei denen eine Ablöse fällig geworden wäre. Erzielte Einnahmen konnten nicht dafür genutzt werden, die entstandenen Lücken adäquat zu füllen. „Wir konnten exakt null Euro Ablöse ausgeben und haben damit sechs neue Spieler geholt", sagt Frank Baumann. „Diese sechs verdienen zusammen weniger als ein einzelner Spieler von denen, die wir abgegeben haben. Wir haben das Gehaltsgefüge also deutlich reduziert."

Stellvertretend für diese radikalen Einschnitte stand die Tatsache, dass nicht versucht wurde, Davy Klaassen eins zu eins zu ersetzen. Anfang Oktober 2020 – das „Transferfenster" war wegen Corona länger offengeblieben – wechselte der Mittelfeldspieler für eine Ablöse von 11,7 Mio. Euro zu Ajax Amsterdam. In der Saison 2019/20 hatte Klaassen zu Werders besten und zuverlässigsten Spielern gehört. In der Bundesliga fehlte der Niederländer nur einmal. In 33 Spielen erzielte er sieben

Tore und bereitete sechs vor. 2020/21 war der niederländische Nationalspieler nur noch in den ersten drei Bundesligaspielen dabei. Zweimal trug er die Kapitänsbinde. Diese beiden Spiele endeten mit Siegen von Werder.

Auch Milot Rashica wollte Werder verlassen, doch mit verschiedenen Klubs gab es zwar Gespräche, aber keine Einigung. Ein Wechsel nach Leverkusen platzte am letzten Tag der Transferperiode.

Nach alternativen Strategien zum Sparkurs gefragt antwortete Baumann später: „Hätte Werder auf diesen extremen Sparkurs verzichtet, wäre der Preis gewesen, dass es Werder jetzt nicht mehr geben würde. Ein Abstieg ist dramatisch, aber nicht das Ende. Wenn wir irgendwann die Rechnungen nicht zahlen können, dann ist das das Ende. Und das wäre passiert, hätten wir einen Neuen geholt."

Florian Kohfeldt war verständlicherweise sehr enttäuscht, dass Werder Davy Klaassen abgab und keinen adäquaten Ersatz verpflichtete. Frank Baumann kann das auch im Rückblick nachvollziehen „Es war uns klar, dass wir nach dem Weggang von Davy Klaassen im Mittelfeld ein Riesenloch haben und qualitativ deutlich schlechter besetzt waren." Als Kohfeldt warnte, dass die Qualität des Kaders nicht so hoch sei wie im Jahr davor und dass es gefährlich werden könnte, waren sich alle einig, dass man sich von dem Ziel Europa verabschieden müsse.

Das Ziel wurde den neuen Bedingungen angepasst und wurde wahlweise mit den Worten „stabil in der Liga bleiben" oder „möglichst nichts mit dem Abstieg tun zu haben" formuliert. Ergänzt wurde dies durch das weiche Ziel der „Entwicklung von jungen Spielern". Darauf konnten sich alle Entscheidungsträger im Verein verständigen.

Siebenmal ungeschlagen, elf Punkte

Werder startete gegen Hertha BSC mit einer 1:4-Heimniederlage, die die Skeptiker zu bestätigen schien. Am zweiten Spieltag wurde der Fehlstart mit einem 3:1-Sieg „auf Schalke" korrigiert. Dass Schalke am Ende mit nur 17 Punkten weit abgeschlagen Letzter werden würde, ahnte zu diesem Zeitpunkt noch niemand. Es folgten ein 1:0-Heimsieg gegen Bielefeld und fünf 1:1-Remis. Wir haben schon erwähnt, dass eine solche Serie von Unentschieden sehr ambivalent ist. Positiv gesehen war Werder nun seit sieben Spielen ungeschlagen und die Remis beim amtierenden Meister und frisch gebackenen Champions-League-Sieger Bayern München sowie bei Eintracht Frankfurt rochen nicht nach einem Abstiegskandidaten. In der Allianz Arena war Werder sogar zunächst in Führung gegangen. Der *kicker* vergab die beste Spielernote an Bayern-Keeper Manuel Neuer. Aber unterm Strich standen nach dieser Serie ungeschlagener Spiele nur elf Punkte.

Es folgten vier Niederlagen, drei davon gegen Klubs, die sich später für die Champions League qualifizierten: In Wolfsburg und Leipzig unterlag man mit 3:5 bzw. 0:2, gegen Dortmund daheim mit 1:2. Bis zum Ende der Hinrunde gewann Werder noch in Mainz (1:0) und im Weserstadion gegen Augsburg (2:0). Zur Halbzeit war Werder Dreizehnter mit nur drei Punkten mehr als die Mannschaft auf dem Relegationsplatz. Werder hatte zu häufig unentschieden gespielt (sechsmal) und zu selten gewonnen (viermal). Von den beiden festen Abstiegsplätzen trennten Werder allerdings satte elf Punkte. Diese wurden von Mainz und Schalke besetzt.

Viel Lob für Baumann

Im Dezember 2020 verlängerte Werder den Vertrag mit Frank Baumann. Die *Deichstube* lobte die Entscheidung der Werder-Verantwortlichen als „umsichtig, weil es Frank Baumann – trotz der teuren und letztlich unglücklichen Transfers sowie des Fast-Abstiegs im Vorjahr – grundsätzlich zuzutrauen“ sei, dass er mit Werder die Kurve kriegen und den Verein wieder in weniger bedrohliche Tabellenregionen führen würde.

Und tatsächlich hatte der Mann mit der stets ruhigen Art in der Vergangenheit mehrfach bewiesen, dass er sein Metier beherrscht. Auch der *kicker* lobte die Entscheidung der Werder-Verantwortlichen. Zwar habe Baumann ab Sommer 2019 bei seiner Kaderpolitik kein glückliches Händchen mehr bewiesen. Zur fairen Beurteilung gehöre aber auch, den Anteil der Corona-Krise zu berücksichtigen. Ohne die Auswirkungen der Pandemie hätten Füllkrug, Bittencourt, Toprak und Selke zwar auch keine besseren Leistungen gebracht, „in wirtschaftliche Schieflage wäre Werder aber nach menschlichem Ermessen nicht geraten“. Mit seiner Personalwahl habe Baumann seit Amtsantritt im Sommer 2016 die Skeptiker häufig genug eines Besseren belehrt. „Ob mit der Verpflichtung von Max Kruse, der Rückholaktion von Claudio Pizarro, der Rekrutierung des bis dato unbekannten Jiri Pavlenka oder dem Aufspüren heißer Aktien wie Thomas Delaney und Milot Rashica." Baumann wurde zugutegehalten, dass er die „geschrumpften Ambitionen bar jeder Schönfärberei auf den Punkt bringt. Wohltuend realistisch, selbstkritisch und uneitel zugleich." Rein sportlich scheine für Werder „womöglich auf Jahre hinaus Mittelmaß das höchste der Gefühle." Das Fachblatt attestierte Baumann und Marco als Aufsichtsratschef „maximales Verantwortungsbewusstsein".

Baumanns Vertrag wurde allerdings nur bis zum Sommer 2022 verlängert. Normalerweise hat man auf dieser Position einen Zeithorizont von drei Jahren. Pandemiebedingt war die Mitgliederversammlung auf das Frühjahr 2021 verschoben worden. Auf dieser stand eine Neuwahl des Aufsichtsrats an. Ein danach anders besetzter Aufsichtsrat sollte die Möglichkeit haben, die Situation neu zu bewerten. Von dort bis zum Ende der Laufzeit des Vertrags war es dann zwar immer noch ein Jahr, aber bei einer Zusammenlegung der noch verbleibenden Amtszeit mit der von Baumann hätte die Gefahr bestanden, dass der Klub in seiner Personalplanung in ein Chaos gelaufen wäre. „Dann wäre der Verein auf mehrere Monate zugesteuert, in denen während der heißen Planungsphase für die kommende Saison völlig offen ist, unter wessen sportlicher Führung sie läuft", heißt es bei der *Deichstube*: „Und das wäre mit Sicherheit kein ideales Vorgehen gewesen."

Trügerische Sicherheiten

Die Rückrunde begann mit einem 4:1-Auswärtssieg bei Hertha BSC, aber einen Spieltag später musste man sich daheim gegen den Tabellenletzten Schalke mit einem 1:1 begnügen. Am 22. Spieltag besiegte Werder den Tabellenvierten Eintracht Frankfurt überraschend mit 2:1, nachdem man zunächst mit 0:1 in Rückstand geraten war.

Am 24. Spieltag spielte Werder beim abstiegsbedrohten 1. FC Köln unentschieden (1:1). Bis sieben Minuten vor Schluss lag Werder in Führung, dann ermöglichte ein Patzer von Pavlenka den Gastgebern den Ausgleich. Das Spiel war über weite Strecken wenig erbaulich. Werder verbuchte nur 32 Prozent Ballbesitz. Und wenn Werder den Ball hatte, fehlten die Ideen. Die *Deichstube* kritisierte Werders zögerliche Herangehensweise an das Spiel und fragte: „Warum nicht mal mehr riskieren, warum nicht aufs anfängliche Abwarten verzichten?"

Am 10. März 2021, einem Mittwochabend, bestritt Werder auf der Bielefelder „Alm" ein Nachholspiel. Für Werder war es das 24ste Bundesligaspiel in dieser Saison. Die *Süddeutsche Zeitung* schrieb in ihrer Vorschau: „So lange zittern wie in der vergangenen Saison wollen sie in Bremen in diesem Jahr auf keinen Fall. Nach der Rettung in der Relegation 2020 soll der Klassenverbleib dieses Mal früher perfekt gemacht werden. Schon mit einem Sieg im Nachholspiel bei Arminia Bielefeld könnte Werder den wohl vorentscheidenden Schritt in Richtung gesichertes Mittelfeld machen und damit jenen ‚existenziellen Druck' verhindern, den Werder-Coach Florian Kohfeldt seiner zum Teil jungen und unerfahrenen Mannschaft so gern ersparen würde. (...). Die Norddeutschen wären mit einem Dreier in Bielefeld so gut wie gerettet."

Frank Baumann stellte klar, dass die Situation für Werder auch nach einem Sieg auf der „Alm" herausfordernd bleiben würde – nicht nur sportlich. Die *Süddeutsche Zeitung* schaute bereits eine Spielzeit weiter: „Werder wird im Sommer Stammspieler verkaufen müssen. Als Verkaufskandidat Nummer eins gilt weiter Stürmer Milot Rashica, der im vergangenen Sommer fast schon in Leverkusen war, ehe der Wechsel in letzter Minute doch noch platzte. Die erhofften 30 Millionen Euro, die Werder für den Kosovaren aufgerufen hatte, dürften in Zeiten von Corona aber kaum zu erzielen sein."

Werder drohe im Sommer ein größerer Umbruch, „weil es den einen Star, der das finanzielle Loch mit einer großen Ablöse alleine stopft, eben nicht gibt." Da die Erlöse angesichts der schwierigen finanziellen Situation aber nicht wieder in den Kader investiert werden könnten, sei von Werder auch in der neuen Saison „maximal Mittelmaß" zu erwarten. „Der Traum von Europa, der vor der Katastrophen-Saison 2019/20 so sehr lebte, ist erst einmal in weite Ferne gerückt."

Auch auf der „Alm" war von Werder dann allerdings in den ersten 45 Minuten nichts zu sehen. Die Mannschaft begnügte sich mit unzähligen langen Bällen, was sicherlich auch den miserablen Platzverhältnissen geschuldet war. Und zu allem Unglück kamen diese kaum beim Mitspieler an. Erst nach dem Wiederanpfiff wachte Werder auf und gewann am Ende glücklich mit 2:0.

Florian Kohfeldt ordnete den Sieg richtig ein und bemängelte die Spielweise seiner Mannschaft. Arminia sei „einen Tick die bessere Mannschaft“ gewesen. Werder habe nicht den Mut besessen, „hinten rauszuspielen. Mit Ball war es einfach schlecht. Ich hoffe, dass sich mit diesem Schritt jetzt der Mut weiterentwickelt, dass wir da rausspielen. (…) Ich habe es ja schon 100-mal gesagt, ich würde total gerne anderen Fußball spielen, aber als Trainer ist es die höchste Pflicht, eine Mannschaft so einzustellen, dass man Punkte sammelt.“

Von den zehn Spielen gegen die Vereine, die in der Tabelle hinter Werder standen, hatte die Mannschaft nur ein einziges verloren. 21 Punkte wurden in diesen Begegnungen eingefahren, somit gut zwei Punkte pro Spiel. Ging man nur nach den Ergebnissen, war dies die Statistik einer Mannschaft, die mit „denen da unten“ nichts zu tun hatte. Werder hatte nun nach 24 Spielen 30 Punkte auf seinem Konto – 13 mehr als zum gleichen Zeitpunkt in der vorherigen Saison. Damals hatte Werder erst 17 Zähler eingesammelt und lag auf Platz 17 – vier Punkte hinter dem Relegationsplatz und acht Punkte hinter dem sicheren Rang 15. Ein Jahr später hatte Werder satte elf Punkte mehr auf seinem Konto als der Tabellensechzehnte. Was sollte da noch passieren? 30 Punkte waren nur drei weniger als nach 24 Spielen im „Superjahr“ 2018/19. In den elf Spielzeiten 2010/11 bis 2020/21 hatte Werder nur dreimal nach 24 Spieltagen mehr Punkte eingesammelt.

Björn Knips schrieb in der *Deichstube*: „Glückwunsch, Werder Bremen! Nicht mal kühnste Optimisten hätten nach dem Fast-Abstieg und dem personellen Aderlass daran geglaubt, dass der Klassenerhalt schon am 24. Spieltag geschafft ist.“ Knips hatte diese Einschätzung mitnichten exklusiv.

Nach außen widersprachen der Trainer und die sonstigen Verantwortlichen der Einschätzung, dass der Klassenerhalt so gut wie gesichert sei. In ihren Köpfen sah das etwas anders aus – auch in dem des Trainers. Man war sich ziemlich sicher, dass man es geschafft habe. Frank Baumann: „Nach der Partie in Bielefeld und elf Punkten Vorsprung auf einen Abstiegsplatz machte sich vielleicht unbewusst bei einigen ein Gefühl breit, bereits durch zu sein.“ Zwar kamen noch sehr schwere Spiele, aber man sagte sich: „30 Punkte haben wir schon. Von den verbleibenden zehn Spielen werden wir doch wohl noch zwei, drei gewinnen!“ Dies ist bei Lichte betrachtet auch menschlich. Man versichert sich: „Ich will das nicht denken. Du willst nicht denken, dass du es schon geschafft hast." Aber man denkt es trotzdem. Das lässt sich kaum kontrollieren.

Der Plan geht nicht auf

Für zwei Drittel der Saison schien es so, als würde Werders Plan aufgehen. Bis zum 25. Spieltag spielte Werder eine deutlich stabilere Saison als im Jahr davor. Von den nach Bielefeld folgenden fünf Gegnern waren vier Mannschaften, die sich am Ende der Saison für die Champions League qualifizierten.

Am 25. Spieltag unterlag Werder den Bayern im Weserstadion mit 1:3. Am 26. Spieltag durfte Werder erneut zu Hause antreten und verlor gegen den VfL Wolfsburg mit 1:2. Eine Woche später unterlag man auch in Stuttgart, wodurch der Vorsprung auf den Relegationsplatz auf fünf Punkte schmolz. Langsam, aber sicher machte sich Nervosität breit. Zumal die folgenden Gegner RB Leipzig und Borussia Dortmund hießen. Die Begegnungen gingen jeweils mit 1:4 verloren. Jetzt waren es nur noch vier Punkte bis zum Relegationsplatz.

Am 30. Spieltag kam Mainz 05 ins Weserstadion. Die Mannschaft war die Überraschung der Rückrunde. In der Hinrunde konnte Mainz nur sieben Punkte verbuchen, elf weniger als Werder, und galt schon als sicherer Absteiger. Nun trennten die Mainzer von Werder nur noch zwei Zähler. Anfang Januar 2021 hatte mit Bo Svensson ein langjähriger Spieler und Jugendtrainer des Vereins die Mannschaft übernommen, der zuletzt den österreichischen Zweitlisten Liefering trainiert hatte, ein „Farmteam" von RB Salzburg. Der Däne gab Mainz die verlorengegangene spielerische DNA zurück. Unter seiner Leitung mutierten die „Nullfünfer" zu einer Mannschaft, die nicht nur mit-, sondern auch füreinander spielte. Svensson war nicht der einzige Heimkehrer. Einige Tage zuvor war schon Manager Christian Heidel an die alte Wirkungsstätte zurückgekehrt. 2016 hatte Heidel nach 16 Jahren Mainz Schalke 04 übernommen, aber die neue Beziehung funktionierte nicht. Schalke war eben ganz anders als Mainz. Der dritte Heimkehrer war Ex-Trainer Martin Schmidt, der nun die neu geschaffene Position des Sportdirektors bekleidete. Werder-Kritiker meinen, Werder sei zu viel „Familie". Mainz bewies eindrucksvoll, dass Familie nicht per se schlecht sein muss.

Werder unterlag dem am Ende fünftbesten Rückrundenteam – Mainz holte hier 32 Zähler, nur drei weniger als Vizemeister BVB und einen mehr als Werder in der gesamten Saison – mit 0:1. Aber Werder hatte auch Pech: Kurz vor dem Halbzeitpfiff nahm Schiedsrichter Marco Fritz einen korrekt erzielten Treffer wieder zurück – nach Zuhilfenahme des VAR, der sich beim vermeintlichen Ausgleich zu Unrecht eingeschaltet hatte. Für den *kicker* war es, „das muss man letztlich sagen, eine spielentscheidende Fehlentscheidung".

In der Abwärtsspirale

Auch bei Union Berlin zog Werder mit 1:3 den Kürzeren. Drei Spieltage vor Schluss hatte Werder nur noch einen Punkt mehr als das Team auf dem Relegationsplatz, der 1. FC Köln. Längst drohte aber auch der direkte Abstieg.

Für Werder stand als nächstes das Pokalhalbfinale gegen RB Leipzig auf dem Programm. Vor dem Spiel beschäftigten sich die Verantwortlichen sehr intensiv mit einem möglichen Trainerwechsel. Geschäftsführung und Aufsichtsrat tagten noch in der Nacht nach der Niederlage bei Union, und am nächsten Tag sprach man auch noch mal intensiv mit Florian Kohfeldt. Man entschied, zusammen weiterzumachen, aber das Kräftemessen mit RB zum Endspiel für den Trainer auszurufen. So hoffte man noch mal einen neuen Reiz setzen zu können.

Die Rechnung schien aufzugehen, trotz einer 1:2-Niederlage. Im Weserstadion gelang es Werder immerhin, die hochfavorisierten Gäste in die Verlängerung zu zwingen. Leipzigs Siegtreffer fiel erst in der 121. Minute. Was wäre gewesen, hätte Werder die Nachspielzeit unbeschadet überstanden? Das folgende Elfmeterschießen wäre eine völlig offene Sache gewesen. Der spätere Absteiger war vom Einzug ins Pokalfinale gar nicht weit entfernt.

Nach dem engagierten Auftritt im Pokal war es unmöglich, den Trainer zu entlassen. Die Fans wären auf die Barrikaden gegangen. Die Rechnung der Verantwortlichen schien weiter aufzugehen, als Werder am 32. Spieltag nach acht Bundesliganiederlagen in Folge erstmals wieder ein Punktgewinn gelang. Im Weserstadion trennten sich Werder und der spätere Sechste Leverkusen torlos – mit 37 Prozent Ballbesitz und dank des starken Keepers Jiri Pavlenka. Der *kicker* konstatierte: „Tendenz passt.“ Ein tapferer Vortrag gegen Leipzig, ein 0:0 gegen Leverkusen – das Thema Kohfeldt war auch für die Medien vom Tisch.

Das Ende

Am 33. Spieltag musste Werder beim FC Augsburg antreten, einem direkten Konkurrenten im Abstiegskampf. In der 13. Minute flog bei den Gastgebern Vargas vom Platz. Anschließend ließ Werder gleich mehrere Torchancen aus. Zur Halbzeit stand es 0:0, was aus Augsburger Sicht etwas glücklich war. Bei Werder ging Christian Groß mit Gelb vorbelastet in die Kabine. Vielleicht hätte man ihm die zweite Halbzeit ersparen sollen. Denn vier Minuten nach dem Wiederanpfiff sah Groß nach einem Foul an Niederlechner Gelb-Rot. Im weiteren Verlauf schoss Augsburg zwei Tore.

Der Platzverweis kam nicht überraschend. Man kennt das: Schickt der Schiedsrichter einen Spieler von Team A vorzeitig zum Duschen, wächst die Gefahr, dass im weiteren Verlauf auch ein Spieler von Team B gehen muss. Und Christian Groß war ein Kandidat dafür.

Die Niederlage in Augsburg raubte auch noch den letzten Rest an Selbstvertrauen. Nach den ersten drei Niederlagen sind es noch immer sieben Spiele, in denen man fünf, maximal sechs Punkte holen muss. Aber dann sind es nur noch fünf, vier, drei, zwei … Und vor jedem Spiel kann man sich weniger damit beruhigen: Gewinnen wir heute nicht, dann gewinnen wir nächste Woche. Oder in 14 Tagen. Einem Viertel-Endspiel folgt ein halbes Endspiel und so weiter. Der zur Verfügung stehende Spielraum wird immer enger, der Druck wächst. Und mit jeder Niederlage verliert man ein Stück Selbstvertrauen.

Nach dem Augsburg-Spiel war Florian Kohfeldt anzumerken, dass er verunsichert war. Frank Baumann und auch Marco waren nicht mehr so überzeugt, dass das nächste Jahr in dieser Konstellation noch funktionieren kann – selbst dann nicht, wenn der Klassenerhalt gelingen sollte. Dieser Gedanke war auch der zentrale Grund für die nun folgende Entscheidung.

Vor dem letzten Spieltag gegen Borussia Mönchengladbach wurde Florian Kohfeldt dann tatsächlich freigestellt und durch Thomas Schaaf ersetzt. Frank Baumann: „Wir reagierten so vor dem letzten Spiel, um noch einmal einen letzten Impuls setzen zu können. Aufgrund der sehr kurzen Vorbereitungszeit brauchten wir einen Trainer, der die Mannschaft nicht lange kennenlernen musste und mit seiner Art und seiner Erfahrung den Spielern schnell eine klare Linie und Selbstvertrauen vermitteln kann.“

Aber auch Thomas Schaaf konnte nichts mehr retten. Im Weserstadion ging Gladbach bereits in der dritten Minute durch den starken Lars Stindl in Führung. Schlechter konnte das Finale nicht beginnen. Werder benötigte einige Minuten, um sich von dem Schock zu erholen. In der 19. Minute hatte Davie Selke die Riesenchance zum Ausgleich. Aber anstatt den Ball ins leere Tor zu schieben, schoss er nur Gladbachs Keeper Yann Sommer an. Eine Szene, die typisch für das war, was sich in dieser Saison häufig vor dem gegnerischen Tor abspielte. Werder startete mutig in die zweite Halbzeit, verbuchte auch den ersten Abschluss durch Gebre Selassie, kassierte aber kurz darauf das 0:2. Danach war die Partie gelaufen. Am Ende gewann Gladbach – nach einer zwischenzeitlichen 4:0-Führung – mit 4:2.

Letzte Spieltage haben manchmal ihre eigenen Gesetze und verrückte Sachen passieren. Aber der verzweifelte Versuch, durch den Trainerwechsel zu Schaaf, das drohende Schreckensszenario noch einmal abzuwenden, war gescheitert. Für Werder endete eine Serie von zehn sieglosen Spielen (neun Niederlagen, ein Remis) auf Platz 17 und mit dem zweiten Abstieg nach 1980. Das 41. Bundesligajahr in Folge sollte also einstweilen das letzte sein.

EINWURF

Traditionsklubs als Absteiger (2011/12 – 2020/21)

2011/12: Hertha BSC, 1. FC Köln, 1. FC Kaiserslautern
2012/13: Fortuna Düsseldorf
2013/14: 1. FC Nürnberg, Eintracht Braunschweig – der Hamburger SV rettet sich in der Relegation
2014/15: Der Hamburger SV rettet sich in der Relegation
2015/16: VfB Stuttgart, Hannover 96 – Eintracht Frankfurt rettet sich in der Relegation
2017/18: Hamburger SV, 1. FC Köln
2018/19: Hannover 96, 1. FC Nürnberg, VfB Stuttgart

2019/20: Fortuna Düsseldorf – Werder Bremen rettet sich in der Relegation
2020/21: Werder Bremen, Schalke 04 – 1. FC Köln rettet sich in der Relegation

Von den aufgeführten Absteigern spielen in der Saison 2021/22 in der ersten Bundesliga:
1. FC Köln, VfB Stuttgart, Hertha BSC

KAPITEL 12

Glück und Zufall

„So ist Fußball, manchmal gewinnt der Bessere!"

LUKAS PODOLSKI

Am neunten Spieltag der Zweitligasaison 2021/22 gelang dem Hamburger SV beim Tabellenletzten Aue erst in der fünften Minute der Nachspielzeit der Ausgleich zum 1:1, was auch das Endergebnis war. Der HSV hatte einen ganz schwachen Auftritt abgeliefert. Die vorherrschende Meinung war: Der Punktgewinn ist unverdient.

Nicht der HSV erzielte den Ausgleich, sondern ein Spieler des Gastgebers, der einen Ball völlig unbedrängt ins eigene Tor köpfte. Von einem „Expected Goal“ konnte nicht die Rede sein. Da solche Treffer, die nichts mit einer Torvorbereitung zu tun haben, im Fußball ziemlich häufig vorkommen, findet Arnd Zeigler stets ausreichend Stoff für sein „Kacktor des Monats“.

Wir alle lieben den Fußball, weil man meistens nicht weiß, wie das Spiel ausgeht. Fußball ist ein sogenanntes „low scoring game“, also ein Spiel, in dem wenige Tore fallen. Ein einzelnes Tor hat im Fußball eine so große Bedeutung, dass Kleinigkeiten spielentscheidend sein können: ein Schuss an den Innenpfosten (nur ein halber Zentimeter fehlte zum Erfolg), eine Schiedsrichterentscheidung, eine Standardsituation – eine einzige Aktion reicht zuweilen aus, um eine ganze Partie zu entscheiden. Und diese eine Situation kann sehr zufällig entstehen. „Bei anderen Sportarten wie Basketball ist die Wahrscheinlichkeit viel, viel größer, dass sich die Qualität am Ende durchsetzt“, sagt der ehemalige Spieler und heutige TV-Experte Thomas Broich. „Man sagt im Basketball eigentlich nie, dass das schlechtere Team gewonnen hat. Im Fußball ist das ganz leicht möglich, weil es diesen Faktor Zufall gibt.“

Es gehört also zur Natur des Fußballs, dass Überraschungen hier viel häufiger vorkommen als in anderen Ballsportarten. Deshalb hat man es im Fußball, wenn es um die Erfolgsfaktoren geht, so häufig mit Wahrscheinlichkeiten zu tun und nicht mit einfachen Tatsachen.

Wir haben bereits beschrieben, dass wir Menschen Geschichten lieben und kausale Zusammenhänge, am liebsten ganz einfache. Davon leben auch die Medien. Wenn es um Wahrscheinlichkeiten geht oder um komplexe Ursachen, fühlt sich unsere Intuition nicht mehr so wohl, und wir werden häufig Opfer von Verzerrungen und Denkfehlern. Diese sind nur überwindbar durch sorgfältiges, rationales Analysieren – aber das ist eben anstrengend.

Am Ende einer Saison wird stets nüchtern konstatiert: „Die Tabelle lügt nicht." Aber stimmt das wirklich? War der 1. FC Köln in der Saison 2016/17 tatsächlich das fünftbeste Team der Liga? Die Domstädter hatten nur zwölf ihrer 34 Spiele gewonnen und beendeten die Spielzeit punktgleich mit dem Tabellensechsten Hertha BSC. Und war der Viertplatzierte VfL Wolfsburg in der Saison 2020/21 wirklich um einen Punkt besser als Eintracht Frankfurt, das dadurch die Champions League verpasste?

Als Zufall oder als zufällige Ereignisse gelten im Fußball Spielaktionen, die nicht geplant sind, die auch nicht wirklich trainiert werden können: abgefälschte Schüsse, Bälle, die vom Pfosten zum Torschützen abprallen, Treffer, die unabsichtlich von einem Abwehrspieler vorbereitet werden, Eigentore. Viele Tore fallen beim Fußball vollkommen überraschend. Wenn man die Spielaktion anschließend analysiert, wird deutlich: Das war so gar nicht geplant. Der Schuss wurde abgefälscht, wodurch sich die Flugbahn des Balles so veränderte, dass der Keeper nicht reagieren konnte. Wäre der Ball so aufs Tor gekommen, wie er vom Schützen geschossen wurde, hätte der Keeper ihn pariert.

Die Forschung im Fußball fokussiert sich stark auf die Analyse von Erfolgsfaktoren. Die Bedeutung des Zufalls wird häufig ignoriert. Wissenschaftler um Professor Dr. Daniel Memmert von der Sporthochschule Köln untersuchten insgesamt 7.263 Tore, die in der englischen Premier League in den Saisons 2012/13 bis 2018/19 fielen. Es war die bis dahin größte Big-Data-Studie zum Faktor Zufall im Profifußball. Veröffentlicht wurde sie 2021 in der Zeitschrift „Journal of Sport Sciences". „Die Ergebnisse unterstreichen die wesentliche Rolle des Zufalls", schreibt Fabian Wunderlich, Erstautor der Studie, „da fast jedes zweite Tor durch glückliche Umstände begünstigt wurde." Von den 2451 ausgewerteten Spielen endeten mehr als 60 Prozent entweder mit einem Unentschieden oder mit einer Differenz von einem Tor. „Ein einziges zufälliges Tor kann also ausreichen, um den Spielausgang wesentlich zu verändern", schreibt Memmert. „Somit hat der Zufall nicht nur beim Tor selbst eine hohe Relevanz, sondern spielt auch für den Spielausgang eine entscheidende Rolle."

Allerdings sei der Anteil an Zufallstoren über die sieben ausgewerteten Jahre von 50 Prozent auf 44 Prozent gesunken. Dies könne damit zusammenhängen, dass in der Spielvorbereitung immer professioneller und datenbasierter vorgegangen werde und Spieler technisch und taktisch immer besser ausgebildet seien. Oder ist auch das nur wieder eine mögliche kausale Erklärung, die uns einfällt, und die Veränderung basiert tatsächlich nur auf Zufall?

Die „Regression zum Mittelwert"

Stellen Sie sich vor, Sie wären Trainer einer U-17-Mannschaft, und in einem bestimmten Spiel vollbringt Spieler A eine grandiose Leistung. Spieler B spielt dagegen miserabel. Da Sie immer offen Feedback geben wollen, loben Sie Spieler A und Sie kritisieren Spieler B. Im nächsten Spiel spielt Spieler A noch ganz gut, aber merklich schlechter als in Spiel 1, B dagegen verbessert sich und bringt wieder Normalleistung. Was ist passiert? Ist es falsch, Spieler für gute Leistungen zu loben? Ist negatives Feedback besser geeignet, gute Leistungen aus den Spielern heraus zu kitzeln? Unsere Erfahrung aus den beiden Spielen scheint das nahezulegen. Und unsere Intuition, unser System 1, fängt schon an, Geschichten zu erfinden und Erklärungen zu suchen, warum das so sein könnte. Kann Spieler A vielleicht nicht mit Lob umgehen? Ist er in der Trainingsarbeit nachlässig geworden und glaubt, es gehe von allein? Brauchen Spieler offensichtlich einen Tritt in den Hintern, um ihr Bestes zu geben? Felix Magath würde zustimmen, dass Höchstleistung nur unter Druck entsteht.

Andererseits zeigen viele valide Studien, dass positives Feedback besser funktioniert als negatives. Wie passt das zusammen? Wo liegt der Widerspruch?

Die Wahrheit, die für die meisten Menschen unbefriedigende Wahrheit, ist, dass die Erklärung (wenn auch nicht die Ursache) für die Leistungsentwicklungen im zweiten Spiel statistischer Natur ist und nicht kausaler. Zumindest ist das die wahrscheinlichste Erklärung. Der Zufall

(Glück und Pech) ist bedeutender als wir es sehen und wahrhaben wollen. Und die allermeisten Menschen haben keine Kenntnis von dem Prinzip, das hier (vermutlich) zu beobachten ist: die „Regression zum Mittelwert". Dieses statistische Prinzip sagt bei wiederholten Zufallsereignissen voraus, dass nach einem extremen Ereignis das darauffolgende mit großer Wahrscheinlichkeit näher am Erwartungswert, dem Mittelwert, liegt.

Nehmen wir ein einfaches Beispiel, den Würfel. Wenn man mit einem normalen Würfel 1.000-mal würfelt, wird der durchschnittliche Wert nahe bei dem Erwartungswert 3,5 liegen. Alle Würfe von 1 bis 6 sind ja beim Würfeln gleich wahrscheinlich. Betrachten wir eine Situation wie bei unseren Fußballspielern und sagen, dass eine 1 eine Topleistung darstellt, eine 6 eine miserable und 3,5 die durchschnittliche Leistung des Spielers ist (also quasi *kicker*-Noten), dann sagt das Regressionsprinzip voraus, dass vermutlich nach einer gewürfelten 1 der nächste Wurf näher an 3,5 liegen wird, genauso wie nach einer 6. Eine 3 zu würfeln ist zwar genauso wahrscheinlich wie eine 6, aber wenn man eine 6 gewürfelt hat, ist die Wahrscheinlichkeit, danach eine niedrigere Zahl zu würfeln, natürlich 5/6, also deutlich höher als wieder eine 6 zu würfeln.

Genauso verhält es sich statistisch bei den Fußballspielern. Nach einer herausragenden (extremen) Leistung ist die Wahrscheinlichkeit hoch, dass beim nächsten Spiel die Leistung wieder näher am Durchschnitt liegt. Natürlich kann ein gesteigertes Selbstvertrauen oder ein gutes Gefühl vor dem Tor für einen Torjäger von Bedeutung und damit leistungsfördernd sein, aber trotzdem ist bei jedem Erfolg auch Glück im Spiel, gerade beim Fußball, und das Prinzip der Regression zum Mittelwert wirkt in jedem Fall, selbst wenn andere Faktoren dagegen stehen.

Jeder Hobbygolfer hat auch schon die Erfahrung gemacht, dass nach einer herausragenden Runde, in der man irgendwie alles getroffen hat, meistens eine schlechtere folgt. Das muss nicht unbedingt eine sehr schlechte sein. Im Gegenteil: Ein gutes Gefühl hilft beim Golf, aber trotzdem wird sie vermutlich *etwas* schlechter als die herausragende sein. Selbst Tiger Woods spielte in seiner Top-Saison im Jahr 2000 nach einer 63 in Runde 1 meistens in Runde 2 einen Score, der näher an seinem durchschnittlichen Score von 67,79 lag (der niedrigste in der PGA-Tour-Geschichte). Denn auch für ihn galt: Um eine extrem gute Runde zu spielen braucht es auch Glück, beim Putten, wie ein Ball vom Baum abprallt, oder wie die Lage des Balles im Bunker ist.

Wir Menschen, vor allem auch Journalisten und Fans beim Sport, wollen schöne Geschichten hören, wünschen uns eine Erklärung für herausragende Leistungen oder bittere Niederlagen. Und die gibt es natürlich auch. Aber die Wahrheit ist ebenfalls, dass der Zufall wichtiger ist als wir denken, dass bei jedem großen Erfolg meistens Glück im Spiel ist und bei jeder bitteren Niederlage auch ein wenig Pech.

Nun lautet eine Faustregel im Fußball ja, dass Glück und Pech sich über die Saison die Waage halten. Wir haben schon gelernt, dass wir bei Heuristiken vorsichtig sein sollten. Trotzdem haben wir uns gefragt, ob das Gesetz der Regression zum Mittelwert nicht genau das bestätigt. Allerdings muss man auch da wahrscheinlich ein wenig aufpassen, weil zwar für die meisten Klubs gilt, dass sie auf dem Glück-Pech-Spektrum irgendwo in der Mitte landen, aber wenn wir die Gauß'sche Normalverteilungskurve als Prämisse nehmen, sehen wir, dass es immer auch einzelne Klubs mit sehr viel Glück und andere mit sehr viel Pech geben muss. Die Behauptung, dass sich über eine Saison Glück und Pech *für alle* ausgleichen, ist also nicht ganz so plausibel. Es wäre aber spannend, das noch mal objektiver zu untersuchen.

Niemand will hier behaupten, dass Erfolg im Fußball oder auch anderswo ausschließlich oder vorrangig vom Zufall abhängt. Wir alle wissen, dass es viele andere notwendige Bedingungen für Erfolg gibt, für den Einzelnen zum Beispiel Talent und die richtige Einstellung. Mit dem früheren US-Präsidenten Thomas Jefferson können wir schmunzelnd feststellen: „Je härter ich arbeite, desto mehr Glück scheine ich zu haben!“. Wer behaupten wollte, Bayern München sei in der vergangenen Dekade nur mit Glück immer wieder Deutscher Meister geworden, kann nicht wirklich ernstgenommen werden. Dafür war der Abstand zum Rest der Liga einfach zu groß.

Interessant ist schließlich noch die Frage, ob es nicht sinnvoll wäre, sich so zu verhalten, dass man den Zufall mit größerer Wahrscheinlichkeit zu seinen Gunsten nutzt, dem Zufall quasi eine Chance gibt. Regelmäßig fallen in den letzten Minuten eines Spiels noch Tore, weil die Mannschaft, die zurückliegt, „alles oder nichts“ spielt oder mindestens ein größeres Risiko eingeht. Dann werden lange Bälle in den gegnerischen Strafraum geschlagen, und es wird aus allen Lagen auf das Tor geschossen. Das Runde geht nun mal nur ins Eckige, wenn man auf das Tor schießt. Die banale Floskel hat einen Kern Wahrheit, weil man dem

Zufall auch Gelegenheiten verschaffen muss. Ist es nicht sinnvoll, diese Taktik über die gesamten 90 Minuten anzuwenden? Für vermeintlich unterlegene Teams auf jeden Fall. Sie müssen ja darauf hoffen, dass sie dem Favoriten ein Bein stellen können – durch eine mutige Einstellung, durch eine herausragende Leistung, aber eben auch mit ein wenig Glück im richtigen Moment!

Wie wir das Spiel sehen

Im Fußball ist also vieles Glück und Zufall. Trotzdem neigen wir dazu, ein Spiel allein von seinem Ergebnis her zu bewerten. Das ist möglicherweise ein Rückschaufehler, denn das Ergebnis manipuliert unsere Sicht auf die 90 Minuten plus Nachspielzeit.

Mannschaft A spielt Mannschaft B an die Wand, verzeichnet ein Chancenplus von 8:1, führt aber nach 88 Minuten lediglich mit 1:0. Der Spielbericht ist geschrieben: Ein ganz starker Auftritt! Einziges Manko: die Chancenverwertung. Dann begeht ein Innenverteidiger von Mannschaft A bei einem der seltenen Vorstöße von Mannschaft B im Strafraum ein Handspiel. Der Schiedsrichter entscheidet regelkonform auf Strafstoß. Es ist einer dieser Strafstöße, bei denen die Verhinderung einer vielleicht zehnprozentigen Chance mit der Gewährung einer neunzigprozentigen geahndet wird. Mannschaft B lässt sich die Chance zum Ausgleich nicht entgehen. Kurz darauf erfolgt der Abpfiff. Unser Spielbericht landet nun im Papierkorb. Bis zur 88. Minute war es nun doch nicht so gut, wie wir zunächst annahmen. Wir entdecken nun mehr Haare in der Suppe. Und der bis dahin gute Innenverteidiger sinkt in der Benotung von 2,0 auf 4,5. Dass er die meisten Zweikämpfe gewann und 85 Prozent seiner Pässe ankamen, interessiert nicht mehr.

Am zehnten Spieltag der Drittliga-Saison 2019/20 empfing Preußen Münster die zweite Mannschaft des FC Bayern. Die Hausherren verloren mit 1:4. Für viele Preußen-Fans hatte ihre Mannschaft einen grottenschlechten Vortrag abgeliefert. Noch heute gilt diese „Klatsche" als Tiefpunkt einer verkorksten Saison, die im Abstieg mündete. Das Expected-Goal-Programm kam allerdings zu einem anderen Ergebnis. Der Auftritt der Preußen war nicht so schlecht, wie es das nackte Resultat suggerierte. Und schon gar nicht waren die Preußen gegen den späteren Drittliga-Champion chancenlos. Sie hätten das Spiel sogar gewinnen können.

Bleiben wir noch einen Moment in Münster. In der Saison 2021/22 empfing das Team, nun im zweiten Jahr ein Viertligist, in der ersten Hauptrunde des DFB-Pokals den Champions-League-Teilnehmer VfL Wolfsburg. Bis kurz vor Schluss führte der Underdog mit 1:0. In welcher anderen Sportart gibt es so etwas? Dass viertklassige Sportler erstklassige an den Rand einer Niederlage drängen?

In der 90. Minute gelang den „Wölfen" der Ausgleich. Für die Preußen bitter, aber von den Spielanteilen und Chancen her war das 1:1 verdient. Die Preußen spielten für ihre Verhältnisse groß auf, doch im Umgang mit dem Ball erkannte man natürlich durchaus einen Klassenunterschied. Auch in puncto Tempo und Athletik waren die Akteure des Erstligisten erkennbar besser.

In der Verlängerung waren es dann zunächst die Preußen, die eine fast hundertprozentige Chance zur erneuten Führung ausließen. Am Ende gewann Wolfsburg mit 3:1. Der Sieg der Wölfe ging also in Ordnung, denn die Gäste verbuchten in sämtlichen Bereichen die besseren Resultate. Und wenn den Preußen das 2:1 gelungen wäre und die „Wölfe" ihre anschließenden Großchancen versemmelt hätten? Dann hätten wir ebenfalls gesagt: „Der Sieg geht in Ordnung!" Mit dem kleinen Zusatz: „Okay, etwas glücklich. Aber die Mannschaft hat sich für ihren starken Auftritt belohnt."

Wolfsburg schied dann doch noch aus, weil man einmal zu viel gewechselt hatte. Dass die Preußen weiterkamen, war für viele ihrer Fans gerecht. Denn der sechste Wechsel hatte stattgefunden, nachdem die Heimmannschaft ihre letzte große Chance vergeben hatte und immer müder wurde. Und auch wenn Wolfsburg die bessere Mannschaft war – dass der Viertligist an diesem Tag über sich hinauswuchs, gehörte belohnt!

1:2 oder 7:0?

Ende September 2021 besiegte der FC Bayern Dynamo Kiew in der Champions League mit 5:0. Die Medien bescheinigten dem deutschen Branchenführer eine beeindruckende Vorstellung. Wenige Tage später verloren die Bayern erstmals ein Pflichtspiel unter ihrem neuen Trainer

Julian Nagelsmann. Im eigenen Stadion unterlag man Eintracht Frankfurt mit 1:2. Nagelsmann hatte interessanterweise von seiner Mannschaft keinen wesentlich anderen Auftritt gesehen als gegen Kiew, den VfL Bochum (7:0) und RB Leipzig (4:1): „Ich fand das Spiel jetzt nicht großartig anders als die Spiele in den letzten Wochen. Nur das Ergebnis ist ein anderes." Im Unterschied zu den vorausgegangenen Spielen habe man halt nur ein Tor erzielt. Klang lapidar, entsprach aber den Tatsachen. Die Bayern waren der Eintracht in allen Belangen überlegen gewesen: 20:5 Torschüsse, eine Passquote von 87 Prozent gegenüber 59 Prozent der Eintracht, 73 Prozent Ballbesitz. Auch bei den Zweikämpfen lag man vorn. 58 Prozent davon konnten die Bayern für sich entscheiden. In der Berichterstattung über das Spiel ging das alles allerdings etwas unter. Dort hieß es: „Gegen das Abwehrbollwerk, das Frankfurt vor Keeper Kevin Trapp errichtet hatte, fanden die Bayern keine Antwort." Was nicht ganz stimmt. Dafür hatte Trapp viel zu viel zu tun. Die Bayern scheiterten an Trapp sowohl aus weiter wie aus kurzer Distanz und auch im Eins-gegen-Eins-Duell. Natürlich verlor man das Spiel nicht völlig grundlos. Nagelsmann bemängelte Defizite in der Staffelung. In der Mitte habe ein zu großes Loch existiert, um es bei Kontern zu stopfen. Der Eintracht sei „zu viel Umschaltraum" gestattet worden. Trotzdem waren die Bayern einem 3:1- oder 4:1-Sieg näher, als das die 1:2-Niederlage suggeriert. „Wenn wir unsere Chancen nutzen, kann es auch 3:1, 4:1 ausgehen", bilanzierte Thomas Müller zu Recht, „und dann singen wir wieder ‚Super-Bayern'."

Einige Wochen später erlitten die Bayern beim Underdog FC Augsburg ihre zweite Niederlage in der Liga. Wie Frankfurt behielt auch Augsburg mit 2:1 die Oberhand. Die Daten waren ähnlich wie die beim Spiel gegen die Eintracht: 18:5 Torschüsse, eine Passquote von 88 Prozent gegenüber 61 Prozent der Augsburger, 79 Prozent Ballbesitz. Die Zweikampfquote betrug 55 Prozent zu 45 Prozent. Nur bei den Fouls zog der FC Bayern den Kürzeren: Augsburg beging 18, die Bayern neun.

Am gleichen Wochenende gewann Borussia Dortmund gegen den VfB Stuttgart mit 2:1. Schaut man sich beide Spiele an, dann lieferten die Bayern die bessere und überlegenere Performance ab. Aber in der Berichterstattung dominierte, dass der BVB bis auf einen Punkt an die Bayern herangerückt war. Und weil dem so war, erschien der Auftritt des BVB in einem besseren Licht als es angebracht war. Was den Auftritt der Bayern anbetraf, war dies umgekehrt der Fall.

„Das ist unerklärlich“

Am 13. Spieltag der Saison 2021/22 besiegte der VfL Bochum den SC Freiburg mit 2:1. Vom Spielverlauf her war das Ergebnis ein bisschen verrückt – Freiburg war die klar bessere Mannschaft, scheiterte aber wiederholt am Bochumer Keeper Manuel Riemann. Eine Woche später wurde es noch verrückter. Freiburg gewann in Gladbach mit 6:0. Nach 25 Minuten hatte Gladbachs Keeper Yann Sommer schon fünfmal hinter sich gegriffen. Die Gäste verbuchten weniger Torschüsse als in Bochum und nur 37 Prozent Ballbesitz. Freiburg war einfach brutal effizient und Gladbach in der Vereitelung der Torchancen brutal schlecht. Warum das so war, konnte niemand erklären. Beide Trainer waren konsterniert und verzichteten auf eine Analyse des Spiels. „Ich habe so etwas noch nie erlebt“, bilanzierte Freiburgs Coach Christian Streich: „Es war fast schon ein bisschen skurril. Man muss das einordnen: Letzte Woche in Bochum war es so, und jetzt heute führt in der ersten Halbzeit fast jede Situation von uns zum Tor. Das ist unerklärlich.“ Sein Gladbacher Kollege Adi Hütter: „Wenn man die ganze Trainingswoche gesehen hat, auch das Abschlusstraining gestern, würde man nie auf die Idee kommen, dass dabei so eine Leistung herauskommt. Unmittelbar nach dem Spiel ist es für mich unerklärlich.“

Für die Medien und die Fans ist das natürlich höchst unbefriedigend. Für Menschen, die schon mal selber auf dem Platz standen, ebenfalls. Aber sie wissen, dass so etwas vorkommt. Und dass man es halt nicht erklären kann. Einige Wochen zuvor hatte Gladbach die Bayern mit 5:0 besiegt. Nach nur 21 Minuten stand es schon 3:0 für das Team von Adi Hütter.

MARCO: Ich erinnere mich sehr gut an diese verrückten Ergebnisse aus dieser Saison, und selbst habe ich natürlich auch das eine oder andere Spiel erlebt, das einen unerklärbaren Verlauf genommen hat. Nimm zum Beispiel unser berühmtes Champions-League-Spiel 1993 zu Hause gegen den RSC Anderlecht. Nach einer Stunde lagen wir völlig verdient mit 0:3 hinten. „Völlig verdient“ ist dabei eigentlich noch untertrieben, denn Anderlecht war uns in allen Belangen überlegen. Aber sie haben auch fantastische Tore erzielt, die man nicht jeden Tag macht.

Trotzdem: Als wir dann in der 66. Minute durch Wynton Rufer den Anschlusstreffer erzielten, deutete nichts darauf hin, dass noch etwas Verrücktes passieren könnte. Auch hier waren die Kommentare der Journalisten schon fertig! Alle Werder-Fans wissen … wir erzielten dann noch vier weitere Tore und gewannen das Spiel mit 5:3! Eines dieser Wunder von der Weser!

DIETRICH: Mit Champions League kann ich jetzt nicht dienen, aber mit einem Kreispokal und der Erkenntnis, dass es sich manchmal lohnt, ein Spiel zwei oder dreimal anzuschauen. Es bedarf häufig keiner „Expected-Goal-Statistik", um zu merken, dass die erste Wahrnehmung nicht komplett dem tatsächlichen Geschehen entsprechen muss.

2006 gewann die von mir trainierte U17-Mannschaft des TuS Altenberge den Pokal im heimischen Fußballkreis. Im Finale behielten wir mit 2:1 die Oberhand. Meine unmittelbare Wahrnehmung während des Spiels war stark davon geprägt, dass der Gegner einen Elfmeter verschossen hatte. Außerdem hatte der Schiedsrichter für mich unbegründet unnötig lange nachspielen lassen, nämlich acht Minuten. Acht Minuten, in denen der Gegner noch einmal die Chance zum Ausgleich bekam – theoretisch. Nach dem Abpfiff ging ich zum gegnerischen Trainer und entschuldigte mich für den Sieg: „Sehr glücklich, tut mir leid für euch, ihr hättet den Pokal auch verdient." Mein Kollege reagierte ziemlich irritiert, denn er hatte ein anderes Spiel gesehen: „Was willst du? Euer Sieg geht absolut in Ordnung!"

Einige Wochen später schaute ich mir das Spiel noch einmal als Video an. Zunächst hatte ich das gar nicht gewagt, wollte nicht noch einmal erleben, wie glücklich (und unverdient) der Sieg meines Teams gewesen war. Das Video war wie eine Befreiung. Tatsächlich hatten wir die Partie über weite Strecken dominiert, hätten auch vier, fünf Tore schießen können. Unsere 1:0-Halbzeitführung war für den Gegner äußerst schmeichelhaft gewesen.

MARCO: Bei Turnieren, Europa- und Weltmeisterschaften, oder in Pokalwettbewerben spielen Glück und Zufall für das Endergebnis einer Veranstaltung eine noch größere Rolle als in einer

Liga, weil die Zahl der Spiele deutlich geringer ist. Statistisch kann das so erklärt werden, dass die Stichprobe (die Anzahl der Spiele) geringer ist und dadurch extremere Ereignisse häufiger vorkommen.

Ich habe als Spieler an drei großen Turnieren teilgenommen: 1996 wurden wir Europameister, 2000 blamierten wir uns als Titelverteidiger und sind in der Vorrunde ausgeschieden. Schließlich bei der WM 2002 kamen wir ins Finale, verloren dann aber gegen Brasilien.

Rückblickend kann man zu 1996 sicher sagen, dass wir ein gutes Team waren und nicht unverdient den Titel holten. „Der Star ist die Mannschaft" hieß es damals. Trotzdem hatten wir auch viel Glück: Im letzten Gruppenspiel war uns Italien deutlich überlegen, musste aber nach einem für uns schmeichelhaften 0:0 nach Hause fahren. Gegen Kroatien und England standen die Spiele auf der Kippe, und ich erlaube mir noch heute manchmal den Spaß zu behaupten, dass wenn Southgate im Halbfinale nicht den sechsten Elfmeter im Elfmeterschießen vergeben hätte, ich als Nächster dran gewesen wäre – und Deutschland dann wohl nicht Europameister geworden wäre. Auch im Finale lagen wir zunächst zurück und Oliver Bierhoff wird mir verzeihen, wenn ich sage, dass sein Golden Goal auch nicht unbedingt „expected" war.

Auch 2000 und 2002 gab es Momente, nach denen die Dinge hätten anders laufen können. Für mich persönlich fällt mir da folgendes Beispiel ein: In den letzten Gruppenspielen hatte ich jeweils eine gute Schusschance von halblinks. Bei der WM 2002 gegen Kamerun ging der Ball rein, und das Tor wurde sogar Tor des Monats, 2000 gegen Portugal sprang der Ball vom Innenpfosten wieder raus, wir verloren 0:3 und schieden aus. Ich denke, ich brauche die „Wenns" gar nicht mehr auszusprechen … Also, so groß, wie es erscheint, waren die Unterschiede zwischen den drei Turnieren gar nicht.

DIETRICH: Dann habe ich auch noch ein letztes Beispiel … dafür bist du noch zu jung! Bei der WM 1974 begeisterte die niederländische Nationalelf mit ihrem „totaal voetbal", für den Taktikexperten Jonathan Wilson die letzte große Revolution im

Weltfußball. Die „Elftal“ von Trainer Rinus Michels rund um den Superstar Johan Cruyff zählt noch heute zu den größten Nationalmannschaften in der Geschichte des Fußballs. Jede Diskussion über den „totalen Fußball“ dreht sich um die Auftritte der Niederländer beim Turnier in Deutschland. Nur: Hätte der russische Referee Pawel Kazakow in der 88. Minute im letzten Qualifikationsspiel der Niederländer bei einem Treffer des Belgiers Jan Verheyen nicht auf Abseits entschieden, was eine glatte Fehlentscheidung war, wären Cruyff und Co. bei der WM gar nicht erst dabei gewesen.

Und jetzt stellen wir uns für einen Moment dieses Turnier ohne die Niederlande vor. Die Erzählung wäre eine komplett andere. Und der Eintrag des „totaal voetbal“ in die Fußballgeschichte wäre zumindest etwas weniger prägnant ausgefallen.

MARCO: … und die Niederländer hätten dann auch nicht ziemlich unglücklich das Finale gegen Deutschland verlieren können! So aber konnte Franz Beckenbauer später sagen: „Cruyff war der bessere Spieler, aber ich bin Weltmeister!“

Weltmeister 2014

2014 wurde Deutschland Weltmeister. Verdient, aber in der Rückschau wurde das Turnier häufig auf das Halbfinale reduziert, wo die DFB-Elf Brasilien mit 7:1 überfuhr. Das Spiel hatte eine eigenartige Dramaturgie. Die ersten Minuten dominierten die Brasilianer, die mächtig Druck machten. Im Live-Ticker des *kicker* las sich dies so: „Die Südamerikaner bestimmen das Geschehen auf dem Grün. Deutschland kommt nicht in die Zweikämpfe und verliert das Rund viel zu schnell.“ In der elften Minute ging die DFB-Elf nach einem Eckstoß in Führung – mit dem ersten Schuss aufs Tor. In der 23. Minute erhöhte Deutschland auf 2:0 – mit dem zweiten Schuss aufs Tor. Eine Minute später stand es 3:0 – nach dem dritten Schuss aufs Tor … In der 26. Minute mündete der vierte Torschuss im 4:0 und drei Minuten später der fünfte im 5:0. In der 32. Minute landet erstmals ein Schuss des DFB-Teams nicht im Kasten des Gegners. Nach 35 Minuten resümiert der Autor des *kicker*-Livetickers: „Eine unglaubliche Effizienz, die Deutschland hier an den

Tag legt. Fast jeder Schuss landete im Netz. Ein Blick auf die Live-Daten zeigt: Viel nehmen sich die beiden Teams nicht. Und dennoch steht ein so deutliches Ergebnis auf der Anzeigetafel.“

Niemand weiß, wie die Partie gelaufen wäre, wären die Brasilianer in der Anfangsphase in Führung gegangen. Deutschland schoss sechs Tore mehr als der Gastgeber des Turniers, schoss aber weniger häufig aufs Tor. Natürlich war die Qualität der jeweiligen Torchancen unterschiedlich. Womit mal wieder bewiesen wäre: Nicht jeder Schuss aufs Tor ist eine Torchance.

Wie gesagt: Der Kantersieg über den fünffachen Weltmeister überstrahlte alle anderen deutschen Auftritte beim Turnier. In der Vorrunde startete man mit einem furiosen 4:0 gegen Portugal, aber anschließend stotterte der Motor erst einmal. Einem 2:2-Remis gegen Ghana (nach 1:2-Rückstand) folgte ein knappes (aber verdientes) 1:0 gegen die USA. Gegen Algerien drohte im Achtelfinale das Aus, das letztendlich ein überragender Manuel Neuer verhinderte (2:1 n.V.), der in diesem Spiel auf drei Positionen spielte: Torwart, Libero und „Sechser“.

Im Viertelfinale wurde Frankreich mit 1:0 besiegt, woran Deutschlands Nummer eins erneut einen entscheidenden Anteil hatte. Im Halbfinale folgte dann das legendäre 7:1 über Gastgeber Brasilien. Die damalige Seleção besaß allerdings weniger individuelle Klasse als viele ihrer Vorgänger, zumal gegen Deutschland auch noch „Superstar“ Neymar und mit Thiago Silva der wichtigste Abwehrspieler ausfielen.

Im Finale schließlich behielt die DFB-Elf gegen Argentinien nach 120 Minuten mit 1:0 die Oberhand, hätte aber auch verlieren können, wie Philipp Lahm später gegenüber dem Magazin *11 Freunde* gestand: „Argentinien hatte drei Riesenmöglichkeiten in Führung zu gehen – und wir in der regulären Spielzeit eine.“ Deutschland wurde bislang viermal Weltmeister, aber in zumindest zwei Finals – 1954 und 1974 – war die DFB-Elf die schlechtere. Während sie im Finale von 1966, das man gegen England mit 2:4 verlor, die bessere war.

Die WM 2014 gewann Deutschland nicht unverdient, aber es brauchte eben (wie immer) hier und da auch etwas zufällige Unterstützung. Und mit dieser WM fand eine Entwicklung ihren Höhepunkt, die zehn Jahre vorher mit der Pressekonferenz von Jürgen Klinsmann ihren Anfang genommen hatte, als er auf 2006 zielend gesagt hatte: „Wir wollen Weltmeister werden!“

Erfolg und Zufall

Kahneman hat einmal zwei schöne Formeln aufgestellt:

Erfolg	=	Talent + Glück
Großer Erfolg	=	etwas mehr Talent + viel Glück

Auch wenn diese Formeln die Dinge überspitzen, leben wir in einem Widerspruch und neigen dazu, uns die Dinge zurechtzubiegen. Warum tun wir das? Vielleicht möchten wir nicht die Kontrolle über das Geschehene verlieren. Wir möchten nach einem Spiel erklären können, warum wir gewonnen oder verloren haben. Wir möchten die absoluten Herren unserer Siege und unserer Niederlagen sein.

Wenn Dietrich von seiner Frau gefragt wird, wie es sein kann, dass Borussia Dortmund gegen die seit soundsoviel Spielen sieglosen Augsburger verloren hat, neigt er dazu, mit den Schultern zu zucken und zu antworten „Das ist Fußball …" Oder: „Weil Augsburg zwei Tore geschossen hat und der BVB nur eins."

Für die Fragende ist das alles natürlich wenig befriedigend. Die Antwort zeugt auch von einer gewissen Faulheit beim Denken und Formulieren. Aber manchmal ist man einfach zu müde, um zu erklären, dass es im Fußball tatsächlich passieren kann, dass die schlechteren Mannschaften, ja, die schlechteren Fußballer gewinnen. Und dass es in diesem Spiel Dinge gibt, die man nicht erklären kann. Außerdem ist die Antwort „Ich weiß es nicht – aber es war wahrscheinlich Glück im Spiel!" auch gar nicht die schlechteste Antwort. Auch wenn sie zunächst noch banaler klingt als die erwähnten Das-ist-Fußball-Plattitüden, ist sie wahrscheinlich analytischer als manches journalistische Federlesen.

Glück und Pech gleichen sich aus – wirklich? Natürlich sind uns die Ungerechtigkeiten, Zufälle und das Glück bewusst. Aber wir behaupten trotzdem steif und fest: „Die Tabelle lügt nicht!" Stimmt das? In der Saison 2014/15 wurde Jürgen Klopp mit Borussia Dortmund nur Siebter. Die amerikanischen Besitzer des FC Liverpool ließen sich vom tabellarisch schlechten Abschneiden nicht irritieren. Die Fenway Sports Group (FSG) hatte in Anfield eine Abteilung Analyse aufgebaut, nach dem Vorbild ihres Baseball-Teams Red Sox. Und die gelangte zu der

Erkenntnis, dass der Deutsche ein Trainer sei, der mit seinen Kadern ständig die Erwartungen übertreffe. Klopp mache Spieler und Mannschaften besser. Und seine letzte Saison in Dortmund? Gemessen an Torchancen hätte der BVB eigentlich Zweiter werden müssen. Ian Graham, „Forschungsdirektor“ beim FC Liverpool, präsentierte Klopp eine Analyse der Begegnung BVB gegen Mainz 05, die die Mainzer mit 2:0 gewonnen hatten. Eigentlich hätte der BVB das Stadion als Sieger verlassen müssen, weil er in allen Bereichen dem Gegner klar überlegen war – abgesehen von den erzielten Toren (der BVB verschoss in diesem Spiel einen Strafstoß). Klopp habe einfach eines der unglücklichsten Teams der jüngeren Fußballgeschichte trainiert, meint Graham.

Viele Siege, Niederlagen und Unentschieden sind im Raum zwischen verdient und unverdient zu verorten. Nur ziehen wir daraus keine Konsequenzen. Wenn eine Mannschaft das Spiel über weite Strecken dominiert, aber in den letzten Minuten noch den Sieg aus der Hand gibt und mit 1:2 verliert, sollten wir eigentlich nicht „Trainer raus!“ oder „Sportdirektor raus!“ skandieren. Auch nicht, wenn das drei Spiele in Folge passiert. Wir tun das aber.

KAPITEL 13

Mit einem gewissen Abstand ...

„Vorhersagen sind schwierig.
Besonders, wenn sie die Zukunft betreffen."

MARK TWAIN

Hätte Werder in der Abstiegssaison auf der Trainerposition früher handeln müssen, nämlich nach der Niederlage am 31. Spieltag bei Union Berlin? „Im Nachhinein kann man diese Frage natürlich einfach mit ‚Ja' beantworten", sagt Frank Baumann. „Trotzdem ist das spekulativ und hypothetisch. Wir waren lange Zeit von der Arbeit von Florian absolut überzeugt. Florian ist und bleibt ein sehr guter Trainer. Er hatte nicht nur einen großen Anteil an der guten Entwicklung bis 2019, sondern hat auch zweimal bewiesen, dass er sportliche Krisensituationen meistern und trotz schwieriger Ausgangslagen den Klassenerhalt sichern kann. Allerdings gab es durch die letzten beiden Jahre und insbesondere die Niederlagen-Serie am Ende der Saison eine negative Dynamik auch innerhalb der Mannschaft. Die Mannschaft hat am Ende anders auf den Trainer reagiert als noch in der Vorsaison. Die absolute Überzeugung in diese Konstellation mit Florian und auch bei Florian selbst war nicht mehr so unumstößlich vorhanden – aber in der Rückschau hätten wir sicherlich früher handeln können, wenn nicht müssen. Wenn man mich vor dieser Situation gefragt hätte, ob ich mir jemals einen Trainerwechsel einen Spieltag vor Schluss vorstellen könnte, dann hätte ich geantwortet: Zu 1.000 Prozent: Nein."

Nach einer schmerzhaften Niederlage sind alle Verantwortlichen und Beteiligten natürlich sehr emotional. In den Stunden nach dem Abpfiff ist nicht selten auch der Trainer so niedergeschlagen, dass er anfängt zu zweifeln – alles wird schnell nur noch negativ gesehen und die Hoffnung auf Besserung schwindet. In solchen Momenten werden dann emotionale Entscheidungen mit dem Ergebnis einer Trennung getroffen. Das kann richtig oder falsch sein, rational und sorgfältig sind diese Entscheidungen aber nicht.

Am nächsten Tag, wenn man drüber geschlafen hat, sieht die Welt schon wieder etwas anders aus, auch das Energie-Level des Trainers ist wieder auf einem höheren Niveau. Die Diskussionen werden sachlicher, man versucht, verantwortungsvoll alle Szenarien zu durchdenken und alle Argumente zu betrachten.

Hätte, wenn und aber

Schauen wir zunächst von außen auf den Verlauf der Dinge und beurteilen die Entscheidungen aus der Perspektive eines „ergebnisorientierten Fans". Nach dem Spiel gegen Union wäre die Trennung von Florian Kohfeldt richtig gewesen, da waren schließlich noch drei Spiele zu spielen.

Das ist aus heutiger Sicht zumindest die Mehrheitsmeinung unter den Mitgliedern des letzten Aufsichtsrats. Nach den engagierten Spielen gegen RB und Bayer wäre eine Trennung eher falsch gewesen. Das Verhältnis zwischen Mannschaft und Trainer schien doch auch weitgehend intakt zu sein, auch wenn die vollkommene Überzeugung nach so vielen Niederlagen nicht mehr da war. Eine Entlassung von Kohfeldt, die einige Tage zuvor als richtig, ja vielleicht sogar als notwendig erschien, war nun schwer vermittelbar. Die Hoffnung, es erneut zu schaffen, wie im vergangenen Jahr, keimte wieder auf.

Außerdem bestand bei einer Trainerentlassung nach dem Union-Spiel die Gefahr, dass Werder im Pokal, also in einem anderen Wettbewerb, gegen die hochfavorisierten Leipziger eine „Klatsche" beziehen könnte – der Effekt des Trainerwechsels wäre dann für den deutlich wichtigeren Endspurt in der Liga schon wieder verpufft gewesen.

Nach dem Spiel gegen Augsburg war die Trennung von Kohfeldt wiederum folgerichtig – sie kam dann aber zu spät. Vielleicht war sie aber doch falsch, weil sie nicht das gewünschte Ergebnis brachte. Heißt das, an Kohfeldt festzuhalten, wäre richtig gewesen, kurzfristig, vielleicht sogar langfristig? Aber hätte Werder das letzte Spiel gegen Gladbach mit Kohfeldt auf der Bank verloren, hätte man den Verantwortlichen wohl noch extremere Vorwürfe gemacht, als dies dann nach dem Saisonfinale mit Thomas Schaaf der Fall gewesen war. Man hätte ihr Verhalten wohl als komplett unverantwortlich verurteilt. Der Shitstorm, der sich vor und nach dem letzten Spieltag besonders über Frank Baumann ergoss, wäre noch heftiger ausgefallen. Und umgekehrt: Bei einem Sieg gegen Gladbach und dem Klassenerhalt wäre Baumann vom Großteil der Medien und dem Umfeld des Vereins für seine unglaubliche Standhaftigkeit gefeiert worden. Dass man ihn zuvor für sein Festhalten an Kohfeldt kritisiert und seinen Kopf gefordert hatte ... Schnee von gestern.

Bei der Betrachtung all dieser verwirrenden Konjunktive wird einem ganz schwindelig. Warum ist das so? Weil es nur eine Realität gibt, aber viele Szenarien, die hätten eintreten können. Aber Entscheidungen, die wir nicht getroffen haben, Alternativen und Hypothesen können wir zwar denken, aber wir können sie leider nicht anhand der Wirklichkeit überprüfen. Deshalb beurteilen wir Entscheidungen anhand der Ergebnisse, die wirklich eingetreten sind – wir haben ja auch keine andere Wahl.

Bedeutet das aber, dass eine Entscheidung, die zu einem ungewünschten Ergebnis führt, automatisch ein Fehler ist? Eine falsche Entscheidung? Darf man das wirklich nur am Ergebnis festmachen? Das wäre offensichtlich ungerecht. Aber woran beurteilt man hypothetische Alternativen und die Frage, wie vielversprechend sie sind, wenn nicht an der Realität?

Hätte man vielleicht Florian Kohfeldt noch viel früher austauschen müssen? Vielleicht schon nach der Saison 2019/20, als Werder nur mit viel Glück in der Liga geblieben war?

In der Saison 2020/21 gab es jedenfalls zumindest bis zum 25. Spieltag keinen Grund, den Trainer zu wechseln. Es gab auch nie eine Diskussion über den Trainer. Nach Punkten lief es ja deutlich besser als im Vorjahr. Das ist allerdings wieder ein „ergebnisorientiertes“ Argument.

Oder hätte man gar nicht wechseln sollen, schon ganz früh verkünden sollen: Egal was passiert – Florian hat hier einen Vertrag, und wir halten viel von ihm. Er ist fachlich gut, er ist menschlich gut, er passt zu Werder. Wir gehen mit ihm notfalls auch in die zweite Liga. So hatte der SC Freiburg sowohl im Falle von Volker Finke als auch in dem von Christian Streich gehandelt. Beide wurden nach Abstiegen in die zweite Liga nicht entlassen. Nur ein Jahr zuvor hätte man bei Werder wohl auch so entschieden. Aber so eine Haltung lässt sich leichter an einem Ort wie Freiburg leben, wo man Erstklassigkeit nicht als Selbstverständlichkeit betrachtet. Dass Werder nie wieder Meister werden wird, dürfte im Umfeld von Werder angekommen sein. Dass Werders Erstklassigkeit keine Selbstverständlichkeit ist, war zumindest im Jahr des Abstiegs noch nicht akzeptiert.

„Das weiß ich nicht“

Beweisen lässt sich das alles nicht. Da haben wir es wieder: Es gibt nur eine Wirklichkeit! Deshalb kann man nicht behaupten, dass die eine Entscheidung richtig wäre und die andere falsch. Außerdem ist die öffentliche Meinung flatterhaft.

Es gibt keine einfachen Wahrheiten – nicht mal die auf dem Platz! Wenn wir Verantwortung in einem Verein tragen, dann können wir nur nach der eigenen Überzeugung handeln. Wir können versuchen, das Richtige zu tun. Als Aufsichtsrat genauso wie als Geschäftsführer versuchen wir, sorgfältig und rational abzuwägen, verlassen uns aber trotzdem nicht selten auch auf unsere Intuition. Wenn die Entscheidung, die wir treffen dem entspricht, was die Mehrheit der Öffentlichkeit und der Medien fordern, dann fühlt es sich leichter an. Trifft man Entscheidungen gegen den Druck von außen, dann wird es schwerer. Richtig kann es trotzdem sein!

Die österreichische Gerichtspsychologin Heidi Kastner fragt in einem Interview mit der *Süddeutschen Zeitung*: „Wann haben Sie das letzte Mal von irgendwem gehört: ‚Das weiß ich nicht‘?“ Kastner erzählt von einer Radiosendung, in der man Leute auf der Straße befragt hatte, wo der Zugang zum Internet sei. Und wie verblüffend es war, wie viele Leute versuchten, auf diese irrwitzige Frage eine Antwort zu geben, anstatt zu sagen: „Ich weiß es nicht.“

MARCO: Ich müsste aus heutiger Sicht wahrscheinlich auch so antworten. Du kannst alles hin und her denken, und das haben wir ja auch getan, aber am Ende ist es nun mal schiefgegangen – also scheinen die Kritiker recht zu haben, die uns vorwerfen, eine falsche Entscheidung getroffen zu haben. Zu jedem Zeitpunkt gab es gute Argumente für die Entscheidungen, die wir trafen, und niemand möchte sich leichtfertig von einem guten Trainer trennen. Ich erinnere mich noch sehr gut. Jeder von uns spürte den Druck von außen. Ich versuchte trotzdem, möglichst rational zu bleiben. Und ich fand wichtig, dass wir gegenüber Florian Kohfeldt mit offenen Karten gespielt haben. Natürlich war er nicht bei jedem Gespräch dabei, aber wir haben nicht hinter seinem Rücken gehandelt, sondern immer auch mit ihm geredet. Bei aller Unsicherheit, was das richtige sein mag, ist das doch zweifellos von Bedeutung: offen und ehrlich zu sein.

Würde ich heute etwas anders machen? Die Antwort ist eher Ja als Nein. Möglicherweise haben wir uns in der Euphorie nach der Saison 2018/19 von dem Wunsch nach Kontinuität zu sehr leiten lassen und schon die langfristige Vertragsverlängerung mit Florian Kohfeldt war ein Fehler. Mit ihm zu verlängern war zweifellos richtig, und ich halte ihn nach wie vor für einen guten Trainer. Aber vielleicht wären zwei Jahre Laufzeit besser gewesen. Und dann einfach mal schauen.

DIETRICH: Aber hätte Florian Kohfeldt weiterhin erfolgreich gearbeitet und wäre er – ohne dass Werder eine Ablöse erhalten hätte – abgeworben worden, hätte man euch den Kopf abgerissen. „Voll daneben. Jetzt hat Werder endlich mal wieder einen Trainer, mit dem es funktioniert, der dazu noch ein echter Werderaner ist, und dann versäumen sie es, ihn langfristig zu binden …“

MARCO: Kontinuität auf der Trainerposition ist auch nach meiner heutigen Auffassung etwas Gutes. In schwierigen Zeiten zu einem Trainer zu halten, von dem man überzeugt ist, das gehört definitiv zur Philosophie von Werder. Deshalb fiel es mir ja auch so schwer, mich gegen Kohfeldt zu entscheiden.

Auch jetzt mit Ole Werner hat man das Gefühl, das könnte passen, das könnte für lange Zeit funktionieren. Aber vielleicht erreicht man Kontinuität eher, wenn man sie nicht erzwingen will. Und eben auch im Erfolgsfall unaufgeregt bleibt.

DIETRICH: Der SC Freiburg und Christian Streich vereinbaren stets nur einen Vertrag über ein Jahr. Trotzdem ist Streich nun seit bereits über zehn Jahren Cheftrainer der Breisgauer. Streich sagt darüber: „So ist es für alle relativ einfach, weil man schlicht sagt: Man macht ein Jahr. Dann schaut man und entscheidet sich wieder. Und dann kann ich gehen, wenn dann irgendwann der Tag kommt – mit einem guten Gewissen und einer Klarheit. Oder der Verein sagt, sie müssten etwas verändern. Dann gibt es kein finanzielles Theater, dann gibt es gar nichts. Dann hat man sein Geld bekommen, so lange man gearbeitet hat. Und wenn man nicht mehr da ist, dann geht man. Und dann endet auch der Vertrag. Das finde ich sehr positiv für alle Seiten."

MARCO: Wir haben die Freiburger ja schon viel gelobt. Und auch das bekommen sie für sich gut hin! Ich habe am Ende meiner Karriere auch nur noch Ein-Jahres-Verträge gemacht. Man kann sich dann zu jeder Zeit sauber voneinander trennen – oder sich weiter füreinander entscheiden.

DIETRICH: Musste Kohfeldt im letzten Jahr eigentlich wirklich Fußball spielen lassen, den er eigentlich nicht spielen lassen wollte?

MARCO: Wir haben ja von der Notwendigkeit gesprochen, über Leitplanken zu verfügen. Bei Werder gab es solche durchaus. Mutiger Offensivfußball – so würde ich es im Kern nennen, wenn es um die Art geht, wie wir Fußball spielen wollen. In der Abstiegssaison spielte die Mannschaft allerdings zugegebenermaßen lange Zeit außerhalb der Leitplanken. Mit dem Fußball der Saison 2018/19 hatte das nicht mehr viel zu tun. Aber daraus abzuleiten, das sei der Hauptgrund für die Niederlagen am Ende der Saison? Da bin ich nicht sicher!

DIETRICH: Klaus Filbry hat gesagt: „Ich habe das immer damit verglichen: Du hast eine Rutsche, und da stehen deine Kinder drauf. Und normalerweise möchtest du, dass sie da runterspringen, lernen sich abzurollen, lernen … dass sie mutig sind.

Und dann gehst du als Papa hin und sagst: Das ist mir zu gefährlich, dass ihr da runter springt – nehmt bitte die Leiter. Das hat Florian gemacht im letzten Jahr. Als wir gefühlt gerettet waren, nach dem Bielefeld-Spiel, hat er gesagt: Jetzt wäre es aber schön, wenn ihr wieder von der Rutsche springt. Denn jetzt ist es okay: Aber das Kind hatte verlernt, von der Rutsche zu springen."

MARCO: Eine gute Analogie. Aber wenn das Bild stimmt, wäre es dann besser gewesen, bis zum Saisonende die Leiter zu nehmen? Oder hätte man von Anfang an springen sollen?

Unbewusst war in Florians Kopf schon beim Saisonstart eine gewisse Unzufriedenheit gesät. Wie vielleicht auch ein bisschen der Widerwille, einen ergebnisorientierten Fußball spielen zu müssen – in seiner Perspektive. Natürlich war die Qualität im Kader geringer ohne Davy Klaassen. Das „Narrativ" aber, dass es nur die Extreme „Attraktiver Ballbesitzfußball" vs. „Umschaltfußball mit langen Bällen" gibt, überzeugt mich nicht endgültig. Man kann auch mutig spielen, leidenschaftlich und sogar attraktiv, wenn man nicht 60 Prozent Ballbesitz hat.

In seinem ersten Jahr hat Florian Kohfeldt etwas gesagt, das ich einfach richtig finde: „Wir wollen attraktiven Offensivfußball spielen und wir wollen gewinnen – und wenn das nicht geht … wollen wir gewinnen!" Ich bin mir sicher, dass der Trainer seinem Team auch in der Phase Mut verordnet hat, als es nicht so gut gespielt, aber gewonnen hat.

Zweifelsohne hat auch die Pandemie beim Abstieg eine Rolle gespielt, aber das wurde häufig als Ausrede gesehen. Die *Frankfurter Rundschau* kommentierte: „Doch diesen Fakt auch der Öffentlichkeit zu vermitteln, dass es jeder Fan versteht, gelingt offenbar nicht so ganz – aber das ist kein exklusives Bremer Problem. Viele Menschen haben immer noch nicht realisiert, dass die Corona-Umklammerung viele Klubs an den Rand des Abgrunds, kurz vor den Ruin bringt. Dazu gehört auch Werder."

Im Gespräch mit dem Magazin *11 Freunde* brachte Frank Baumann genau dieses Dilemma ganz gut auf den Punkt. Werder habe „aus wirtschaftlichen Gründen" entscheiden müssen, „zwei Mittelfeldspieler, die wir gerne geholt hätten, nicht zu verpflichten. Als die Pandemie losging, gab es viele Diskussionen über die Unvernunft der Vereine. So eine Entscheidung wird einem aber nicht gedankt, wenn die sportlichen Ziele verfehlt werden.“ Das ist vermutlich mit ein Grund, warum die Pandemie bei einigen Klubs nicht zu einem Umdenken geführt hat.

Sind wir jetzt schlauer? Marcel Reich-Ranicki beendete das literarische Quartett stets mit einem abgewandelten Brecht-Zitat: „Und so sehen wir betroffen – den Vorhang zu – und alle Fragen offen!“. Irgendwie passt das auch hier.

Früher war (nicht) alles besser!

Schon vor Werders Abstieg war für einige Medien, aber auch Teile der Fans klar: Personelle Konsequenzen müssen her! Frank Baumann wurde zum Sündenbock schlechthin erklärt, losgelöst vom tatsächlichen Ausmaß seiner Verantwortung. Die Suche nach einem Schuldigen ist im Fußball ein beliebtes Spiel. Es gestattet den Verzicht auf eine seriöse und tiefschürfende Analyse. Häufig ist dieses Spiel mit erheblichen Kosten verbunden.

Wie für Traditionsklubs üblich, mischten auch die „Ehemaligen“ mit und kritisierten insbesondere ihre jeweiligen Nachfolger. Zunächst wurden Sorgen geäußert. Aus Sorgen wurde „Bestürzung“, aus Bestürzung „Vorwürfe“ und aus „Vorwürfen“ „Verurteilungen“ bis hin zu „Rücktrittsforderungen“. Immer den allzu bekannten Narrativen folgend: „Früher war alles besser“, „Das gab es bei uns nicht!“ oder „Die fahren Werder gegen die Wand!“.

Was störte, war die Behauptung, in ihrer Zeit sei Werder ausschließlich erfolgreich gewesen. Die Wahrheit ist: In ihre Amtszeiten fielen großartige Meisterschaften, Pokalsiege und Teilnahmen an der Champions League, aber auch Abstiegskämpfe, Fehlbesetzungen auf der Trainerposition, Fehleinkäufe von Spielern und finanzielle Probleme. Das geht fast jedem Klub so, es geht nicht immer nur in eine Richtung.

Zudem wurde geleugnet oder ignoriert, dass sich die Fußballwelt in den vergangenen zehn Jahren stark verändert hatte – auch und gerade für Werder. Den Anfang dieser Entwicklung haben sie selbst hautnah erlebt und in verantwortlichen Rollen mitgestaltet. Sie waren, ähnlich wie ihre Nachfolger, nicht nur Handelnde, sondern *auch* Leidtragende einer Entwicklung, die Vereine wie Werder vor große Probleme stellte. Gerade weil sie selbst auf so viel Erfahrung zurückblicken konnten und manche Herausforderung selbst erlebt hatten, hätten sie wissen sollen, was passieren kann und warum es passiert.

Irgend jemand muss weg! Wirklich?

Der Vorstandssprecher von Eintracht Frankfurt hat zu all dem eine klare Meinung: „Im Fußball geht man mir zu oft nach dem Prinzip vor, weil irgendetwas nicht läuft, muss irgendwer weg", sagt Axel Hellmann, „aber man hat gar keine Vorstellung davon, wer es danach besser macht." Und bezogen auf Werder meint er: „Die Tatsache, dass man schon gemerkt hat, wir haben Fehler gemacht, damit übernimmt man Verantwortung. Man muss nicht sagen: Ich räume meinen Platz. Das kann man nur machen, wenn man der Meinung ist, es gibt eine bessere Lösung."

Entscheidend wäre demnach also, ob die Verantwortlichen bereit sind zu analysieren, was falsch gelaufen ist. Sind sie bereit, zu prüfen, was sie hätten besser machen können und was man in Zukunft besser machen muss?

Allgemein muss den Fragen nachgegangen werden: Welchen Anteil hatten die Verantwortlichen tatsächlich am Verfehlen des sportlichen Ziels? In welchem Ausmaß spielten Umstände mit, auf die sie keinen Einfluss hatten? Mit diesem Ansatz verteidigte Marco im Winter 2019/20 und im Sommer 2020 sein Festhalten an Florian Kohfeldt: „Wir müssen auf die Fakten schauen. Veränderungen heißt nicht immer: Wir benötigen einen Schuldigen – und der muss weg! Es gab viel zu viele andere Gründe für die miserable Saison, als dass man diese mit der Entlassung des Trainers beantworten kann."

Ähnlich war seine Haltung nun, als der Kopf von Frank Baumann gefordert wurde: Lasst uns versuchen, die Wahrheit zu finden und die Gründe für die schlechten Ergebnisse! Welche Fehler haben *wir* gemacht?

Im Aufsichtsrat sah die Mehrheit die Dinge auch deshalb anders als Teile der Öffentlichkeit, weil man ein Jahr zuvor gemeinsam mit Frank Baumann zu dem Schluss gekommen war, dass Werder in der Corona-Pandemie wirtschaftlich keine weiteren Risiken eingehen durfte. Von daher konnten sie die Verantwortung nicht allein dem Geschäftsführer Sport zuschieben. Auch deshalb durfte die Tabelle nicht die einzige Grundlage sein, auf der sie über seine Arbeit richteten. Ihr Blick auf Frank Baumann war ganzheitlich und intensiv. Ein egoistischerer Sportchef, ein Sportchef mit weniger weitem Horizont hätte seine sportlichen Ambitionen über das Vereinswohl gestellt – nicht so Frank Baumann. Deshalb nahm eine Mehrheit im Aufsichtsrat ihn in Schutz und stellte sich vor ihn.

Schließlich war wichtig, dass nach dem Abstieg kein Chaos ausbrechen durfte, dass der Klub handlungsfähig bleiben und die Vorbereitungen für die kommende Saison in der zweiten Liga gestalten konnte. Auch das schien denjenigen, die einfach nur Rausschmisse forderten, nicht klar zu sein.

Von schnellen und vorschnellen Bewertungen

Ein Sportdirektor trifft Entscheidungen, von denen wir manchmal erst zwei, drei Jahre später sagen können, ob sie richtig waren. Aber Medien und ganz allgemein die Öffentlichkeit erwarten ein schnelles Ergebnis und gelangen deshalb deutlich früher zu einer Bewertung.

Der Sportdirektor wird wegen sportlicher Erfolglosigkeit entlassen. Die Mannschaft hat Europa nicht erreicht oder ist sogar abgestiegen. Sein Nachfolger profitiert möglicherweise von den Weichenstellungen, die sein Vorgänger vorgenommen hat, aber kaum jemand erinnert sich noch daran, dass die Wende zum Besseren bereits in der Amtszeit des Geschassten erfolgte – obwohl die Spielergebnisse damals nicht stimmten. Das hat auch damit zu tun, dass dessen Arbeit allein anhand dieser Ergebnisse beurteilt wird. Die Umstände, unter denen er arbeitet, finden kaum Berücksichtigung. Gleiches gilt für die diversen anderen Arbeitsfelder, auf denen er tätig ist.

Als die SpVgg Greuther Fürth nach dem 13. Spieltag der Saison 2021/22 erst einen Punkt auf ihrem Konto hatte, überschrieb *kicker*-Redakteur Frank Linkesch seinen Kommentar zum abgeschlagenen Liga-Schlusslicht und dessen Festhalten am Sportdirektor und Trainer mit „Der Fürther Weg: Realismus statt Aktionismus". Dass die Fürther in der ersten Bundesliga spielten, war alles andere als selbstverständlich. Der Aufstieg war mit der jüngsten Mannschaft der Liga und einem

Mini-Etat von 8,5 Mio. Euro gelungen – also dank einer ganz starken Performance von Sportdirektor (Rachid Azzouzi), Trainer (Stefan Leitl) und Mannschaft. Nach dem Preis-Leistungsverhältnis war es vielleicht die stärkste Performance im deutschen Profifußball 2020/21.

Eigentlich war schon vor dem ersten Spieltag der folgenden Spielzeit klar, dass die Bundesliga für die Fürther ein Bonus-Jahr werden würde. Auch wenn die Klub-Verantwortlichen etwas anderes erzählten. In allen Umfragen und Wetten wurde die SpVgg als Abstiegskandidat Nummer eins genannt. Der Etat, mit dem der Verein in das Abenteuer ging, betrug 17,7 Mio. Euro, was in etwa der Summe entsprechen dürfte, die der FC Bayern Robert Lewandowski jährlich überweist. Nach dem Aufstieg musste Fürth seine drei besten Spieler ziehen lassen, u. a. die mittlerweile zu Nationalspielern avancierten David Raum und Anton Stach. Letzterer wurde sogar teilweise im LZ bei Werder Bremen ausgebildet. Ihre neuen Arbeitgeber waren die Erstligisten Mainz, Union Berlin und Hoffenheim. Bei einem weiteren Abgang, dem des Stammspielers Sebastian Ernst, war sogar der Zweitligist Hannover 96 die vermutlich finanziell interessantere Adresse. Die Transferausgaben der SpVgg betrugen lediglich 750.000 Euro. Der Kader war schwächer als im Aufstiegsjahr. „Hätte man all diese Spieler halten können, wäre es super spannend in Sachen Klassenerhalt geworden“, sagte Fürths Ex-Trainer Bruno Labbadia im Interview mit dem *kicker*: „Das hat mir leidgetan, weil die SpVgg sich nicht nach Herzenslust eine Mannschaft zusammenkaufen kann. Dem Aufstieg ging eine sensationelle Arbeit über zwei, drei Jahre voraus. Das sehen nur viele Menschen mit Blick auf die Tabelle nicht.“ Sportdirektor Rachid Azzouzi setze immer wieder auf Talente aus der eigenen Jugend und unterklassigen Ligen, dieser Weg sei mit Blick auf den Mini-Etat alternativlos. Obwohl die SpVgg am Ende der Saison 2021/22 abgestiegen ist, kann sie die Saison möglicherweise trotzdem als Gewinn verbuchen. Der Aufstieg erlöste den Klub von Pandemie-bedingten finanziellen Problemen. Außerdem kann die Spielvereinigung mit dem aus dem Erstligajahr eingenommenen Geld ihre Position im Unterhaus stärken und damit auch die Basis für einen Wiederaufstieg in die erste Liga legen – dann vielleicht unter besseren Voraussetzungen. Ein bisschen erinnert Fürth an den SC Paderborn, der in der Saison 2018/19 aufstieg, ähnlich überraschend wie zwei Jahre später Fürth. Paderborn verzichtete auf teure Einkäufe, die den Kader über die Saison 2019/20 hinaus belastet hätten. Die Mannschaft wurde abgeschlagen Letzter, was nicht überraschend war. Der Trainer durfte trotzdem bleiben. Auch Dank des Intermezzos in der Erstklassigkeit ist Paderborn heute ein stabiler Zweitligist. Ein weiteres Beispiel für diesen Weg ist Darmstadt 98.

Wenn man der Auffassung ist, dass es nicht am Sportdirektor und Trainer liegt, dann gibt es auch nach 15 erfolglosen Spieltagen keinen Grund für deren Entlassung. Als Argument für einen Rauswurf bliebe dann vielleicht noch: Sie haben kein Geld ausgeben, das sie nicht hatten.

„Folge einer klaren Strategie!“

Aber Vorstände und Aufsichtsräte beugen sich häufig der Stimmung im Umfeld des Klubs, in den Medien und bei den Fans. Sie entscheiden also emotional. Und manchmal auch gegen ihre wahre Überzeugung. In der Saison 2020/21 wurde der wieder aufgestiegene VfB Stuttgart für seine junge Mannschaft gelobt. Als diese eine Saison später in Abstiegsgefahr geriet, war das Team für die Kritiker „zu jung“. Thomas Hitzlsperger, bis März 2022 Vorstandsvorsitzender der VfB Stuttgart 1893 AG und maßgeblicher Architekt des „neuen VfB“: „Es ist ein mutiger Weg, von dem wir überzeugt sind. Wir machen nicht kehrt, wenn es mal nicht so funktioniert. Letztes Jahr wurden wir von allen Seiten gelobt, die jüngste Mannschaft zu haben in der Bundesliga. Jetzt ist es ein Problem. Da macht man es sich zu einfach.“ Natürlich müsse man am Saisonende analysieren, „ob wir an der einen oder anderen Stelle Erfahrung gebraucht hätten. Aber jetzt sind solche Diskussionen die typischen Reflexe in der Branche von Leuten, die hinterher sagen, was sie angeblich schon immer gewusst haben.“ Sven Mislintat, Sportdirektor des VfB, sah es ähnlich: „Wer Druck nachgibt, handelt eher politisch, die eigene Position erhaltend. Man scheut sich, das Richtige für seinen Klub zu tun, wenn es einen den Job kosten könnte.“ Mislintat konzentriert sich auf das, „was ich beeinflussen kann – folge einer klaren Strategie, mit klaren Handlungsprinzipien und einem klassischen Wertekompass“. Als der VfB in der Saison 2021/22 nach 20 Spielen auf Platz 17 lag, bekräftigte der Sportdirektor gegenüber dem *kicker* ein weiteres Mal den Stuttgarter Weg, verstärkt auf junge Talente zu setzen. Der VfB wisse aus eigener Erfahrung, dass es auch schiefgehen könnte, wenn man auf Erfahrung setzt: „Gerade wir haben beim letzten Abstieg kennengelernt, dass man mit acht ehemaligen Nationalspielern – also einem fast konträren Weg – in die Relegation gegangen ist und diese dann gegen Union Berlin verloren hat." Mislintat sah in der sportlich misslichen Lage eine Chance: „Wenn wir es schaffen, und selbst wenn wir scheitern, werden wir uns in vielen Themen weiterentwickeln." Beispielsweise beim Thema „Führung": „Nur in Krisen kommen die Jungs nach vorne, die automatisch führen können. Die kaufst du nicht ein." Mislintat sprach auch die „Diskrepanz zwischen Realität und Wunschdenken" an. Er sah einen Unterschied zwischen „der emotionalen, historisch bedingten Wahrnehmung dieses Klubs, und dem, was wir aktuell zu leisten in der Lage sind". Für seinen Arbeitgeber sei es schlicht nicht möglich, Spieler für 20 Mio. Euro zu holen. Grundsätzlich sei man dabei, sich wirtschaftlich zu konsolidieren. Beim VfB, in der Saison 2006/07 noch Deutscher Meister, aber in den vergangenen sechs Jahren zweimal abgestiegen, herrscht traditionell noch deutlich mehr Unruhe als in Bremen. Auch sind die Ansprüche und Erwartungen hier noch höher. Man darf gespannt sein, ob es Mislintat trotz der notorischen Störfeuer gelingt, den Klub, der mittlerweile zu einer Topadresse für Nachwuchsstars avanciert ist, innerhalb der von ihm definierten Leitplanken zu entwickeln.

Ein Strom mit hoher Geschwindigkeit

Es ist viel einfacher, mit dem Strom der veröffentlichten Meinung zu schwimmen als gegen ihn. Der Sportdirektor wird angegriffen, die Vereinsführung und der Aufsichtsrat schweigen lieber, signalisieren Distanz und entziehen sich dem Kreuzfeuer. So verhindern sie, dass sie mit dem Sportdirektor fallen. Auch im Falle des Sportdirektors gilt, was wir bereits am Beispiel des Trainers ausgeführt haben. Wir machen häufig den Fehler, dass wir nur einen Teil einer Strecke beurteilen und dazu neigen, ein Rennen frühzeitig abzubrechen. Bei Werder war dies nach dem Abstieg im Sommer 2021 nicht der Fall.

Die Mehrheit im Aufsichtsrat war davon überzeugt, dass Frank Baumann den Übergang in die neue Saison gestalten sollte, da er in der Gesamtbetrachtung der Richtige hierfür sei. Man war davon überzeugt, dass Baumann seinen Job beherrscht und die anstehenden Aufgaben entschlossen angehen könne.

Für irgendwelche Veränderungen in der Geschäftsführung war aber auch sowieso die Zeit zu knapp. Der Abstieg war erst am letzten Spieltag fix. Vorher war nicht klar, um welche Liga es in der kommenden Spielzeit gehen und mit welchen finanziellen Ressourcen Werder planen können würde. Schalke 04 hatte es hier einfacher, da der Abstieg schon länger feststand.

Werder blieb für die Planung der neuen Saison hingegen nur wenig Zeit, auch weil die zweite Bundesliga schon früh startete. Zwischen dem letzten Spieltag in der ersten und dem ersten in der zweiten Liga lagen neun Wochen, womit Werder gegenüber der Konkurrenz drei Wochen verlor. Wer sonst als der amtierende Sportdirektor hätte in der kurzen zur Verfügung stehenden Zeit den Abbau von Schulden und die Zusammenstellung eines finanzierbaren und schlagkräftigen Kaders bewerkstelligen sollen?

Hätte man emotional entschieden, wäre man der Stimmung in einigen Medien und bei Teilen der Fans gefolgt, wäre vermutlich tatsächlich das Chaos eingetreten, das prognostiziert worden war. In dieser Situation war es hilfreich, dass sich Frank Baumann nicht davon beeinflussen ließ, was die Welt draußen über ihn dachte und von ihm forderte, sondern, wie er es selber formulierte, „gedanklich meist auf einer Sachebene war“. Er habe permanent darüber nachgedacht, „wie wir den Abstieg sportlich und wirtschaftlich meistern können“.

Man kann immer darüber diskutieren, wieviel kognitive Verzerrung mit im Spiel war, wie viel das mit persönlichen Sympathien zu tun hatte – davor ist niemand gefeit. Aber es waren nur wenige Wochen Zeit, und Werder benötigte in diesem Moment eine funktionierende Geschäftsführung.

Während die amtierende Geschäftsführung im Amt blieb, entschied der Aufsichtsrat, nicht mehr zu kandidieren. Aufsichtsrat Andreas Hoetzel erläuterte diese Entscheidung so: „Das Signal ist doch, dass sich der Verein einem Wandel nicht verschließt, ohne dabei seine aktuelle Handlungsfähigkeit in Gefahr zu bringen. Wir wollen nicht das Modell Schalke: Je mehr Köpfe rollen, desto besser. Das kann es nicht sein. Und das Modell Köln, wo alle die Schuld auf den anderen abladen und am Ende der Sportdirektor gehen muss, wollen wir auch nicht." Der 1. FC Köln hatte einen Tag nach der erfolgreichen Relegation Sportvorstand Horst Heldt entlassen.

DIETRICH: Dass Frank Baumann weder gefeuert wurde noch selbst zurücktrat, wohl aber vier Mitglieder des Aufsichtsrats ihren Rückzug ankündigten, war schwer nachvollziehbar. Für viele wirkte es, als übernähme der Aufsichtsrat und du als sein Vorsitzender die Verantwortung und zögen die Konsequenzen, während der operative Bereich einfach so weitermachen durfte und aus der Geschäftsführung niemand seinen Hut nahm.

MARCO: Vor allem wollten wir im Aufsichtsrat tatsächlich ruhig bleiben und auch in dieser schwierigen Situation des Abstiegs dazu beitragen, dass Werder verlässlich und handlungsfähig bleibt. Es musste ein Trainer gesucht werden, es musste ein Kader für die zweite Liga gestaltet werden und wir mussten auch gegenüber Partnern, Sponsoren, aber auch Banken, verlässlich bleiben. Dafür brauchte es eine Geschäftsführung und einen Geschäftsführer Fußball. Für mich und die Mehrheit im Gremium war auch klar, dass Frank Baumann weitermachen sollte und ich war froh, dass er nicht hingeworfen hatte. Die Wahrheit ist aber auch, dass in jenen Wochen im Aufsichtsrat kein Konsens mehr herzustellen war. Es gab keine Chance, eine einstimmige Entscheidung für Frank Baumann hinzubekommen.

DIETRICH: War das auch für dich und euch der Grund, nicht mehr für den nächsten Aufsichtsrat zu kandidieren?

MARCO: Die Gründe waren wahrscheinlich für jeden ein wenig anders. Fast allen gemeinsam war aber das Gefühl, dass wir das Signal geben sollten, dass es eine Bereitschaft gab, Verantwortung zu übernehmen und eine Erneuerung zuzulassen. Aber ganz ehrlich, auch die Geschäftsführung hat ja Verantwortung übernommen. Für mich persönlich kann ich sagen, dass jedenfalls nicht nur der Abstieg entscheidend war.

DIETRICH: Sondern?

MARCO: In meinem Kopf war schon einige Zeit vorher die Frage: Soll ich noch einmal für weitere vier Jahre diese Rolle des Vorsitzenden des Aufsichtsrats übernehmen? Dafür hatte ich persönliche und ganz private Gründe, aber es gab auch einige Entwicklungen, die mich frustriert hatten: die Pandemie mit den Geisterspielen, die sportliche Entwicklung der beiden vergangenen Jahre mit so vielen nervigen Niederlagen im Weserstadion und wenn ich ehrlich bin natürlich auch die Kritik aus manchen Ecken. Ein wenig hatte ich deshalb Zweifel, ob meine Rolle als „etwas anderer Aufsichtsrat" so noch richtig war.

DIETRICH: Dir wurde gelegentlich vorgeworfen, du seist zu nah dran gewesen, zu operativ ...

MARCO: Ja, das stimmt. Obwohl mir wieder andere vorwarfen, zu passiv zu sein. Egal, anfangs fühlte sich die Rolle für mich perfekt an: nah dran sein, auch Verantwortung übernehmen, ganzheitlich und strategisch auf Werder schauen zu können und trotzdem eine gewisse Freiheit zu behalten. Bei all den großen Herausforderungen hatte ich immer viel Freude daran, im Team, in der Werder-Familie, mitzuarbeiten – und auch für unsere Werte zu stehen und sie nach innen und außen zu vertreten. Ich glaube, ein Klub braucht auch Gesichter und ich war stolz, ein Gesicht von Werder zu sein und hoffentlich auch zur Identifikation mit Werder beizutragen.

Aber natürlich – immer wenn eine Wahl ansteht, muss und sollte man sich fragen, ob noch alles so passt – und das tat es eben nicht. Wäre die Mitgliederversammlung nicht verschoben worden, wäre meine Entscheidung ein Jahr vorher möglicherweise eine andere gewesen.

DIETRICH: Bereust du deine Entscheidung?

MARCO: Nein, das tue ich nicht. Aber natürlich fehlen mir viele Menschen bei Werder, die ich nun nicht mehr so häufig sehe. Wichtig war, dass wir als „alter" Aufsichtsrat noch bis zum Oktober 2021 unseren Job gemacht und eben nicht einfach hingeworfen haben. Werder ist noch da – und ich drücke den „Neuen" alle Daumen. Meine Freiheit ist wieder etwas größer geworden – jetzt habe ich sogar Zeit, Bücher zu schreiben …

Verkaufen geht vor Kaufen

Die Kritik an Frank Baumann nahm zu Beginn der Saison 2021/22 weiter zu, als der zunächst keine namhaften Neuverpflichtungen für einen Kader präsentieren konnte, der eines großen Umbaus bedurfte – wodurch Werders Saisonvorbereitung weiter beeinträchtigt wurde. Die Öffentlichkeit las und hörte nur von Verkäufen. Aber Baumann musste zunächst verkaufen, bevor er kaufen konnte. Ansonsten hätte Werder sich weiter verschuldet. Man kauft einen neuen Stürmer, wird dafür aber einen anderen nicht los und hat nun einen Stürmer zu viel auf der Lohnliste. Transfers auf Vorrat konnte Werder sich nicht leisten.

Es passiert durchaus, dass unter dem Druck der Öffentlichkeit und von Vereinsgremien Transfers um des Transfers willen getätigt werden, also ohne echte Überzeugung. Damit der Sportdirektor Leistungsnachweise präsentieren kann. Auch gegenüber Fans und Medien. Solche Transfers können einem Verein sehr teuer kommen und zu einem Kader führen, dem die Balance fehlt.

Frank Baumann zeichnete aus, vielleicht ist dies manchmal sogar eine kleine Schwäche von ihm, dass er extrem auf das Ganze schaute, auch die wirtschaftliche Situation immer im Blick hatte und sich selbst dazu zwang, auch diesbezüglich gewisse Ziele zu erreichen. Er hielt konsequent an seiner Linie fest: Erst abgeben, dann investieren. Unter Corona-Bedingungen Transfererlöse von 30 Mio. Euro zu erzielen, war nicht ganz einfach.

Es gelang aber. Frank Baumann machte einen guten Job, und Klaus Filbry, Geschäftsführer Finanzen, konnte Entwarnung geben. Trotz 35 Mio. Euro an Mindereinnahmen durch die Pandemie (Saison 2019/20: acht Mio. Euro, Saison 2020/21: 27 Mio. Euro.), stelle sich die wirtschaftliche Situation des Klubs nicht mehr „in irgendeiner Form bedrohlich" dar. Werder Bremen hatte die abgelaufene Saison 2020/21 mit einem negativen Geschäftsergebnis von 8,8 Mio. Euro abgeschlossen. Im Vergleich zum Vorjahr, als man ein Rekordminus von 23,5 Mio. Euro ausweisen musste, war dies eine Verbesserung um 15 Mio. Euro. „Wir lagen auf der Intensivstation", bilanziert Filbry: „Die konnten wir verlassen, aber wir werden weiter an den Folgen von Corona zu knabbern haben, weil wir Fremdkapital aufgenommen haben." Tatsächlich hatte Werder einen durch eine Landesbürgschaft abgesicherten Kredit in Höhe von 20 Mio. Euro aufgenommen. Hinzu kamen Einsparungen in den Bereichen Personal, Kommunikation oder Reisetätigkeiten sowie eine Mittelstandsanleihe, die die Liquidität um 18 Mio. erhöhte. Das verbesserte Geschäftsergebnis wurde insbesondere durch Transfernettoerlöse ermöglicht. Filbry konstatierte einen „unfassbaren Kraftakt, den wir als Organisation geschafft haben".

Die Marathonsitzung

Die Mitgliederversammlung am 5. September 2021 im Weserstadion dauerte fast zehn Stunden und war damit die längste in der Geschichte des Vereins. „Die Versammlung zeigt: Werder lebt", schreibt Tim Jürgens im Magazin *11 Freunde*. „Diskurswille ist vorhanden, und der Großteil der Anwesenden ist von der Hoffnung getrieben, dass der Klub nach dem rasanten Niedergang bald zurück in die Spur findet."

Was Frank Baumann auf der Mitgliederversammlung referierte, war zumindest für diejenigen, die sich ernsthaft mit den vergangenen beiden verkorksten Spielzeiten beschäftigt hatten, kaum neu. Doch es traf nun auf Gehör. Die Stimmungslage hatte sich so abgekühlt, dass man für rationale Erläuterungen zugänglich war. „Ich glaube, die Mitglieder haben gemerkt, dass wir offen und ehrlich waren", sagt Baumann. „Wir haben eine Analyse angefertigt, in der wir einige offene Fragen beantworten wollten: Warum haben wir gewisse Entscheidungen getroffen? Wo sind wir falsch abgebogen? Und, am wichtigsten: Wir wollten einen Weg aufzeigen, wie wir aus der schwierigen Situation wieder rauskommen." Zwischen dem Abstieg und der Mitgliederversammlung waren viele Entscheidungen getroffen worden, von denen einige auch schon umgesetzt worden waren, die bezüglich der Bewältigung der sportlichen und finanziellen Krise optimistisch stimmten.

Bei der Mitgliederversammlung des SV Werder Bremen am 5. September 2021 hielt Marco die folgende Rede, in der er seine Sicht auf die jüngere Vergangenheit und die veränderten Rahmenbedingungen im Profifußball erläuterte:

Moin!

Es ist normalerweise nicht vorgesehen, dass der Aufsichtsrat auf der Mitgliederversammlung spricht. Allerdings ist dies keine gewöhnliche Mitgliederversammlung, und deshalb möchten Andreas Hoetzel und ich hier einige Gedanken mit euch teilen.

Zunächst möchte ich sagen, dass diese Rede keine Rechtfertigung sein soll. Ich will auch nichts schönreden oder leugnen. Hoffentlich gelingt mir das.

Die furchtbare Zäsur des Abstiegs von Werder aus der Bundesliga ist Realität. Und diese Realität hat uns alle sehr traurig gemacht.

Natürlich trage ich dafür Verantwortung.

Und auch wenn es einerseits immer meine tiefe Überzeugung war und ist, dass Niederlagen nun mal zum Sport dazugehören und ich andererseits sicher bin, dass der Abstieg zwar eine bittere Niederlage darstellt, aber nicht das Ende der Welt oder das Ende von Werder, wie wir es kennen – so fühlt es sich doch anders an, wenn man es erleben muss!

Auch traurig bin ich darüber, dass ich in diesen Tagen Abschied nehmen werde von Werder, seinen Mitarbeiterinnen und Mitarbeitern und auch von meinem Team im Aufsichtsrat. Trotz vieler schwieriger Phasen hat mir das Zusammenarbeiten mit so vielen tollen Menschen sehr viel Freude bereitet.

Und auch wenn in den Medien etwas anderes zu lesen sein wird und erst recht in einigen Foren, so sehe ich zwar den schmerzhaften Abstieg, aber doch auch viel Positives und auch jetzt die Hoffnung, dass Werder wieder erfolgreich sein wird.

Alles zusammen fühlt sich nicht *ausschließlich* an wie Scheitern!

Wir Menschen neigen dazu, das Ende eines zeitlichen Verlaufs überzubewerten, also auf Werder und unsere Zeit als Aufsichtsrat bezogen nur den Abstieg zu sehen. Ich möchte aber versuchen, die gesamte Zeit zu betrachten und das sind fast fünf Jahre, seit dieser Aufsichtsrat gewählt wurde.

Außerdem sind seit dem Abstieg im Juni einige wichtige Entscheidungen getroffen und einige wichtige Dinge umgesetzt worden, die auch relevant sein werden für eine Gesamtbetrachtung.

Die Gründe für meine Entscheidung, nicht mehr für den Aufsichtsrat zu kandidieren sind vielfältig. Ehrlich gesagt ist der Abstieg nur ein Grund. Andere Gründe sind persönlicher.

Die Rolle, die ich als Vorsitzender des Aufsichtsrates hatte, war bestimmt eine besondere. Ich war ein Gesicht des Klubs, in den Medien präsent und bei vielen wichtigen Entscheidungen mit am Tisch.

Von manchen wurde und wird meine Rolle kritisch gesehen, und es gab und gibt Vorwürfe, ich sei zu dominant gewesen, zu operativ, zu nah dran. Für andere war ich zu weich, zu nett, zu unkritisch – und manchmal auch alles zusammen!

Im Folgenden möchte ich reflektierend, hoffentlich auch selbstkritisch, auf meine Zeit als Vorsitzender des Aufsichtsrats schauen, besonders auf die Zeit des amtierenden Aufsichtsrats.

Alle Fußballklubs verfolgen prinzipiell zwei strategische Ziele: Sie wollen sportlichen Erfolg maximieren und wirtschaftlich gesund bleiben (oder mindestens die Insolvenz vermeiden, wie es ein Bundesligamanager einmal ausgedrückt hat). Das gilt für den FC Bayern genauso wie für den VfL Bochum oder den SV Werder Bremen.

Wenn man ehrlich ist, besteht zwischen diesen beiden Zielen eine Hierarchie, ein gewisses Übergewicht des Ziels „Sportlicher Erfolg" und man kann wohl behaupten, dass große Teile der Medien und Fans sich eigentlich *ausschließlich* für dieses Ziel interessieren und wirtschaftliche Vernunft eher als notwendiges Übel ansehen. Das ändert sich nur, wenn Klubs in existenzielle Schieflage geraten, dann ist das natürlich ein wunderbares Thema, und der Aufschrei ist groß. Ansonsten wird man als Verantwortlicher eines Klubs meistens aufgefordert, für sportlichen Erfolg zu sorgen und dazu bitte alle Möglichkeiten auszuschöpfen.

Der Vorwurf, dass man viel zu wenig riskiert, ist mir in all den Jahren sehr viel häufiger begegnet als das Gegenteil.

Als Aufsichtsrat muss man naturgemäß trotzdem auch das zweite Ziel verfolgen, wirtschaftlich gesund zu bleiben, man könnte auch sagen, *ökonomisch nachhaltig* zu agieren, und die Geschäftsleitung dahingehend kontrollieren und beraten.

Es war in den vergangenen Jahren wohltuend, dass auch die Geschäftsleitung die Balance zwischen den beiden Zielen immer im Blick hatte, insbesondere auch Frank Baumann, der in seiner Rolle ein besonderes Interesse daran hat und haben muss, in seinen Kader zu investieren.

Trotzdem leben auch Aufsichtsräte (und Geschäftsführer) nicht im luftleeren Raum und wir wissen und erleben immer wieder, dass man keine Begeisterung auslöst, wenn man wirtschaftlich vernünftig ist, sondern nur, wenn der sportliche Erfolg stimmt. Deshalb sind auch wir anfällig dafür, zu viel Risiko einzugehen, wenn es um den *einen* Transfer geht, der uns vielleicht doch noch vor dem Abstieg bewahrt oder uns nach Europa bringen könnte.

Auf systematischer Ebene nennt man das Problem, dass Klubs ein zu großes wirtschaftliches Risiko eingehen, um ihre Ziele zu erreichen, „Überinvestition" oder noch etwas plakativer „Rattenrennen". Das Problem ist dabei vor allem, dass nun mal in jeder Saison mindestens zwei Mannschaften absteigen müssen, nur vier in die Champions League und zwei oder drei weitere in die Euro-League kommen können – und deshalb viele Klubs ihre Ziele verfehlen werden.

Warum gehe ich so ausführlich auf diesen Zielkonflikt ein, der mehr oder weniger alle Fußballklubs betrifft, auf ihrem jeweiligen Niveau?

Ich denke, dass das Verständnis dafür wichtig ist, wenn man die letzten Jahre von Werder betrachtet und verstehen will, warum wir gewisse Entscheidungen so getroffen haben, wie wir sie getroffen haben.

Mir ist klar, dass manche „besorgten Kritiker" sagen werden: „Darum geht es doch gar nicht! Ihr habt zu spät den Trainer gewechselt und jetzt macht ihr den gleichen Fehler bei Frank Baumann! Ihr seid verantwortlich für den Abstieg!"

Ganz ehrlich, für diese Kritiker, die nur den Abstieg sehen, die alles an Personen festmachen und insbesondere Schuldige suchen, wenn der Erfolg ausbleibt, für diese Kritiker lohnt es wohl nicht, mir zuzuhören!

Für alle anderen: Schauen wir auf die letzten fünf Jahre und ganz besonders auf die beiden Sommer 2019 und 2020.

Dieser noch amtierende Aufsichtsrat wurde im Herbst 2016 gewählt, Frank Baumann wurde im Sommer 2016 Geschäftsführer Profifußball, und die letzte Mitgliederversammlung vor der Pandemie fand im Herbst 2019 statt.

Blickt man ganz nüchtern auf diese ersten drei Jahre, so kann man – und das wird vielleicht manche überraschen – von einer guten Entwicklung sprechen.

Sportlich haben wir in den Abschlusstabellen die Plätze acht, elf und wiederum acht erreicht, in der Saison 18/19 mit immerhin 53 Punkten, was normalerweise deutlich für einen der ersten sechs Plätze reicht. Außerdem wurden in allen drei Jahren leicht positive Ergebnisse erzielt, in Summe ergab das einen Gewinn von ungefähr fünf Mio. Euro.

Zitat: „*Was er in fünf Transferperioden aus dem Team gemacht hat, verdient Respekt. Auch wenn zum jetzigen Zeitpunkt nicht garantiert werden kann, dass die Transferoffensive des Sommers auch zum angestrebten Ziel führen wird, kann doch unterstrichen werden, dass Baumann dem Klub, den Fans, der ganzen Werder-Region in Zusammenarbeit mit Trainer Florian Kohfeldt wieder Fantasie und eine Perspektive geschenkt hat. Weg vom Abstiegskandidaten, hin zum Europapokal-Anwärter. Oder anders gesagt: Aus dem Schatten ins Licht. Baumann weist den Weg.*“

Das sind nicht meine Worte, sondern ein Kommentar aus der *Deichstube* aus der Saison 18/19.

Wenn man die aktuelle Beurteilung betrachtet, die Frank zuletzt ertragen musste, klingen die Worte wie aus einer anderen Galaxie oder aus einer anderen Zeit.

Ich möchte damit aber gar nicht ausdrücken, dass das Lob richtig und die Kritik falsch ist.

Vielmehr ist mir wichtig zu verdeutlichen, dass in der Öffentlichkeit *offensichtlich* alles immer vom Ergebnis her beurteilt wird.

Vielleicht ist das auch gar nicht anders möglich, aber wir, die wir Verantwortung tragen und nah dran sind, müssen einen anderen Blick auf die Dinge haben und kennen zum Zeitpunkt der Entscheidung das Ergebnis eben noch nicht!

Diese Tatsache klingt trivial, ist aus meiner Sicht aber nicht trivial, denn es ist sehr leicht, ausschließlich rückblickend am Ergebnis festzumachen, ob eine Entscheidung gut oder schlecht war. Es ist dagegen so viel schwerer, gute Entscheidungen auf der Basis vieler unsicherer Prämissen zu treffen. Und das ist eben nicht das gleiche – nicht mal annähernd!

Kommen wir nun zum Sommer 2019.

Rückblickend und mit dem Wissen von heute haben wir einen entscheidenden Fehler gemacht: Wir verzichteten darauf, Transfererlöse zu generieren, so wie das Werder im Grunde zu allen Zeiten, auch in denen von Otto Rehhagel und Thomas Schaaf, immer gemacht hatte.

Durch den Verzicht auf einen Verkauf zum Beispiel von Milot Rashica oder Maxi Eggestein gingen wir ein wirtschaftliches Risiko ein, das wir zu dem Zeitpunkt mit ungefähr 15 Mio. Euro kalkulierten. Der Plan war, sportlich den nächsten Schritt zu machen, einige Details rund um das Profiteam weiter zu optimieren, um einen Platz zu erreichen, der uns wieder zurück nach Europa bringen könnte. Am Ende der Saison sollte dann der nötige Transfer nachgeholt werden. In dem Vertrag von Milot Rashica war eine zum damaligen Zeitpunkt gar nicht mal unrealistische, festgeschriebene Ablösesumme von 35 Mio. Euro formuliert.

Bezogen auf die zwei erwähnten Ziele vom Anfang haben wir das wirtschaftliche Ziel vernachlässigt in der Hoffnung (oder besser: in der Überzeugung) auf sportlichen Erfolg und daraus resultierende wirtschaftliche Chancen.

Leichtfertig haben wir das aber nicht getan. In meiner Erinnerung war es ein sorgfältiges, kontroverses Abwägen in Aufsichtsrat und Geschäftsleitung, aber am Ende waren wir doch alle „committet" auf diesen Weg.

Nach der dann folgenden Saison 19/20 musste allerdings konstatiert werden, dass der Plan in keiner Weise aufgegangen war. Sportlich hatten wir, vor allem wegen anhaltender Verletzungen, niemals auch nur annähernd unser Ziel im Blick behalten können und so schafften wir nur mit viel Glück und der Hilfe von Union Berlin den Klassenerhalt. Wirtschaftlich erwischte uns im Frühjahr 2020 die Corona-Pandemie sozusagen auf dem falschen Fuß!

Immer wieder wird behauptet, wir benutzten die Pandemie als Entschuldigung für den Abstieg. Das habe ich nie getan, und ich sage es hier auch noch einmal ganz deutlich: Corona ist *nicht* die Ursache für den Abstieg!

Allerdings ist die Corona-Pandemie die wichtigste Ursache, vielleicht die einzige Ursache, für unsere wirtschaftliche Krise des letzten Jahres. Das zu leugnen wäre genauso falsch wie die Aussage, Corona sei Schuld an allem.

Im Sommer 2020 stellte sich die Situation für uns im Aufsichtsrat und in der Geschäftsleitung zusammengefasst dann wie folgt dar: glücklicher Klassenerhalt, kein funktionierender Transfermarkt (plus Marktwertverluste bei den Spielern durch sportliche Krise und Corona-Pandemie), sowie Einnahmereduzierungen durch Geisterspiele, geringere Sponsoring- und TV-Erlöse. Und unsere recht realistische Worst-Case-Prognose für die Saison 20/21 lautete: vermutlich 17 Heimspiele ohne Zuschauer und keine Transfereinnahmen bis zum Sommer 2021.

Die Konsequenz, die wir aus dieser kritischen Lage und der düsteren Prognose zogen, war, dass wir den Fokus nun unbedingt auf die Bewältigung der wirtschaftlichen Krise legen und eher bereit sein mussten, diesmal *sportlich* ins Risiko zu gehen.

War dann also der Abstieg nur die logische Konsequenz dieser strategischen Entscheidung? Oder war der entscheidende Fehler, an Florian Kohfeldt festzuhalten, wie so viele Kritiker behaupten? Haben Florian Kohfeldt und sein Team nach dem Sieg gegen Bielefeld am 24. Spieltag gedacht: „Das war's!", und dann locker gelassen? Spielten am Ende in den letzten zehn Spielen die Nerven verrückt? Oder war es sogar Pech, dass zum Beispiel, das eine Ding gegen Augsburg vom Pfosten wieder raussprang?

Ich möchte hier ganz offen und ehrlich auf diese Fragen antworten. Ich habe auch keinen Grund mehr, irgendetwas zu verschweigen. Aber die Wahrheit ist, es gibt meiner Meinung nach keine einfache Antwort darauf! Ich jedenfalls habe keine.

Wir alle lieben den Fußball, weil man meistens nicht weiß, wie es ausgeht. Ein einzelnes Tor hat im Fußball eine so große Bedeutung, dass Kleinigkeiten spielentscheidend sein können: eine vergebene Chance, eine Schiedsrichterentscheidung, eine Standardsituation. Es gehört zur Natur des Fußballs, dass Überraschungen viel häufiger vorkommen als in anderen Ballsportarten.

Deshalb hat man es im Fußball, wenn es um die Erfolgsfaktoren geht, so häufig mit Wahrscheinlichkeiten zu tun und nicht mit einfachen Tatsachen.

In der Psychologie lernt man, dass wir Menschen Geschichten lieben und kausale Zusammenhänge, am liebsten ganz einfache. Davon leben auch die Medien.

Wenn es um Wahrscheinlichkeiten geht oder um komplexe Ursachen, fühlt sich unsere Intuition nicht mehr so wohl, und wir werden häufig Opfer von Verzerrungen und Denkfehlern. Diese sind nur überwindbar durch sorgfältiges, rationales Analysieren – aber das ist eben anstrengend.

Nach dem Abstieg gab es eine ziemlich unangenehme Zeit und viele Diskussionen auch im Aufsichtsrat. Bitte versteht, dass ich hier keine Details preisgeben kann und will, aber so viel sei gesagt, einen Konsens zu finden wurde schwierig.

Zwei Leitgedanken haben mich und uns alle trotzdem in diesen Wochen beschäftigt: Bei aller Unruhe, die von außen kommen wird, müssen wir als Klub handlungsfähig bleiben und wichtige sportliche und finanzielle Entscheidungen einleiten. Außerdem müssen wir nach innen und außen verdeutlichen, dass eine gewisse Erneuerung notwendig ist.

Diese Gedanken führten dann am Ende zu der kollektiven Entscheidung im Aufsichtsrat, nicht mehr zu kandidieren.

Wenn wir ins *Heute* springen, so kann man feststellen, dass tatsächlich in diesem Sommer auch schon viele Entscheidungen getroffen wurden und manches umgesetzt wurde, das mich insgesamt optimistisch stimmt, dass wir die Krise bewältigen werden.

In unserer Aufsichtsratssitzung in der vergangenen Woche haben wir wie immer intensiv auf die aktuellen Finanzzahlen geschaut und dabei mit ein wenig Erleichterung feststellen können, dass sich unsere finanzielle Lage in den vergangenen Monaten deutlich verbessert hat, auch wenn wir natürlich noch nicht über den Berg sind.

Dass das gelungen ist, ist vor allem der Leistung der Geschäftsleitung und unserer Mitarbeiterinnen und Mitarbeiter in allen Bereichen geschuldet, die an tausend Stellen mitgeholfen haben, diese positive Entwicklung hinzubekommen.

Trotzdem will ich auch an dieser Stelle noch mal herausstellen, dass die *erreichten Transfererlöse* dieses Sommers der Schlüssel dazu waren.

Auch im Sport ist eine Menge passiert: der erste wichtige Schritt war ein neues Trainerteam mit Markus Anfang an der Spitze, der zweite ein umfassender Umbau des Kaders mit den zwei Zielen, erstens signifikant Transfererlöse zu generieren und die Gehaltskosten der Planung anzupassen und zweitens sportliche Qualität zu erhalten und zu finden, für eine Mannschaft, die bestenfalls sofort wieder um den Aufstieg mitspielen kann.

Da sind sie wieder: die beiden Ziele „Sportlicher Erfolg" und „Wirtschaftliche Nachhaltigkeit"!

Ich bin sehr froh darüber, dass wir mit Markus Anfang einen kompetenten und sehr ambitionierten Cheftrainer gewinnen konnten, der unbedingt zu Werder wollte und der Gott sei Dank sogar schon Erfahrung mit einer solch schwierigen Aufgabe hat, wie der, einen Traditionsklub nach einem Abstieg zu übernehmen.

Ich meine auch, dass trotz massiven Gegenwinds in der Öffentlichkeit mit den getätigten Transfers, mit den Rückkehrern aus Leihen und nicht zuletzt mit Talenten aus dem eigenen LZ nun eine Mannschaft gebaut wurde, die zumindest in meinem Kopf Phantasie auslöst.

Niemand sollte (und ich werde das schon gar nicht tun) von diesem neuen Team den direkten Wiederaufstieg *verlangen*. Aber wir alle können und sollten es darin unterstützen, darum mit aller Leidenschaft zu kämpfen – in jedem einzelnen Spiel dieser Saison, die gerade erst begonnen hat!

Ganz zum Ende möchte ich zusammenfassend noch einmal darstellen, was mir für die Zukunft von Werder wichtig erscheint.

1) Werder muss bereit sein zur Erneuerung, muss innovative Ideen und Strategien entwickeln – und diese auch wirklich umsetzen. Aber ich sage es hier noch einmal *bewusst provokativ*: Werder muss auch Werder bleiben, wenn es um seine Werte und seine Haltung geht. Mir wird im Leben niemand einreden können, dass die Werder-Familie etwas Schlechtes sein könnte. Und dass es ein Widerspruch ist, Werder *und* die AfD gut zu finden, wie es Hubertus mal formuliert hat, bleibt für mich ebenso für immer richtig.

2) Neben den beiden Zielen „Sportlicher Erfolg" und „Ökonomische Vernunft", sollte sich Werder durch Ziele im Bereich „Bildung", „Nachhaltigkeit" (und hier besonders „Soziale Verantwortung") und „Identifikation mit seinen Fans" von anderen Klubs unterscheiden und ein besonderer Klub mit einer besonderen Atmosphäre sein wollen.

3) Werder sollte einen strategischen Partner finden, der den Klub durch Eigenkapital stärkt und inhaltlich weiterentwickelt. Aus meiner Sicht wäre das stärkste gemeinsame Thema dafür „Ganzheitliche Bildung/Ausbildung"! Dabei nicht nur an Werder zu denken, sondern die Stadt und weitere Akteure des Sports mitzunehmen in einer wirklich gelebten „Campus-Idee" wäre für Bremen *und* Werder ein tolles Zukunftsprojekt.

4) Eine Lehre aus den vergangenen Jahren lautet für mich auch: Kontinuierliche Kaderplanung ist eine Basis für sportlichen Erfolg, aber Werder sollte immer bereit sein, Spieler auf dem Zenit abzugeben, wenn es wirtschaftlich sinnvoll ist. Was hier *nicht* gemeint ist, ist ein reines Trading-Denken vom Kaufen und Verkaufen, sondern eher, eine Kultur zu etablieren, die „Loslassen" ermöglicht und „Immer-wieder-anfangen" fördert.

5) Werder sollte versuchen, auch durch die eben erwähnte Ergänzung durch weitere Ziele als nur „sportlichen Erfolg", sich aus dem Rattenrennen zu verabschieden und sich andererseits immer dafür einsetzen, dass die Regeln im Fußball gerechter werden. „50+1" für alle oder keinen, gerechte Verteilung der TV-Gelder, Ausgabebeschränkungen oder Luxury Fee[13].

Beschränkung von Beraterhonoraren – all diese Kämpfe und noch einige mehr sind schwer zu gewinnen. Und trotzdem muss man sie weiterkämpfen!

---

13 Die Luxury Fee oder Luxury Tax ist eine finanzielle Sonderabgabe für Teams, zum Beispiel in der amerikanischen NBA, welche die Gehaltsobergrenze, den sogenannten Salary Cap, überschreiten.

6) Und schließlich: Werder sollte immer EIN Werder sein – in e.V. und KG, mit all seinen Mitgliedern, Partnern und Fans. Dabei sollte sich auch der e.V. hinterfragen und erkennen, dass Erneuerung notwendig ist. Orientierung dafür geben unsere gemeinsamen Werte: familiär, menschenfreundlich, beherzt und einfallsreich.

Auch wenn ich nun nicht mehr aktiv mitgestalten werde, so wünsche ich mir doch von ganzem Herzen, dass Werder wieder erfolgreich sein wird, die Menschen begeistert und auch dazu beiträgt, dass Fußball und Sport etwas Gutes bleiben, und unsere Gesellschaft ein bisschen besser machen.

Und ich wünsche mir, dass ich trotz meines Rückzugs *heute* auch in Zukunft weiter ein Teil der Werder-Familie sein darf!

Vielen Dank für eure Aufmerksamkeit!

KAPITEL 14

In der zweiten Liga

„Unter allen unwichtigen Dingen ist Fußball bei weitem das wichtigste!"

PAPST JOHANNES PAUL II.

Wenn man als Fußballfan morgens die Zeitung aufschlägt und das abendliche Spiel in der Champions League oder bei Verlängerung im DFB-Pokal wird nicht erwähnt, liest man häufig den Satz: „Das Ergebnis stand bei Redaktionsschluss noch nicht fest."

In Zeiten des Internet und der allumfassenden Berichterstattung durch Sky, DAZN oder Amazon kommt eine abgebrochene Berichterstattung eigentlich gar nicht mehr vor. Wenn man es morgens trotzdem in der Printausgabe liest, muss man irgendwie schmunzeln, weil es so „old school" wirkt.

Diese „Poesie der Unwissenheit" trifft auch auf dieses Buch zu. Der Redaktionsschluss dieses Buches fiel in die Woche nach dem 27. Spieltag der Saison 2021/22. In der ersten Liga führte natürlich der FC Bayern München mit einigem Abstand vor den Dortmundern. „In der Bundesliga nichts Neues" – wir waren uns sehr sicher, dass bei Erscheinen des Buches die Bayern zum zehnten Mal in Folge Deutscher Meister geworden sind. Wenn nicht, dann haben wir alle eine Mega-Überraschung erlebt.

Im Kampf um den Klassenerhalt sah es deutlich spannender aus. Auf dem letzten Platz stand zwar nach einer missratenen Hinrunde recht abgeschlagen die SpVgg Greuther Fürth – keine wirkliche Überraschung. Davor allerdings kämpften Bielefeld, Augsburg, Hertha BSC und Stuttgart fast punktgleich um die rettenden Plätze. Wieder konnte es Traditionsklubs wie den VfB und Hertha BSC erwischen.

In der zweiten Liga war das Aufstiegsrennen ziemlich offen. Gleich sieben Vereine waren dabei: Werder, St. Pauli, Darmstadt, Nürnberg, Schalke 04, der HSV und Heidenheim.

Baustelle Werder

Dabei war Werder mit einer Mannschaft in die Saison gegangen, in der wenig Zweitligaerfahrung versammelt war und die in den ersten Wochen personell noch unfertig erschien. Und zwar in beide Richtungen. An den ersten Spieltagen standen noch Spieler wie Maxi Eggestein, Josh Sargent und Yuya Osako auf dem Feld, allesamt Spieler, die Werder noch verlassen sollten. Auf der anderen Seite traf die einzige „teure" Neuerwerbung Marvin Ducksch am ersten Spieltag noch für Hannover 96 und *gegen* Werder und stieß erst vier Spieltage später zu den Bremern. Erst nach einem Drittel der Saison spielten Ducksch und Niclas Füllkrug zum ersten Mal gemeinsam im Sturm. Wenige Wochen später konnte man sich das gar nicht mehr anders vorstellen.

Für Ducksch wurden etwa zehn Prozent des Geldes ausgegeben, das Werder durch Verkäufe eingenommen hatte. Im Sommer 2021 war es im ersten Schritt darum gegangen, Transferüberschüsse zu erwirtschaften und das Gehaltsgefüge zu reduzieren – im zweiten Schritt dann um den sportlichen Wiederaufbau.

Mit einem Durchschnittsalter von 24,5 Jahren stellte Werder eines der jüngsten Teams der Liga. „Gerade den jungen Spielern wollen wir Zeit und Raum geben, sich entwickeln zu können, um bei Werder den nächsten Schritt zu machen", sagt Frank Baumann. „Es geht jetzt auch darum, genau diesen Spielern den Rücken zu stärken, sie in ihrer Entwicklung zu fördern, Rückschläge aufzufangen, damit sie richtige Stützen unserer Profimannschaft werden können und wir auch Werte für die Zukunft schaffen können." Zehn der 27 von *transfermarkt.de* aufgeführten Kadermitglieder hatten bereits in der Jugend (einschließlich der U23) für Werder gespielt.

Bei der Wahl des neuen Trainers ließ man große Sorgfalt walten. Frank Baumann referiert die Leitfragen dabei folgendermaßen: „Wie passt der Trainer zu unserer Spielidee? Wie sind die Ergebnisse im Vergleich zu den finanziellen Möglichkeiten? Wie waren die Ergebnisse im Vergleich zu den Leistungen?" Werder erstellte ein aus 35 Punkten bestehendes Anforderungsprofil. Auch bemühte man sich, den Entscheidungsprozess offen und nachvollziehbar zu kommunizieren.

Neuer Trainer wurde Markus Anfang, der zuletzt Darmstadt 98 trainiert hatte. Neben Darmstadt hatte er in der zweiten Liga auch den

1. FC Köln und Holstein Kiel trainiert und kannte sich somit in diesem Wettbewerb aus. In Köln hatte er gelernt, was es heißt, bei einem Traditionsverein zu arbeiten, dessen Umfeld den sofortigen Wiederaufstieg erwartet. Ein weiterer Grund, warum sich Werder für Anfang entschied: Seine Spielweise trug eine klare Handschrift. „Markus hat gezeigt, dass er für einen sehr offensiven Fußball steht", sagt Baumann, „und dass es kein Zufall war, dass seine Mannschaften in den drei Jahren in der zweite Liga immer den Torschützenkönig gestellt hatten."

Nach der Bekanntgabe seiner Verpflichtung wurde Werder von Umfeld und Medien gelobt. Zum Teil auch deshalb, weil man einen Mann geholt hatte, der auf den ersten Blick nicht unbedingt in die Werder-Familie zu passen schien, sondern einen etwas anderen Stil mitbrachte.

Anfang und Ende

Der Saisonstart verlief erwartungsgemäß holprig. Aus den bereits erwähnten Gründen bestand bezüglich der genauen Zusammensetzung des Kaders lange Unklarheit, was die Vorbereitung beeinträchtigte. Die mächtig umgebaute Mannschaft musste sich erst noch finden. Hinzu kamen einige verletzungsbedingte Ausfälle.

In der ersten Hauptrunde des DFB-Pokals scheiterte Werder am Drittligisten VfL Osnabrück. In der Liga unterlag man am dritten Spieltag dem SC Paderborn daheim mit 1:4. Auch das Derby gegen den HSV ging im eigenen Stadion verloren (0:2). Auswärts gab es 0:3-Niederlagen in Dresden und bei Anfangs altem Arbeitgeber Darmstadt. Beim als Abstiegskandidaten gehandelten SV Sandhausen konnte Füllkrug erst in der Nachspielzeit wenigstens einen Punkt retten. Nach zwölf Spielen trennten Werder bereits zehn Punkte von der Tabellenspitze. Zu Platz drei waren es auch schon derer sechs.

Erst am 13. Spieltag stand der Mannschaftsrat mit den erfahrenen Führungsspielern Bittencourt, Toprak und Groß gemeinsam im Aufgebot. Werder gewann beim 1. FC Nürnberg mit 2:1.

Für Markus Anfang war diese Begegnung seine letzte als Werder-Trainer. Das war aber nicht der Tabelle geschuldet, sondern einem gefälschten Impfpass. Es schien, als würden sich die dunklen Wolken über dem Weserstadion nie verziehen. Die Beweggründe Anfangs, sich nicht impfen zu lassen, seine Ängste wegen familiärer Erfahrungen, erschienen später nachvollziehbar, wenn auch nicht komplett überzeugend. Nicht plausibel, sondern vollkommen verstörend, wirkten aber auch nach seiner Erklärung im März 2022 die Täuschungen und Lügen gegenüber der Mannschaft, den Werder-Verantwortlichen und der Öffentlichkeit.

Ole Werner kommt

Anfangs Nachfolger wurde Ole Werner. Das stellte sich schnell als absoluter Glücksfall heraus. Wobei: Glück allein war es gewiss nicht, denn Werner war auch schon im Sommer ein ernsthafter Kandidat gewesen, und so konnte Frank Baumann auch sehr schnell auf die Trennung von Anfang reagieren. In der Saison 2020/21 hatte Werner mit dem Zweitligisten Holstein Kiel die Relegation zur Bundesliga erreicht, in der die „Störche" am 1. FC Köln scheiterten. Dass Kiel nicht direkt aufstieg, war auch Corona und einem durch die Pandemie extrem eng getakteten Spielplan für die Mannschaft geschuldet. In Folge mehrerer teaminterner COVID-19-Infektionen mussten die Kieler im Schnitt alle drei Tage ein Pflichtspiel bestreiten. Im DFB-Pokal stieß Holstein bis ins Halbfinale vor – auf dem Weg dorthin wurde sogar Bayern München „weggeräumt".

Als Werner Werder übernahm, lag die Mannschaft nach einer 1:2-Niederlage in Kiel auf Rang zehn – zwölf Punkte hinter dem Spitzenreiter FC St. Pauli und neun hinter dem Zweiten Darmstadt 98. Zu Platz drei, dem Relegationsplatz, waren es auch schon acht Zähler.

Werner startete mit einem 4:0-Heimsieg gegen Aue, der bei den Fans eine nahezu euphorische Stimmung auslöste – obwohl man durch den Sieg lediglich von Platz zehn auf Platz neun hochgerutscht war. Hier nur einige der Stimmen, die die *Deichstube* nach dem Abpfiff vor dem Stadion einfing: „Es macht wieder Spaß, Werder-Fan zu sein." „Ich fand es richtig gut – endlich mal wieder drei Punkte." „Es war Balsam für die geschundene Werder-Seele." Nicht nur wegen der Höhe des Sieges, sondern auch wegen der Art und Weise, wie dieser eingefahren wurde: „Überragend! Endlich mal wieder ein klares 4:0!" Auch Arnd Zeigler war erleichtert: „Vor einigen Wochen war hier noch Untergangsstimmung, nachdem zuhause gegen Paderborn 1:4 verloren wurde. Die

Schwarzmaler sahen das direkte „Durchgereichtwerden" in die dritte Liga voraus, einen zu miesen Kader und den baldigen Bankrott. Der Verein hat nach einer zuletzt tollen Transferentwicklung und einer sehr hanseatisch-erwachsenen Jahreshauptversammlung den Turnaround angedeutet."

Es ist eine interessante Frage, ob Ole Werner ebenso erfolgreich gewesen wäre, wenn er schon zu Saisonbeginn Trainer geworden wäre. Und auch die Frage, ob Medien und Umfeld so positiv auf ihn reagiert hätten, wäre er direkt auf Kohfeldt bzw. Schaaf gefolgt. Zweifellos passt Werner mit seiner norddeutschen Unaufgeregtheit und seiner sachlichen, aber nicht emotionslosen Körpersprache von außen betrachtet perfekt zu Werder. Trotz seines Alters wirkt er auch schon reif und erfahren. Trotzdem, und das soll seine Leistung überhaupt nicht schmälern, profitierte er auch davon, dass sich im Herbst endlich eine feste Formation als Startelf gefunden hatte und „Key-Player" wie Toprak, Groß, Füllkrug und Ducksch fit und in guter Form waren.

Dass Ole Werner uneitel und sachlich analysiert und entscheidet, konnte man auch daran erkennen, dass er die gerade eingespielte taktische Grundordnung mit Dreierkette und zwei Spitzen nicht wieder änderte, sondern daran festhielt, obwohl das vermutlich nicht seine Lieblingsordnung war. Ihm ging es aber offensichtlich nie darum, „Recht zu haben", vielmehr darum, pragmatisch den besten Weg zum Erfolg zu finden und flexibel auf die Gegebenheiten zu reagieren.

Wir haben bei Kohfeldt dargestellt, dass man vorsichtig damit sein sollte, nach kurzer Zeit zu weit in die Zukunft blicken zu wollen. Dennoch, mit Ole Werner hat Werder einen stimmigen Trainer gefunden, mit dem man ein gutes Stück Weg gemeinsam gehen kann.

Werder fühlt sich wieder wie Werder an

Die Siegesserie, die Werder im Herbst und Winter hinlegte und die fast „Rehhagel-Dimensionen" annahm, führte auch dazu, dass der Geschäftsführer Fußball Frank Baumann bei Fans, Umfeld und Medien weiter Kredit zurückeroberte. Baumann machte trotz des Gegenwinds und trotz des holprigen Starts einen guten Job. Nun, nach den ersten Siegen mit Ole Werner, wurde ihm attestiert, dass er (und auch seine Kollegen in der Geschäftsführung) professionell und angemessen auf die Impfaffäre von Markus Anfang reagiert hatten und mit Ole Werner schnell der perfekte Nachfolger gefunden wurde.

Vor dem folgenden Auswärtsspiel beim Tabellenzweiten Jahn Regensburg brach Marco Fuchs, der neue Vorsitzende des Aufsichtsrats, eine Lanze für Frank Baumann und Klaus Filbry. Baumann befinde sich seit dem Abstieg „in einer schwierigen Situation. Er macht das mit großer Ernsthaftigkeit und tiefer Analyse. Klaus Filbry und die Geschäftsleitung haben die Krise toll gemanagt."

In Regensburg gewann Werder mit 2:1, und im letzten Spiel des Jahres 2021 wurde Hannover 96 mit 4:1 besiegt. Werder rückte damit auf Platz sieben in Liga zwei vor. Wer aber die Reaktion der Fans betrachtete, konnte den Eindruck bekommen, Werder spiele nicht in der zweiten Liga, sondern kämpfe in der Bundesliga um Champions-League-Plätze.

Auf einmal war Werder für alle wieder der Aufstiegskandidat Nummer eins. Heribert Bruchhagen sah Werder für die Rückserie gut gerüstet. „Der Verein verkörpert immer noch trotz aller Rückschläge eine gewisse Geschlossenheit, steht für einen Gemeinschaftssinn. Im Gegensatz zu Schalke und Hamburg. Ich denke, dass bei Werder Bremen das Nervenkostüm stabiler ist als bei der Konkurrenz. Zur Hälfte der Rückrunde, wenn bei allen das große Nervenflattern beginnt, könnte das ein Trumpf für Werder sein."

Am 24. Spieltag erlebten die Fans der Grün-Weißen den bis dahin emotionalen Höhepunkt der Saison 2021/22 im Nordderby beim HSV. In einem mitreißenden Spiel gewann Werder mit 3:2 und eroberte die Tabellenführung. Ein bisschen Glück (bei Schiedsrichterentscheidungen) brauchte es, aber Millionen Zuschauer sahen ein leidenschaftliches Werder-Team. Für Beobachter stand das Derby beispielhaft für die wohl stärkste und attraktivste zweite Liga, die man je erlebt hatte.

Zwei Wochen später gewann Werder dann auch noch das Spitzenspiel gegen Darmstadt 98 – nach Monaten der Pandemieeinschränkungen wieder in einem ausverkauften Weserstadion.

Selbst wenn Werder der Aufstieg nun nicht gelingen sollte – Spiele wie gegen den HSV oder Darmstadt verdeutlichten, dass das wichtigste Ziel dieser Saison erreicht war: Die Depression des Abstiegs war bewältigt, ein echtes Team hatte sich gefunden, mit einem neuen und vielversprechenden Trainer. Werder fühlte sich definitiv wieder wie Werder an.

Wir haben gelernt: Tradition (allein) schießt keine Tore – die Erfolge der Vergangenheit können sogar manchmal zur Belastung werden, wenn der Erfolg ausbleibt, aber die Erwartungen nicht der neuen Situation angepasst werden.

Viele beliebte Traditionsvereine sind inzwischen in der zweiten Liga verschwunden. Von den Top 20 der „ewigen Bundesligatabelle" waren in der Saison 2021/22 zehn nicht mehr erstklassig. Darunter die Vereine auf den Plätzen drei (Werder), vier (HSV) und sieben (Schalke).

Am Beispiel Werder (oder auch an dem des VfB Stuttgart) haben wir aber auch gesehen, dass ein Abstieg nicht das Ende der Welt bedeuten muss, dass Erfolgserlebnisse in der zweiten Liga heilsam sein können, wenn sie als Chance zur Erneuerung verstanden werden. In Bremen ist die „Empörung des Abstiegssommers" inzwischen einer hoffnungsvolleren Stimmung gewichen. Die zweite Liga erwies sich nicht als das Horrorszenario, das einige beschworen hatten. Der Kampf um einen Aufstiegsplatz fühlt sich deutlich besser an als der quälende Abstiegskampf der vergangenen zwei Jahre.

Aber ein Wiederaufstieg wird nicht alle Probleme lösen und die Herausforderungen in der Bundesliga werden nach der Rückkehr auch nicht kleiner geworden sein. Geschichte kann sich wiederholen, wenn man nicht aus ihr gelernt hat – aber auch sonst.

EINWURF

Der Profifußball und seine Standorte

In der Saison 2021/22 ist die zweite Liga eine Super League. Oder wie es einer von Dietrichs Söhnen (Jahrgang 1989) formulierte, als auch noch der Abstieg der Kölner drohte: „Die zweite Liga ist die Bundesliga, wie ich sie aus meiner Kindheit kenne …"

Ein Blick auf die Demografie der beiden höchsten deutschen Spielklassen: Es gibt in Deutschland 14 Städte mit 500.000 und mehr Einwohnern. Zählen wir noch Duisburg hinzu, wo gut 498.000 leben, sind es 15. Von diesen 15 Städten kickten in der Saison 2021/22 nur sieben erstklassig: Berlin, München, Köln, Frankfurt, Leipzig, Dortmund und Stuttgart. Zwei der acht Vereine, Hertha BSC und der 1. FC Köln, waren in der Saison 2020/21 vom Abstieg bedroht. Köln rettete sich erst in der Relegation, Hertha trennten nur zwei Punkte vom Relegationsplatz. In der Saison 2021/22 sind die Stadtstaaten

Hamburg und Bremen raus, die großen Landeshauptstädte Düsseldorf und Hannover ebenfalls. Für acht der 15 größten Städte reicht es nur für die zweite, dritte oder vierte Liga. Hamburg, Düsseldorf, Bremen, Dresden, Nürnberg und Hannover kicken zweitklassig, Duisburg drittklassig, Essen sogar nur viertklassig.

Von 18 Erstligisten kommen acht aus Städten mit weniger als 300.000 Einwohnern. In beiden Ligen zusammengenommen sind es 15. Und neun Standorte zählen weniger als 200.000 Einwohner.

Die Größe des Standorts spielt also nur eine eingeschränkte Rolle bezüglich des Status eines Profiklubs. Tradition – bzw. Erfolge aus der Vergangenheit – ebenfalls. Bei drei der neun Klubs aus Städten mit weniger als 200.000 Einwohnern gilt die 50-plus-1-Regel nicht. Zweifellos ein Grund für deren Zugehörigkeit zur 1. Bundesliga. Aber dass sich auf der großen Bühne auch kleinere Darsteller tummeln, ist nicht neu. Das hat es auch in der Vergangenheit gegeben. Dank der Unterstützung durch einen Industriebetrieb (z. B. in der alten Oberliga West), durch einen Mäzen etc. Und heute? Dank Mobilität und Marktbrücken wie TV, Merchandising etc. ist die Größe der Stadt, in der das Stadion steht, nicht mehr so wichtig. Außerdem repräsentieren Vereine in der Regel nicht nur eine Stadt, sondern auch eine Region.

Die Größe des Standorts ist aber auch deshalb nur von eingeschränkter Bedeutung, weil große Klubs aus großen Standorten aus ihren Vorteilen häufig wenig machen. Und weil nicht so große Klubs aus nicht ganz so großen Standorten nach dem Cruyff'schen Motto verfahren: „Jeder Nachteil hat einen Vorteil."

Aber was macht Klubs wie Freiburg, Mainz, Augsburg, Kiel, Fürth etc. so stark?

Erstens: Keiner dieser Klubs verfolgt die (übertriebene) Idee, auf Augenhöhe mit Bayern und Dortmund zu kommen. Dies gilt auch für Hoffenheim, wo Dietmar Hopp ja genau das unterstellt wurde. Weshalb nach dem Aufstieg der Kraichgauer einige Traditionsklubs in Panik gerieten, dass Hoffenheim ihnen dauerhaft einen Champions-League-Platz wegnehmen werde.

Zweitens: Diese Klubs wussten schon immer, dass die Bundesliga für sie alles andere als eine Selbstverständlichkeit ist. Dass sie mit deutlich weniger Mitteln anders und besser arbeiten müssen als die

Großen und Etablierten. Dazu gehört auch ein permanentes Scannen von Entwicklungen im Fußball, die permanente Auseinandersetzung mit der Frage, wo man sich anpassen, was man noch verbessern kann.

Trotzdem werden diese Klubs mit sehr hoher Wahrscheinlichkeit nie um die Deutsche Meisterschaft mitspielen. Aber das erwartet auch niemand von ihnen. Auch die Champions League gilt nicht als mögliches Ziel. Europa League? Vielleicht. Als Bonus. Aber nicht regelmäßig. Der Druck der Mitglieder und Fans ist geringer als z. B. „auf Schalke". Die Verantwortlichen und Spieler können „angstfreier" agieren. (Die grassierende Angst im Profifußball ist ein eigenes Thema.)

Drittens: Diese Klubs plagt keine ruhmreiche Vergangenheit. Fürth war zwar dreimal Deutscher Meister. Allerdings das letzte Mal 1929, also viele Jahre vor Einführung der Bundesliga. In Fürth fordert niemand, dass man 1929 baldmöglichst wiederholen müsse. Freiburg hat schon in den 1990ern eindrucksvoll demonstriert, dass sich erstklassiger Fußball auch an Orten inszenieren lässt, die der Fußballfan nicht zu den Hochburgen des Spiels zählt. Freiburg galt nicht als Hort von Fußballtradition, obwohl der Freiburger FC, der ehemalige Lokalrivale des Sportclubs, schon mal Deutscher Meister war. Und zwar 1907. Der SC konnte also ungestört wachsen und musste sich nicht im gleichen Ausmaß mit Realitätsverweigerern herumschlagen wie einige der großen Traditionsvereine.

Viertens: Die Politik der Klubs wird durch eine realistische Einschätzung von der Entwicklung der Kräfteverhältnisse im nationalen und internationalen Fußball geprägt. Weshalb sie ein sportlicher Durchhänger nicht gleich aus der Bahn wirft. Und auch kein Abstieg. Jakob Böllhoff schreibt in der *Frankfurter Rundschau:* „Die Freiburger und Augsburger und Mainzer haben schlau und vorsichtig gehaushaltet, paranoid beinahe, denn die guten Zeiten sind für sie Vorboten der schlechten, wegen der höheren Belastung in Kombination mit dem Verkauf von Leistungsträgern: Wo sollen wir spielen nächstes Jahr? Europapokal? Ohgottogott, das ist der Untergang." (Dank seines extrem erfolgreichen organischen Wachstums und der damit verbundenen Stabilität hat Freiburg aber vielleicht mittlerweile ein Stadium erreicht, wo dem Klub vor Europa nicht bange sein muss.)

Die meisten dieser Klubs begreifen sich als „Ausbildungsvereine". Das bedeutet: Eine gute Nachwuchsarbeit ist ihnen sehr wichtig. Was nicht bedeutet, dass die komplette erste Mannschaft schon als Junioren für den Klub spielte. Existiert ein Mangel an Perspektive, muss man die Qualität hinzukaufen. Auch eine exzellente Nachwuchsarbeit ist vor Dellen nicht gefeit. Beim Hinzukaufen ist man auf ein sehr gutes Scouting angewiesen. Denn Fehleinkäufe kommen diesen Klubs teurer zu stehen als dem FC Bayern. Sie zeitigen Folgen, die manchmal deutlich über eine Saison hinausreichen. Der ideale Trainer ist für diese Klubs einer, der sich als Entwickler versteht und innovativ ist. Der Begriff „Ausbildungsverein" wird heute allerdings etwas inflationär gebraucht. Manchmal hat man den Eindruck: Bis auf die Bayern ist jeder ein „Ausbildungsverein".

KAPITEL 15

Fußball in der Krise?

„Mehr als die Vergangenheit interessiert mich die Zukunft, denn in ihr gedenke ich zu leben."

ALBERT EINSTEIN

Kann man eigentlich aus der Krise der Traditionsklubs schließen, dass der Fußball insgesamt in der Krise steckt? Haben wir nicht vielmehr gesehen, dass die Bundesliga bis zum Beginn der Corona-Pandemie stetig gewachsen ist, ja viele Jahre boomte und ständig neue Rekordergebnisse verkündete? Die Stadien waren voll, das TV-Geld sprudelte, das Spiel auf dem Platz war und ist dynamisch und medial perfekt inszeniert.

Tatsächlich sind Klubs wie Werder für *ihre* Krise auch selbst verantwortlich. Es liegt nicht nur an veränderten Umständen. Auch „das böse Geld, das man selbst nicht hat", ist nicht *allein* schuld an ihrer Lage. Vor allem aber: Es hilft kein Jammern.

Warum haben wir trotzdem das Gefühl, dass etwas nicht stimmt mit dem Fußball? Es ist inzwischen auch mehr als nur ein Gefühl. Der Fußball hat *Fieber* – oder zumindest erhöhte Temperatur. Wir müssen auf den Fußball aufpassen, wenn er das bleiben soll, was er war und ist: der populärste Sport auf der Welt, ein Spiel, das Menschen überall verbinden kann, weil sie seine Regeln verstehen, weil es sie emotional berührt und begeistert. Es gibt nicht zu leugnende Symptome. Die Integrität des Wettbewerbs, ein bedeutendes Fundament in jedem Sport, ist gestört. Ebenso die Identifikation der Fans mit ihrem Sport, manche sprechen gar von Entfremdung. Außerdem wird die Schere zwischen reich und arm immer größer, sie ist jetzt schon zu groß.

Wir werden uns nun diesen Problemen widmen, dabei aber den Fokus auf unser Hauptthema behalten: Was kann Werder tun, was können Traditionsklubs tun, um in der Zukunft in dem veränderten Umfeld der Bundesliga eine Nische zu finden und zu bestehen? Auch wenn sich nichts ändert an den Rahmenbedingungen oder alles sogar noch schlimmer wird.

Die „Fußball-Familie“ gibt es nicht mehr

Machen wir uns nichts vor: Die „Fußball-Familie“, die früher ganz oben mit ganz unten verband, gibt es nicht mehr. Es gibt nicht einmal eine „Fußball-Familie“ der Profivereine, wie die Diskussionen rund um Modelle für eine europäische Superliga dokumentieren.

Die Idee eine Superliga ist eigentlich sehr alt. Pläne für eine europäische Liga lagen bereits in der Wiege des europäischen Wettbewerbs. Der in der Saison 1955/56 erstmals ausgespielte Europapokal der Landesmeister war eine Idee einiger großer Klubs (namentlich Real Madrid) und der französischen Fachzeitschrift *L'Équipe* gewesen und war zunächst als Liga gedacht, nicht als K.-o.-Wettbewerb. 1972 forderte der damalige Bayern-Boss Wilhelm Neudecker eine Europaliga, weil sein Verein ansonsten nicht dauerhaft mit Klubs wie Ajax Amsterdam konkurrieren könne. Ende der 1980er Jahre drückte vor allem Milan-Boss Silvio Berlusconi diesbezüglich auf die Tube. Seither wurde jede Reform des Europapokals bzw. der mit der Saison 1992/93 eingeführten Champions League mit der Drohung einer solchen Liga durchgesetzt. Bei so ziemlich jedem Verteilungskampf in der Bundesliga erklärte der FC Bayern, er müsse allein schon deshalb das größte Stück vom Kuchen bekommen, damit er in Europa konkurrenzfähig bleibe – natürlich im Interesse der gesamten Liga, ja, des deutschen Fußballs. Falls man ihm das größte Stück verweigere, müsse der Klub leider in eine Europaliga flüchten.

2003 erklärte Uli Hoeneß, dass das Projekt einer Europaliga interessant werde, wenn aufgrund der wirtschaftlichen Situation in der Bundesliga die Kluft zwischen Spitzenvereinen und „dem Rest“ zu groß geworden sei. 2016 hielt Karl-Heinz Rummenigge es für möglich, „dass man in Zukunft eine europäische Liga gründet, in der die großen Teams aus Italien, Deutschland, England, Spanien und Frankreich spielen“. Das jüngste Projekt einer Superliga scheiterte an einem dilettantischen Vorgehen, einer noch zu starken UEFA, am Protest der Fans sowie an den politischen Widersprüchen zwischen Saudi-Arabien, Katar, den Vereinigten Arabischen Emiraten und Russland, wichtigen Finanziers des europäischen Spitzenfußballs.

Die Champions League markierte nie einen Endzustand. Sie war (und ist) lediglich ein Kompromiss zwischen dem alten System und einer Europaliga – mit einem immer stärkeren Zug in Richtung einer geschlossenen Gesellschaft und Liga. Auch die Champions League ist längst eine Zwei-Klassen-Gesellschaft, bei der man sich die Vorrunde weitgehend sparen könnte.

Im Windschatten der Empörung über die Superliga wurde fast reibungslos eine Reform der „Königsklasse" beschlossen. Ab 2024 sollen 36 statt 32 Mannschaften teilnehmen und in einer Gesamttabelle geführt werden. Jedes Team soll dann zehn Spiele bestreiten anstatt sechs wie bisher. Die ersten acht der Tabelle sind für das Achtelfinale qualifiziert, die Plätze neun bis 24 sollen in einer Zwischenrunde spielen. Das neue Format verspricht den Teilnehmern also mehr Spiele und folglich höhere Einnahmen. Außerdem sollen sich Mannschaften künftig zum ersten Mal notfalls durch einen Fünf-Jahres-Koeffizienten qualifizieren können, wenn in der heimischen Liga die vorausgegangene Saison daneben ging. Die Reform ist ein großer Schritt in Richtung einer europäischen Liga.

Jakob Böllhoff spricht in der *Frankfurter Rundschau* von einer „verkleideten Super League". Die großen Profiteure sind die Vereine, die die meisten Champions-League-Teilnahmen verbuchen können, eben die ganz großen Klubs. Der *Guardian* ermittelte: Würde West Ham United sich für die Champions League qualifizieren, würde der Klub von den TV-Geldern gerade einmal vier Prozent bekommen von dem, was Chelsea kassiert. Böllhoff konstatiert die Existenz eines Closed-Shop-Prinzips.

Durch die Champions League wurde auch in den nationalen Ligen die Tendenz zur Zweiklassengesellschaft verstärkt, da die europäische „Königsklasse" ihren Teilnehmern erhebliche Zusatzeinnahmen verschaffte. Gleichzeitig mussten die Champions-League-Klubs sich teure und große Kader zulegen, um sowohl im nationalen wie im internationalen Rahmen zu bestehen. Dass der Deutsche Meister seit 2013 ununterbrochen Bayern München hieß und Borussia Dortmund – mit Ausnahme einer Saison – mindestens Vierter wurde, war auch, wenn nicht wesentlich, eine Folge der Gelddruckmaschine Champions League.

Bei diesem Thema weiterhin wie das Kaninchen auf die Schlange zu starren, bringt Traditionsklubs wie Werder keinen Zentimeter weiter. Stattdessen sollte man den Fußball auch jenseits der Mega-Klubs denken – also den Worst Case antizipieren und sich für diesen gedanklich und konzeptionell rüsten. Die europäische Super League würde nicht das Ende der nationalen Wettbewerbe wie der Bundesliga bedeuten. Wichtig wäre allerdings, dass eine saubere Trennung stattfände, dass es kein „sowohl als auch", sondern nur ein „entweder oder" gäbe.

Das bedeutet, die Top-Klubs, die in der Super League spielen würden, müssten tatsächlich den nationalen Wettbewerb verlassen. Aber eine Bundesliga ohne Bayern und Dortmund? Wäre das wirklich vorstellbar? Vielleicht auch noch ohne Leipzig und einen weiteren Verein? Könnte die Bundesliga trotzdem weiter existieren und erfolgreich und attraktiv sein? Die Autoren beantworten diese Frage definitiv mit Ja! Es würden genügend Vereine „übrigbleiben", die für einen spannenden und attraktiven Wettbewerb sorgen könnten – gerade in den Stadien als Live-Erlebnis, denn die Super League wäre wohl vor allem eine „Media-Liga".

Natürlich würde einer Bundesliga ohne die Bayern und den BVB viel Geld fehlen, und wir wollen sie auch nicht herbeireden. Aber Profifußball würde dort nach wie vor gespielt. Das Bosman-Urteil von 1995 war ein besonders schwerer Schlag und eine riesige Herausforderung für den niederländischen Fußball, der damals mit Ajax Amsterdam das Topteam in Europa stellte. Bis dahin hatten die niederländischen Klubs den Europapokal der Landesmeister bzw. die Champions League häufiger gewonnen als die deutschen. Aber der niederländische Profifußball hat das Urteil finanziell überlebt. Hier wird weiterhin Profifußball gespielt, und auch auf der europäischen Bühne können niederländische Klubs, vornehmlich Ajax, manchmal reüssieren.

Um nicht missverstanden zu werden: Wir sind sicher keine Fans einer Super League. Aber wir finden die Angst vor ihr zumindest teilweise unbegründet und meinen, dass sich niemand von ihr lähmen oder erpressen lassen sollte. Und: Je mehr man über einen Fußball jenseits der Mega-Klubs nachdenkt und entsprechende Pläne entwirft, desto weniger erpressbar ist man.

Wir sind sicher, dass sich viele Fans für eine Bundesliga auch ohne die aktuellen Spitzenvereine entscheiden würden. Der nationale Wettbewerb könnte wieder ausgeglichener und spannender werden.

Umso wichtiger ist es, aufzupassen, dass man bei der Verhinderung der Super League nicht die Champions League in die völlig falsche Richtung „entwickelt". Denn damit wäre nichts gewonnen – im Gegenteil.

Nie mehr Meister?

Dr. Florian Weiß wurde im September 2021 als neues Mitglied in den Aufsichtsrat von Werder Bremen gewählt. In seinem Vorstellungsinterview in der *Deichstube* erzählte er die Geschichte, wie sein Sohn, der gerade eingeschult wurde, ihm die Frage stellte, wann denn sein SV Werder wieder Deutscher Meister werden würde. Der leichtsinnige Vater versprach ihm, dass das passieren solle, solange er zur Schule gehe. Florian Weiß ist kein Fantast, sondern ein erfolgreicher Unternehmer. Er weiß, dass er seinen Sohn enttäuschen könnte, ist aber der Meinung: „Langfristig den Glauben zu haben, dass Werder wieder ein Top-Klub sein kann, das halte ich für elementar."

Als wir im Herbst 2021 den Titel für dieses Buch diskutierten, lag auch der Vorschlag „Nie wieder Deutscher Meister!" auf dem Tisch. Und als Werder holprig in die Saison 2021/22 startete, beschrieb Axel Hellmann, Vorstandssprecher von Eintracht Frankfurt, die Probleme und den Standort des Bundesligaabsteigers wie folgt: „Die Erwartungshaltung, mit der Werder immer konfrontiert wird, ist die Zeit 2004. Das spürt man. Aber Werder kämpft heute als Klub in einer strukturschwachen Region um einen Mittelfeldplatz, um das Etablieren in der Bundesliga. Das ist die Rolle. Werder Bremen wird kein Klub sein, der jemals wieder um die Deutsche Meisterschaft mitspielt. Genauso wenig wie Eintracht Frankfurt. Das muss man akzeptieren. Und nur wenn man das akzeptiert, findet man seinen Platz, und dann hören diese Aufgeregtheiten auf, die ein Umfeld immer wieder vorantreibt."

Wer hat Recht? Kann Werder irgendwann noch mal Deutscher Meister werden? Oder Frankfurt? Stuttgart, Köln? Oder soll man sich tatsächlich für immer von dieser Hoffnung verabschieden, den Fans reinen Wein einschenken und aufhören zu träumen?

Unsere Antwort lautet: Werder kann nicht mehr Meister werden. Es sei denn, etwas Dramatisches passiert: Die Super League kommt, einschließlich des Ausscheidens von Bayern und anderen aus der Bundesliga, oder die 50+1-Regel fällt, und Werder findet einen finanzstarken Investor, der den finanziellen Abstand zu den Topadressen deutlich verkürzt. Oder es geschieht ein Wunder. Oder alles zusammen.

Start with „Why?“

Im Grunde ist das aber auch nicht die entscheidende Frage. Es war zu allen Zeiten ungewöhnlich, dass Werder in der Spitze der Bundesliga mitspielte, vielleicht am wenigsten bei der ersten Meisterschaft 1965, schon sehr außergewöhnlich in den 1980ern und 1990ern und (falls es diesen Komparativ gibt) noch außergewöhnlicher im ersten Jahrzehnt der 2000er. In Zukunft scheint es *unmöglich*. Aber soll man deshalb aufhören mitzuspielen und auch ein bisschen zu träumen? Natürlich nicht! Die Herausforderung für Werder und andere Traditionsvereine besteht aus unserer Sicht darin, sich so zu definieren, dass die Sympathie zum Verein nicht primär am Gewinn von Titeln hängt.

Welchen Sinn gebe ich meinem Verein? Wie schaffe ich es, positive Aufmerksamkeit und Identifikation zu mobilisieren, auch wenn es sehr unwahrscheinlich ist, in der Bundesliga im oberen Drittel zu landen, und selbst ein Abstieg in die zweite Liga nicht ausgeschlossen werden kann. Was unterscheidet mich von anderen Vereinen? Warum soll sich der Spieler, der Fan, der Sponsor, der Investor für mich entscheiden?

Im Kern geht es um die Frage: Warum existieren wir als Verein? Der Autor und Unternehmensberater Simon Sinek formuliert in seinem Konzept vom „Golden Circle“, dass die besten Organisationen zuerst diese Frage nach dem „Warum?“ stellen und sich erst danach mit dem „Wie?“ und dem „Was?“ beschäftigen. Jeder Fußballverein weiß, *was* er tut, nämlich Fußballspiele organisieren und Produkte, die daraus resultieren, vermarkten. Fast alle beschäftigen sich natürlich auch damit, *wie* sie es tun, wie sie sich von anderen Klubs differenzieren, mit welcher Strategie und mit welchem Team sie erfolgreich sein wollen. Aber nur ganz selten fragt man nach dem „Warum?“.

Egal ob man es nun mit Anglizismen als „Reason Why“ oder als „Purpose“ bezeichnet oder deutsche Begriffe wie „Haltung“, „Werte“ und „Sinn“ bevorzugt – gerade für Traditionsklubs wie Werder ist die Beschäftigung mit den Fragen nach dem „Warum?“ und dann auch dem „Wie?“ von größter Bedeutung. Findet man auf diese Fragen überzeugende Antworten, lebt diese nach innen und kommuniziert sie anschaulich und glaubwürdig nach außen, dann kann es gelingen, dass sich Spieler, Mitarbeiterinnen und Mitarbeiter, Fans und Sponsoren mit dem Klub identifizieren – auch in sportlich schwierigen Zeiten. So könnten die Traditionsklubs auch in der Zukunft ihren Platz im harten Wettbewerb der Bundesliga finden.

Zur Bedeutung der eigenen Haltung und der gelebten Werte schrieb Tim Jürgens nach Werders Abstieg im Magazin *11 Freunde*: „Werder darf, wenn es langfristig im deutschen Fußball eine Rolle spielen will, seine Identität nicht weiter aufs Spiel setzen, die dem Klub jahrzehntelang weit über die Bremer Stadtgrenzen hinaus Sympathien eingebracht hat. Der Verein muss wieder Vertrauen in die handelnden Personen fassen, sonst werden sich Menschen abwenden. Und dann droht Werder langfristig im Meer jener gefallenen Traditionsklubs abzutauchen, die verzweifelt nach jedem Grashalm gegriffen haben, um an alte Erfolge anzuknüpfen, und dabei ihre ursprünglichen Werte aus den Augen verloren haben."

DIETRICH: Ich stimme Tim Jürgens zu. Werder darf seine Werte nicht aufgeben, sonst verliert man seine Identität. Für mich als Außenstehenden war Werders familiärer Charakter stets das erste, was mir bei diesem Verein einfiel. Ist die „Werder-Familie" eure Antwort auf das „Warum?"

MARCO: Für mich persönlich ist das so. Die Werder-Familie steht für Zusammenhalt hier in Bremen und für eine besondere Atmosphäre im Klub, für gegenseitiges Vertrauen, wo auch Fehler passieren können, und wo man offen und ehrlich miteinander kommuniziert. Im Grunde gilt das genauso für erfolgreiche Teams. Für mich ist das nach wie vor etwas, was Werder auch in Zukunft brauchen wird.

DIETRICH: Du hast in deiner Rede bei der Mitgliederversammlung ja auch gesagt, dass dir im Leben niemand einreden könne, dass die Werder-Familie etwas Schlechtes sei.

Ich glaube ebenfalls, dass die Kritik an der Werder-Familie zu kurz gegriffen ist. Die Alternative wäre vermutlich Orientierungslosigkeit. Und es gibt doch auch die „Bayern-Familie", die „Freiburg-Familie" und seit der letzten Saison wieder die „Mainz-Familie". Wenn's um die Erfolge, Stabilität und Kontinuität dieser Klubs geht, wird stets auf die „Familie" verwiesen.

Ich fand ganz interessant, was Thomas Schaaf im Gespräch mit uns über die Werder-Familie erzählte: „Wir waren ja keine Familie in dem Sinne, dass wir gesagt haben: Wir wohnen alle in einem Haus. Wir waren insofern eine Familie, dass wir in all den Jahren immer aufeinander aufgepasst haben. Wir waren nicht immer ein Team, aber es gab immer Gruppierungen, die für das Gesamtgebilde gesorgt haben, auf dieses geachtet haben." Und bezogen auf die heutige Situation: „Wenn du deine Identität verlierst, bist du einer von vielen – und schon bist du raus. Du musst in unserer Zeit für bestimmte Werte stehen. Die Leute müssen wissen, was macht der Verein, wofür steht er."

Werder ist viele Jahre bestens damit gefahren, eine „Familie" zu sein. Gegen diese Konstruktion ist auch nichts einzuwenden, sofern wir es nicht mit einem geschlossenen und selbstgefälligen Klüngel zu tun haben, der nicht bereit ist, sein Handeln in regelmäßigen Abständen auf den Prüfstand zu stellen – nicht um Köpfe rollen zu lassen, sondern um sich als Familie weiterzuentwickeln. Der familiäre Charakter beinhaltet eine Reihe von Vorteilen: Man erlebt weniger böse Überraschungen, weil man die Akteure kennt, die man mit Aufgaben und Verantwortung betraut. Und die Akteure kennen den Verein. Die Identifikation mit dem Projekt ist hoch, der Wohlfühlfaktor ebenfalls. Bei Spielern sagt man, sie würden ihren besten Fußball dort spielen, wo sie sich am wohlsten fühlen. Für Funktionäre und Mitarbeiter gilt dies wahrscheinlich auch.

MARCO: Natürlich sind Werderaner wie Thomas Schaaf, Frank Baumann, Mirko Votava, Thomas Wolter, Christian Brand und auch ich damit erfolgreich gewesen, und man muss aufpassen, dass es nicht nur Nostalgie ist. Wie du es sagst: Die Familie muss offen bleiben, attraktiv für Menschen, die in sie „hineinheiraten" möchten. So wie sich die Familie in der Gesellschaft verändert hat, muss sie sich auch im Fußball verändern. Auch in Richtung Diversität. Schon in den letzten Jahren waren wir nicht mehr die „patriarchalische" Werder-Familie von Otto Rehhagel und Willi Lemke, sondern mein Bild war immer das einer bunten Patchwork-Familie, in der viele Einflüsse zugelassen werden.

Aber: Fragen wir Per Mertesacker, Naldo, Ailton, Micoud oder Diego nach der schönsten Zeit in ihrer Karriere ... ich glaube kein Werder-Fan braucht Angst vor ihrer Antwort zu haben!

DIETRICH: Okay. Familiär ist sicher ein Wert, den viele mit dem Klub verbinden. Welche anderen Werder-Werte siehst du noch?

MARCO: Für mich gehört zu Werder, dass wir (soziale) Verantwortung für die Gesellschaft übernehmen, dass wir mutig, kreativ und weltoffen sind. Attribute, die ich gerne verwende, sind: menschenfreundlich, beherzt und einfallsreich. Wenn man „einfallsreich" ins Englische übersetzt, heißt das übrigens „resourceful". In der englischsprachigen Version unserer Markenpositionierung stand schon seit langer Zeit, dass wir der „Resourceful Challenger" sein wollten, der „einfallsreiche Herausforderer". Im Grunde finde ich das immer noch ein gutes Statement – „aus wenig viel machen", hat man das nicht auch immer mit uns verbunden?

Und wenn man dann noch berücksichtigt, dass fast jeder Klub, auch Werder, fest in seiner Region verwurzelt ist, wir sprechen hier oben sogar vom „Werderland" – dann fallen mir immer ein paar Dinge ein, die gut zu Werder, aber auch gut zu Bremen passen: Die „Bremer Stadtmusikanten" zum Beispiel, die sich als Team oder Patchwork-Familie beherzt gegen das Böse stemmten. Oder der Leitsatz der Bremer Kaufleute, welcher seit 1899 am Rundbogen des „Schütting", der Bremer Handelskammer am Marktplatz, eingemeißelt ist: „buten un binnen, wagen und winnen". Muss ich das übersetzen? Verrückt: 1899 ist sogar das Gründungsjahr von Werder!

Neue (sportliche) Ziele

Werder Bremen hat sich seit Beginn des Jahres 2021 intensiv mit einem neuen Strategieprozess beschäftigt. In Anlehnung an den zeitlichen Horizont, den man betrachten wollte, nannte man die überarbeitete Strategie „Spielplan 2025". Auch Marco war bis zu seinem Ausscheiden im Oktober 2021 daran beteiligt. Am Anfang stand dabei die Auseinandersetzung mit der eigenen Haltung und den Werten, für die Werder in Zukunft stehen sollte. Im nächsten Schritt beschäftigte man sich dann mit den zukünftigen Ambitionen des Klubs, seiner Vision und den daraus resultierenden Zielen.

Die zwei Ziele „Sportlicher Erfolg“ und „Wirtschaftliche Stabilität“, die wir schon in früheren Kapiteln beleuchtet haben, werden immer wichtige Ziele bleiben. Aber Werders strategischer Lenkungskreis definierte auch neue Ziele, die über die üblichen und bisherigen hinausgehen sollten. So unterschied man im „Spielplan 2025“ zwischen sogenannten „notwendigen“ Zielen, eben den erwähnten herkömmlichen, die auch weiterhin (für alle Klubs) gelten, und „differenzierenden“ Zielen, die das Potenzial haben, sich von anderen Klubs zu unterscheiden.

Letztere wurden als „weiche Ziele“ formuliert, die das bisherige Kerngeschäft erweitern: „Durch den Sport Fans begeistern und berühren“, „Menschen dabei helfen, ihr volles Potenzial auszuschöpfen“, egal ob es um Spielerinnen und Spieler, um Mitarbeiterinnen und Mitarbeiter oder um Kinder in sozialen Projekten geht, und als Verein „gesellschaftliche Verantwortung übernehmen“.

Machen wir uns nichts vor, die Überschriften werden bei einigen anderen Vereinen ebenso vorkommen. Alle reden von Nachhaltigkeit, guter Ausbildung und sozialem Engagement. Bleibt es bei den Überschriften, wird es nicht gelingen, daraus eine besondere Stärke zu entwickeln. Es wird darauf ankommen, wie authentisch und ehrlich diese Ziele verfolgt und welche konkreten Maßnahmen umgesetzt werden.

Das Neue an der Herangehensweise im „Spielplan 2025“ ist auch die Methode, den strategischen Zielen messbare Ergebnisse zuzuordnen, sogenannte OKRs (Objektive Key Results), die dann viel kurzfristiger betrachtet werden als die strategischen Ziele. Agilität und transparente Kommunikation über die Fortschritte, die Erfolge und Fehler sind dabei erfolgskritisch. Diese Herangehensweise gestattet nicht nur eine schnelle Fehlerkorrektur, sondern auch kurzfristige Abweichungen vom Weg, wenn das notwendig erscheint. Stets mit dem Ziel, so schnell wie möglich auf den vereinbarten Weg zurückzukehren.

Nach dem Abstieg ist vor dem Wiederaufstieg

Wenn ein Klub wie Werder absteigt, will man natürlich so schnell wie möglich in die Bundesliga zurückkehren. Es war ehrlich und realistisch, dass sich Werder zu Beginn der Saison 2021/22 trotzdem zurückhaltend gab. Nach dem Umbruch im Kader und mit dem neuen Trainer Markus Anfang musste man, unabhängig von der späteren Impfpass-Affäre, davon ausgehen, dass es einige Zeit benötigen würde, sich zu sortieren. Deshalb sprach man von Wiederaufbau anstatt von Wiederaufstieg. Auch kann man auf unterschiedliche Weise wieder aufsteigen: Im „Hauruckverfahren", was auf Kosten der Schaffung eines stabilen Fundaments geht, einige Baustellen unbearbeitet lässt, vielleicht sogar noch neue weitere hinzufügt (z. B. Schulden); oder „organisch", was den Vorteil hat, dass man nach dem Aufstieg an das nächste Kapitel gehen bzw. eine Entwicklung fortschreiben kann. „Organisch" ist vor allem dann angesagt, wenn der Abstieg nicht nur ein Betriebsunfall war.

Außerdem war die zweite Liga noch nie so hochklassig besetzt wie in der Saison 2021/22. Ein sofortiger Aufstieg war definitiv nicht selbstverständlich. Natürlich hielt das die üblichen Verdächtigen nicht davon ab, genau das von Werder zu fordern.

Aber was kommt danach – in der Bundesliga? Einfache, populistische Forderungen wie „Werder muss wieder zu alter Größe finden!", „Werder muss wieder ein Champions-League-Klub werden!" helfen wenig weiter. Sie verkennen, wie stark sich die Fußballwelt seit der letzten Teilnahme an der europäischen „Königsklasse" verändert hat. Im schlimmsten Fall bewirken sie genau das Gegenteil von dem, was man sich wünscht: Verschuldung, Orientierungslosigkeit und eine Fortsetzung des sportlichen Absturzes.

Trotzdem braucht es natürlich sportliche Ambitionen und Ideen, wie man die Wahrscheinlichkeit, in der Bundesliga nachhaltig zu bestehen, erhöhen und hochhalten kann. Wir haben gesehen, dass die Unsicherheit für die Mehrheit der Klubs in der Bundesliga sehr groß ist. Zwischen dem Kampf um europäische Plätze und Abstiegskampf und sogar dem Abstieg ist alles möglich. Deshalb wäre unser Vorschlag, sportliche Ziele unabhängig vom Tabellenplatz zu formulieren. Das bedeutet, sich mehr mit der *Leistung* als mit dem *Erfolg* zu beschäftigen, denn die eigene Leistung kann man beeinflussen. Der Erfolg hängt dagegen noch von vielen anderen Faktoren ab – u. a. von der Performance von 17 Konkurrenten.

Wie kann man die eigene Leistung angemessen bewerten und messen? Natürlich wird es vor allem darum gehen, den beherzten und mutigen Werder-Fußball im Stadion erlebbar zu machen. Die Fans im Stadion haben meistens ein sehr gutes Gespür dafür, ob eine Mannschaft alles gibt, ihr Leistungspotenzial ausreizt, einen guten Team-Spirit zeigt und einen guten Plan verfolgt – unabhängig davon, welches Ergebnis am Ende auf der Anzeigetafel steht. Die Autoren meinen damit nicht, dass man sich komplett von einem ergebnisorientierten Matchplan verabschieden sollte. Selbstverständlich geht es darum, Spiele zu gewinnen. Was wir meinen, ist, wirklich darauf zu schauen wie die eigene Leistung war. Zu berücksichtigen, dass man trotz einer sehr guten Leistung auch verlieren kann – weil der Gegner (noch) besser war, weil durch eine Unaufmerksamkeit bei einer Standardsituation ein enges Spiel entschieden wurde, weil eine Schiedsrichterentscheidung spielentscheidend Einfluss genommen hat, oder sogar, weil der Zufall seine Finger im Spiel hatte. Und das Ganze natürlich auch umgekehrt. Man kann aufgrund all dieser Faktoren ein Spiel auch unverdient gewinnen.

Auch (Performance-) Daten können dabei helfen, die eigene Leistung realistisch einzuschätzen. Wie immer bei der Betrachtung von Daten kommt es aber darauf an, die richtigen Fragen zu stellen und die Daten richtig zu interpretieren. Passquote, Laufstrecke, Ballbesitz, selbst die Zweikampfquote oder die Torabschlüsse erzählen (allein) meistens nicht die ganze Wahrheit. Außerdem muss man die Daten auch in Beziehung zum Matchplan interpretieren. Spiele ich gegen Bayern München, werden die Ballbesitzphasen gering sein. Vielleicht ist das aber auch genau der Plan, eher auf schnelle Umschaltmomente und vertikale Pässe mit viel Risiko zu setzen. Es klingt paradox, aber die gleichen Daten können je nach Gegner und Matchplan völlig unterschiedliche Leistungen wiedergeben.

Blickt man auf eine ganze Saison, ist es im Sinne einer realistischen Betrachtung eine gute Idee, das erreichte Ergebnis in Relation zu den eigenen Möglichkeiten und denen der Konkurrenz zu setzen. Im „Spielplan 2025“ werden sportliche Ziele auch in Relation zu den finanziellen Möglichkeiten beschrieben. Das bedeutet, man betrachtet den Quotienten aus Kaderkosten und erreichter Punktzahl: Erreicht ein Klub A mit einem Kaderbudget von 60 Mio. Euro 45 Punkte, ergibt sich daraus, dass 1,33 Mio. Euro pro erreichtem Punkt aufgewendet wurden. Wenn Klub B mit 40 Mio. Euro Budget 40 Punkte erreicht, wurde mit einer Mio. Euro pro Punkt möglicherweise besser gearbeitet.

Natürlich können auch solche Modelle nur Hinweise zur eigenen Leistung liefern. Und man muss aufpassen, dass man nicht Äpfel mit Birnen vergleicht, denn der FC Bayern hat in der Saison 2019/20 wahrscheinlich mehr als 3,5 Mio. Euro pro Punkt aufgewendet. Dennoch zeugen die erreichten 82 Punkte und die 13 Punkte Abstand zum Zweiten Borussia Dortmund natürlich von einer grandiosen Saisonleistung.

Es sollte eine ganzheitliche Betrachtung der eigenen Leistung sein, welche Intuition, das Gespür der Fans im Stadion und statistische Daten berücksichtigt. Eben nicht nur einfach eine Betrachtung des Tabellenplatzes und des nackten Spielergebnisses.

Eine interessante Überlegung kommt in diesem Zusammenhang von Andreas Rettig, ehemals Chef der DFL, und Oliver Leki, Finanzvorstand in Freiburg. Sie schlagen vor, dass der erwähnte Quotient auch bei der Verteilung der Mediaerlöse berücksichtigt werden sollte. „Wir dürfen nicht nur nach dem Tabellenplatz schauen, nicht nur danach, welche Mannschaften oben stehen", fordert Rettig. „Wir müssen fragen, wie viel Kapital für welche Punkteausbeute eingesetzt wird. Ich sage ganz klar: Leistung muss sich lohnen. Und damit meine ich nicht die Leistung, wer am meisten Geld einsammelt. Trainerarbeit, Managerarbeit, das muss stärker belohnt werden. Es bräuchte also eine Kennziffer, die anzeigt, was ein Punkt kostet. Dann würde übrigens wirklich jeder Punkt zählen."

Bundesliga an der Spitze nicht mehr spannend

Welche Konsequenzen haben die zu großen Unterschiede der wirtschaftlichen Handlungsspielräume der Klubs? Seit der Saison 2012/13 heißt der Meister stets Bayern München. Woran liegt das? Natürlich an der Stärke der Bayern und an der guten Arbeit, die in München im vergangenen Jahrzehnt geleistet wurde. Aber auch das stimmt: Die Korrelation zwischen Geld und Erfolg wird immer stärker, da die finanzielle Kluft zu den allermeisten „normalen" Klubs ein Ausmaß angenommen hat, dass selbst extrem kluge Entscheidungen den sportlichen Abstand nur eingeschränkt verringern können.

In einem einzelnen Spiel ist im Fußball nichts unmöglich, das hat in der Saison 2021/22 der 4:2-Sieg des Aufsteigers VfL Bochum gegen Bayern München gezeigt. Wir haben es schon gesagt: Fußball ist ein „low scoring game", deshalb sind Überraschungen durch starke Leistungen von Außenseitern häufiger als zum Beispiel im Handball. Auf lange Sicht über eine ganze Saison aber schafften es zuletzt nicht mal der BVB oder RB Leipzig, den Bayern die Meisterschaft abzuluchsen. Die größeren finanziellen Möglichkeiten der Bayern sind nicht der einzige Grund, aber sie sind *ein* Grund für ihren Sonderstatus. Bei den Herausforderern muss am Transfermarkt und bei der Trainerentscheidung alles passen, die Bayern können Fehleinschätzungen besser verkraften.

Vor der Pandemie lagen die Bayern bei einem Jahresumsatz von ungefähr einer Dreiviertelmilliarde Euro. Der erste Verfolger Borussia Dortmund erreichte mit etwas weniger als 500 Mio. Euro Umsatz einen beeindruckenden Wert, aber eben doch mehr als 250 Mio. weniger als der Konkurrent im Süden. Muss dieser Unterschied im Umsatz und daraus resultierende Unterschiede von vermutlich fast 100 Mio. Euro geringeren Kaderkosten immer den Unterschied bei der Meisterschaft ausmachen? Eher nein, aber der Herausforderer ist auf Fehler des Favoriten angewiesen und da boten die Bayern wenig Angriffsfläche.

Wenn man dann noch die Unterschiede zwischen Bayern und zum Beispiel Borussia Mönchengladbach betrachtet, die in der letzten Saison vor Corona mit 200 Mio. Euro ein absolutes Rekordjahr hatten, dann wird klar, dass schon viel zusammenkommen muss, wenn sich die „kleine Borussia" gegen Bayern durchsetzen will.

Trotzdem halten wir es nicht für völlig ausgeschlossen, dass in nicht so ferner Zukunft jemand anderes als die Bayern Meister werden kann. Nach der Generation Neuer, Müller, Lewandowski (auf dem Platz) und Hoeneß/ Rummenigge (im Vorstand) muss sich erst wieder ein Team mit ähnlicher Konstanz entwickeln. Und schließlich gibt es ja immer noch die Regression zur Mitte, auf die alle Nicht-Bayern-Fans hoffen können.

Die Bayern verstoßen nicht gegen irgendwelche Regeln und haben sich ihren Vorteil auch nicht mit unlauteren Mitteln verschafft. Sie akzeptieren 50+1 und beachten die Financial-Fair-Play-Regeln der UEFA. Dagegen verstoßen ganz andere. Im Grunde ist Bayern München der gesündeste, organisch gewachsene Klub der Welt.

Den Verteilerschlüssel reformieren!

Wollen wir den Bayern etwas wegnehmen? Dürfen wir einfach so die Regeln verändern, nur damit jemand anders Meister werden kann?

Die Regeln bei der Verteilung der Mediaerlöse fördern, dass die Schere immer weiter auseinander geht. Die sportlich erfolgreichsten Klubs, die in der Champions League spielen, bekommen aus dem internationalen, aber auch aus dem nationalen Topf überproportional viel Geld. Ist das gerecht? Warum muss das so sein? Schaffen nicht alle Klubs der Liga gemeinsam etwas, das sich vermarkten lässt? Reicht es nicht, dass die Top-Klubs in Europa extra verdienen?

Bis in die 1990er Jahre hinein gab es in der Bundesliga tatsächlich eine paritätische Verteilung der TV-Gelder. Erst dann wurden die Regeln auf Druck der Top-Klubs geändert, und mit stark steigenden Gesamterlösen gewannen sie immer mehr an Relevanz. Warum nicht zurück zur ursprünglichen Regelung? Dass die absoluten Zahlen damals deutlich niedriger waren, ist eher ein Argument dafür als dagegen. Denn in den letzten 20 Jahren sind die Erlöse der Liga so sehr gestiegen, dass der veränderte Verteilerschlüssel die Stärkeren überproportional profitieren lässt und die Schwächeren immer mehr den Anschluss verloren haben. „Ja, wir bekommen mehr, aber die anderen bekommen *mehr* mehr!", hat es Heribert Bruchhagen auf den Punkt gebracht. Er prophezeite schon vor langer Zeit, dass die zunehmenden Mediaerlöse und die daraus resultierende Spreizung der Spieleretats der Attraktivität der Liga schaden könnte. „Inzwischen setzt sich die Erkenntnis durch, dass die wirtschaftlichen Unterschiede die Bundesliga gefährden können."

Auch die Autoren kommen zu dem Schluss, dass die Verteilung der Mediaerlöse, so wie sie in den vergangenen 20 Jahren vonstatten ging, eine Fehlentwicklung des Wettbewerbs in der Bundesliga bewirkte.

Welche Korrekturen sind realistisch? Ein Zurückgehen auf die ursprüngliche paritätische Verteilung? Das wäre vermutlich die beste Idee. Für den Fall, dass die Gegenwehr zu stark wäre, machen wir einen Kompromissvorschlag. Unser veränderter Verteilungsschlüssel soll einfach sein, die Spreizung reduzieren und maximal begrenzen und so zu einer „gerechteren" Lösung führen.

Reformvorschlag zur Verteilung der Mediaerlöse

Unser Vorschlag bezieht sich hier auf die Bundesliga, die zweite Liga könnte dann analog betrachtet werden. Alle Mediaerlöse werden zwischen der 1. und 2. Bundesliga mit einer Verteilung von 80:20 aufgeteilt. Die beiden „Töpfe“ der Bundesligavermarktung „national“ und „international“ werden zu einem Topf zusammengelegt. Sportliche „3-Jahres-Wertung“, über die Verteilung entscheiden also in einer Gewichtung 3:2:1 die Tabellenplätze der vergangenen drei Jahre, die vorherige also mit 50 Prozent.
Der Letztplatzierte erhält 4,5 Prozent der Gesamtsumme. Der jeweils besser Platzierte erhält 0,1 Prozent mehr. Der Erstplatzierte erhält dann folglich 6,2 Prozent, was circa dem 1,4-fachen des Letztplatzierten entspricht. Bei einer zu verteilenden Gesamtsumme von 1 Milliarde Euro entspricht 0,1 Prozent genau 1 Mio. Euro, das heißt der letzte würde 45 Mio., der erste 62 Mio. Euro erhalten.
Von den übrig bleibenden 3,7 Prozent geht 1 Prozent an Common Goal[14], die übrigen 2,7 Prozent verbleiben zunächst als „Krisenfonds“ bei der DFL und können bei Nichtverwendung nach vier Jahren (paritätisch) ausgeschüttet werden.
Eine Verteilung der Mediaerlöse wie von uns vorgeschlagen könnte das „Leistungsprinzip“ erhalten, aber dafür sorgen, dass die Unterschiede nicht so groß bleiben wie bisher. Es wäre aus unserer Sicht ein Schritt in die richtige Richtung, auch wenn dieser *allein* nicht viel ändern würde.

50+1 und Financial Fairplay

Nun zu zwei weiteren Regeln, die zur Gerechtigkeit in der Liga beitragen könnten: der 50+1-Regel und dem Financial Fairplay (FFP).

50+1 ist zu einer Symbolfrage geworden, zum Ausweis für einen letzten Rest von Demokratie und Mitsprache im Fußball. Als Beispiel dafür, was die Abschaffung positiv bewirken würde, wird häufig auf die Premier League verwiesen. Ende der 1980er/Anfang der 1990er

14 Common Goal: „Football for Good“-Initiative, bei der Spieler, Trainer, Klubs und die „Fußball-Industrie“ 1 Prozent ihres Gehalts, oder ihrer Ticketeinnahmen oder ihres Umsatzes für soziale Fußballprojekte spenden. (www.common-goal.org)

galten in England Manchester United, Liverpool, Everton, Tottenham und Arsenal als die „big five". Mit Roman Abramowitschs Ankunft in London, in dessen Gefolge weitere ausländische Investoren kamen, änderte sich dies. Die Premier League startete mit der Saison 1992/93. Im Zeitraum 1992/93 bis 2003/04 hieß der Meister achtmal Manchester United. Die anderen Meister waren Arsenal, das zweimal den Titel holte, und einmal Blackburn Rovers – dank erheblicher Investitionen des Stahlindustriellen Jack Walker. United mit seiner schon damals globalen Gefolgschaft (auch dank der irischen Emigration) war für die neue Liga einfach am besten aufgestellt.

Im Zeitraum 2004/05 bis 2020/21 gab es dann fünf unterschiedliche Meister: Chelsea, United, Manchester City, Leicester City und FC Liverpool. Die erfolgreichsten Klubs waren Chelsea und Manchester City mit jeweils fünf Titeln – zwei Klubs, die noch nicht zu den „big five" gehört hatten. In naher Zukunft könnte auch noch Newcastle United zu den Titelklubs hinzustoßen, da die Magpies von einem saudischen Staatsfonds erworben wurden.

Zwischen den Klubs gibt es gewaltige Unterschiede: Manchester City, im Besitz der Abu Dhabi Investment Group, und Newcastle United sind „state owned clubs", die nicht wirtschaftlich funktionieren müssen. Bei der Kaderplanung muss man nicht aufs Geld schauen. Chelsea ist eher ein Mäzen-Klub, Liverpool und Manchester United sind Sportunternehmen.

Die deutsche 50+1-Regel gilt aber auch nicht für alle Klubs. Es gibt Ausnahmeregelungen (und Umgehungsmöglichkeiten), aus denen einige einen Vorteil ziehen können. Das hat auch das Bundeskartellamt im Mai 2021 so bestätigt: „Wenn einigen Klubs größere Möglichkeiten zur Einwerbung von Eigenkapital zur Verfügung stehen als anderen, dürfte dies nicht zur Ausgeglichenheit des sportlichen Wettbewerbs beitragen, sondern ihn eher verzerren." Die Regel selbst, die immer wieder auch prinzipiell in Frage gestellt wird, hält das Kartellamt „unter bestimmten Umständen" für zulässig. Noch einmal: Nicht so die Sonderregelungen: „Vereinsgeprägte und Investoren-finanzierte Klubs treten nebeneinander an", kritisiert die Behörde in ihrer Bewertung. Dies habe auch „einen Wettbewerbsnachteil für die von der Ausnahme nicht profitierenden Klubs zur Folge".

In einer Stellungnahme im November 2021 machte allerdings die DFL deutlich, dass sie das anders sieht und sowohl die Regel selbst als auch die Ausnahmen für gerechtfertigt hält.

Würde die Abschaffung von 50+1 in der Bundesliga tatsächlich für einen offeneren Wettbewerb sorgen? Würden sich Investoren nicht zu allererst auf den FC Bayern und den BVB stürzen? Oder würde die Aufhebung von 50+1 nur alle Boote heben – bei Beibehaltung der alten Differenzen? Und ist es nicht so, siehe England, dass die Abschaffung von 50+1 lediglich die Zusammensetzung der Spitzengruppe ändern würde, die Liga aber trotzdem eine Zwei-, Drei-Klassengesellschaft bliebe?

Die Hoffnung lautet wohl auch: Die Investoren sind besonders an Traditionsklubs interessiert – auch wenn diese sportlich schwächeln und in der Tabelle von überperformenden Regional-Klubs überholt wurden. Denn Traditionsklubs verfügen über eine große Reichweite – anders als Hoffenheim oder Wolfsburg, aber auch Freiburg oder Mainz. Mit Hilfe der Investoren gehen die Traditionsklubs dann auf die Überholspur und verweisen die Regionalmarken wieder in die zweite Reihe.

Wir würden 50+1 begrüßen – wenn es für alle gälte. Dies ist aber eben nicht der Fall. Diesen Konflikt muss man auflösen. Wir müssen uns entscheiden. Entweder gilt 50+1 für alle – also ohne Ausnahmen – oder für niemanden. Die jetzige Situation ist ungerecht. Gerade unter Corona-Bedingungen war eine Handvoll Klubs in einer völlig anderen Situation als der Rest. Nicht, weil sie einen tollen Job gemacht hätten, sondern weil sie eine besondere Gesellschaftsstruktur haben. So hoffen wir auf einen Sieg des Bundeskartellamts im Entscheidungsspiel mit der DFL.

Beim FFP gilt die Regel nur für europäisch spielende Klubs, also bisher nicht auf nationaler Ebene – und zudem wird sie von der UEFA nicht stringent durchgesetzt, sondern eher immer weiter „aufgeweicht". Davon profitieren in Europa vor allem die neuen „Superreichen" wie Paris Saint-Germain, Manchester City und demnächst wohl Newcastle United, nicht zufällig jene Klubs, die von staatlichen Strukturen unterstützt werden, die völlig unabhängig von wirtschaftlichen Zielen agieren (können).

Dass auf Initiative der European Club Association (ECA) das FFP ersetzt werden soll durch das sogenannte Financial Sustainability (FS, finanzielle Nachhaltigkeit), ändert aus Sicht der Autoren nichts an der grundlegenden Herausforderung, völlig unterschiedlich ausgestattete Klubs in einem möglichst gerechten Wettbewerb zu organisieren.

Ob bei FS oder FFP – es sollte gelten, dass die Regel wirklich durchgesetzt und zudem auf nationaler Ebene eingeführt wird. So richtig optimistisch sind wir aber in beiden Fällen nicht!

KAPITEL 16

Blick in die Zukunft

„Aberglaube bringt Unglück."

RAYMOND SMULLYAN

Es war bei Werder Bremen in den vergangenen Jahren eine gute Tradition, dass sich Aufsichtsrat und Geschäftsführung im Sommer-Trainingslager im Zillertal in einem Workshop über strategische Themen austauschten, die in normalen Sitzungen eher untergehen, weil andere, „harte" Themen wichtiger erscheinen.

Zu dem Workshop im Sommer 2018 lud Werder auf Marcos Initiative hin einen Gast ein, der ein Projekt vorstellte, das etwas sehr Ungewöhnliches und Neues im Fußball darstellte: Der Gast hieß Tom Vernon und das Projekt war „Right to Dream" (R2D).

Tom Vernon, in den 1990er Jahren als Scout von Manchester United in Westafrika aktiv, gründete 1999 in Ghana das Projekt „Right to Dream", eine anfangs noch kleine, privat geführte Fußball-Akademie in Afrika, die heute eine weltweite Reichweite hat. Toms Traum war und ist, durch Fußball und Bildung Kindern eine ganzheitliche Entwicklung zu ermöglichen, die ihnen erlaubt, ihr volles Potenzial als Mensch und Fußballer auszuschöpfen.

Inzwischen gehört zu dem R2D-Netzwerk auch der dänische Erstligist FC Nordsjælland samt Akademie. 2013 hatte Tom Vernon den Klub mehrheitlich übernommen. Im Grunde hatte ein afrikanisches „Non-Profit-Business" einen europäischen Fußballklub gekauft. Im vergangenen Jahr verkündete R2D dann die Partnerschaft mit der weltweit tätigen Mansour Familie, die mehr als 100 Mio. Euro in R2D investierte. Große Teile der Investition sollen in eine neue Akademie in Ägypten fließen.

Nicht alles an R2D muss man kritiklos gut finden. Es gab in der „Wachstumsphase" eine zweifelhafte, inzwischen beendete Vereinbarung mit Manchester City bzw. der „City Football Group", und tatsächlich müssen die Kinder in Ghana in einem sehr frühen Alter ihre Familien verlassen. Auch ist das Business-Modell natürlich in gewisser

Weise auf die Erzielung von Transfererlösen ausgerichtet: Talente aus den Akademien in Afrika machen in Dänemark einen „Zwischenschritt“ in ihrer Entwicklung, und die besten von ihnen sind dann sehr attraktiv für den europäischen Transfermarkt. Manche Kritiker sehen darin „modernen Menschenhandel“.

Eine neue Zutat

Auf der anderen Seite ist die Idee, die „Entwicklung“ von Fußballern ganzheitlicher zu betrachten und nicht ausschließlich auf die fußballerische Ausbildung zu reduzieren, sondern die Talente zuallererst als Menschen zu sehen, äußerst spannend. Eine solche „neue Zutat“ in der Talentförderung, die Betonung von Menschlichkeit und ganzheitlicher Entwicklung und andererseits der „Football for Good“-Gedanke, könnte ein Differenzierungsmerkmal im Wettbewerb sein.

Eine pädagogische Begleitung und auch die Vermittlung gewisser (Persönlichkeits-) Werte gehören ja auch schon lange zur Ausbildungsphilosophie im Werder-Leistungszentrum. Werder war, wie der SC Freiburg, früh ein Klub, der tatsächlich zurecht von einer Philosophie sprechen durfte, und viele Werder-Stammspieler sind aus der eigenen Struktur hervorgegangen: von Thomas Schaaf, Dieter Eilts, Simon Rolfes bis hin zu Maxi Eggestein oder aktuell Nick Woltemade, Jean-Manuel Mbom und Eren Dinkci.

Derzeit betonen viele Klubs die Notwendigkeit einer guten Nachwuchspolitik. Fußballerische Ausbildung leistet jeder von ihnen, auch eine Kooperationsschule muss jedes Bundesliga-NLZ nachweisen.

Das LZ – mehr als die Basis

In Sachen Infrastruktur sind die großen Klubs deutlich besser aufgestellt als Werder. Natürlich kann eine gute Infrastruktur helfen. Aber die Entwicklung von Spielern und Menschen erfolgt nicht primär über gute Rasenplätze, schicke Sporthallen und großzügige Umkleideräume. Die Infrastruktur ist nicht das A und O bei der Ausbildung von Talenten. Eine extrem gediegene Infrastruktur kann auch einen unerwünschten Verwöhnungseffekt zur Folge haben. In erster Linie geht es um die inhaltliche Ausrichtung, um die Strategie eines Klubs.

Jedes NLZ sollte deshalb seine eigene Note haben, seinen eigenen Charakter. Dies gilt auch für das von Werder, das im Übrigen Leistungszentrum (LZ) heißt – und nicht wie bei den allermeisten anderen Profivereinen Nachwuchsleistungszentrum. Ein Spieler muss sich für Werder entscheiden, weil das grün-weiße LZ inhaltlich seinen Vorstellungen am meisten entspricht und ihm dessen Akzentsetzung in der Ausbildung, die ganzheitliche Herangehensweise gefällt. Auch wenn es für die große Profikarriere eines Tages nicht reicht, muss er mit der Gewissheit dort Fußball spielen, dass er dieses LZ mit einem Gewinn verlassen wird – nicht nur mit einem sportlichen Profit.

Eine solche Herangehensweise, auch die Persönlichkeit und die sozial-emotionale Intelligenz der Spielerinnen und Spieler zu entwickeln, um so eine positive Wechselwirkung mit der Gesellschaft zu ermöglichen, könnte eine Besonderheit von Werder sein. Und gerade weil Werder schon ein gutes Stück auf diesem Weg gegangen ist, könnte eine konsequente Fortsetzung sinnvoll sein.

Mehr regional, weniger global

Als Alex Ferguson Manchester United übernahm, stand ganz oben auf der Agenda die Nachwuchsarbeit des Klubs. Uniteds große Tradition, junge Spieler zu fördern, war komplett eingeschlafen. Fergusons erste Maßnahme bestand nun darin, das Scouting im Raum Manchester zu intensivieren: „Wir waren davon überzeugt, dass da genügend talentierte Kicker unterwegs waren", sagt Fergusons damaliger Assistent Archibald Knox. „Wir wollten diese Rohdiamanten, die im Idealfall auch noch United-Fans waren, als Erste finden." Mit seiner berühmten „Class of 92", bestehend aus David Beckham, Ryan Giggs, Paul Scholes, Nicky Butt und den Brüdern Gary und Phil Neville, dominierten sie die 1990er und gewannen 1999 das Triple.

Ajax Amsterdam scoutet intensiv in einem 50-Kilometer-Radius in und um Amsterdam. Hier schaut man sich vor allem Kicker im Alter von sieben bis zwölf Jahren an. Allerdings wohnen hier erheblich mehr Menschen als in Bremen und im 50-Kilometer-Radius rund um die Hansestadt. Bei den älteren Jahrgängen ist Ajax auch in Dänemark und Schweden unterwegs – also in Ländern, die in der internationalen Fußballhierarchie etwas unterhalb der Niederlande einzuordnen sind, die aber im Ruf stehen, dass dort ebenfalls gut ausgebildet wird. Das Gros der Nachwuchsspieler kommt jedoch aus Amsterdam und Umgebung.

Jeder kennt auch das „baskische Prinzip“ beim Athletic Club aus Bilbao, wo ausschließlich Basken im Kader stehen, oder Spieler, die von baskischen Klubs ausgebildet wurden. Mit dieser Politik kann der Klub zwar nicht die Dominanz von Real, Barça und Atlético sprengen, aber sie reicht für eine gute Rolle in der spanischen Liga. Bei den bislang 117 Auflagen des spanischen Pokalfinales war Athletic 41-mal dabei. Die Basken konnten sich auch wiederholt für die Europa League qualifizieren – 2011/12 erreichte man hier sogar das Finale, 2015/16 immerhin das Viertelfinale. Der Schlüssel zum Erfolg ist eine sehr intensive und inhaltlich exzellente Nachwuchsarbeit.

Vielleicht noch interessanter ist das Beispiel Island. Die Gesamtbevölkerung dieses Inselstaates in Nordeuropa beträgt weniger als 350.000 Menschen, weniger als die Stadt Bremen an Einwohnern hat. Trotzdem können sie in vielen Sportarten mithalten, inzwischen auch im Fußball. Woran liegt das? Wahrscheinlich daran, dass in Island Talente nicht so leicht verlorengehen, übersehen oder nicht entwickelt werden.

Außerdem wurde seit mehr als 20 Jahren zunehmend in eine moderne Infrastruktur, die ein ganzjähriges Fußballspiel ermöglicht, aber auch in gut ausgebildete Jugendtrainer investiert. Letztlich mag dann noch dazukommen, dass man isländischen Sportlern nachsagt, die richtige Mentalität mitzubringen, keine Angst zu haben. Wenn man ein Klischee bedienen will, nennt man es wohl „Wikinger-Mentalität“. Natürlich ist es extrem schwer, konstant gegen die großen Nationen zu bestehen, aber es gibt inzwischen schon einige Highlights in der isländischen Fußballhistorie: den 2:1-Sieg gegen England im Achtelfinale der EM 2016 und die WM-Teilnahme zwei Jahre später. Im Hinblick auf die Bevölkerungsgröße ist Island der „kleinste“ WM-Teilnehmer aller Zeiten.

In Deutschland und anderen großen Fußballnationen werden Spieler viel leichter aussortiert, weil vermutlich vor allem der Ist-Zustand betrachtet wird, und das Potenzial nicht genügend Aufmerksamkeit erhält. Manchmal vielleicht auch, weil der „relative Alterseffekt“ übersehen wird. Das meint, dass sich im Jugendalter vor allem die „akzelerierten“, die früh entwickelten, körperlich stärkeren Spieler durchsetzen. Und das sind natürlich häufig die, die im ersten Quartal des Jahres geboren wurden. In der Pubertät kann der (biologische)

Unterschied in der Entwicklung signifikant sein und noch weit über den kalendarischen Unterschied hinausgehen. „Nehmt die Schwachen, Kleinen und Langsamen" – so lautet der provokative Titel eines Artikels von Christian Dobrick auf *talentkritiker.de*.

Viele Klubs bedienen sich auch bei der Kaderbildung ihrer Nachwuchsteams auf dem internationalen Markt. Wenn hierzulande z. B. französische Nachwuchskräfte sehr begehrt sind, ist dies vielleicht auch ein Hinweis darauf, dass die französischen Akademien besser arbeiten als die eigenen. Es besteht die Gefahr, dass Ausbildung durch Transferpolitik ersetzt wird. Nicht jeder Profi-Debütant, der stolz als Eigengewächs präsentiert wird, ist tatsächlich ein Produkt der hauseigenen Akademie – eher schon ein Ergebnis guten Scoutings. Häufig hat er einen nicht unerheblichen Teil seiner Ausbildung bei einem anderen Verein genossen.

Klubs wie Werder sollten unserer Auffassung nach eher „isländisch" an die Talentförderung herangehen. Auch wenn es da draußen unendlich viele Talente geben mag, die man finden könnte, und nach denen man natürlich *auch* suchen sollte, macht es doch am meisten Sinn, zunächst im „Werderland" zu schauen, und die Talente, die man dort hat, besonders wertzuschätzen. Erst recht gilt das wohl für Metropolen wie Berlin oder Hamburg.

Einheitliche Spielphilosophie: Pro und Contra

In den letzten Jahren wurde viel über Ausbildungs- und Spielphilosophie geredet, wobei es sich um zwei unterschiedliche Dinge handelt. Als wünschenswert gilt eine einheitliche Spielphilosophie, ja sogar ein einheitliches Spielsystem von Nachwuchsmannschaften und Profis. Dies hat sicherlich seine Vorteile, aber man sollte hier nicht übertreiben. Natürlich sollte man Leitplanken setzen, aber nicht zu enge. Wollen wir wirklich, dass alle Nachwuchstrainer vom Typ her identisch sind und sich von dem, was ihnen fußballerisch vorschwebt, überhaupt nicht unterscheiden? Auf dem Spielfeld wollen wir doch auch unterschiedliche Typen sehen. Auch mit Blick auf die spätere Profikarriere kann es sinnvoll sein, wenn man nicht nur auf eine Art von Spielphilosophie, ein Spielsystem und einen Trainertyp geeicht ist. Ohnehin gibt es in Europa nur ganz wenige Vereine, von denen man behaupten kann, dass von den

Kleinsten bis zu den Profis Einheitlichkeit herrscht, dass Spielphilosophie und Spielsystem komplett identisch sind. Auch Athletic Bilbao hat zu unterschiedlichen Zeiten unterschiedlich gespielt. Christian Streichs SC Freiburg spielt zuweilen auch alles andere als Volker-Finke-Fußball. Trotzdem findet man im Spiel des Sportclubs immer Elemente, die „typisch Freiburg" sind. Und Spieler, denen man anmerkt, dass sie durch die Freiburger Fußballschule gegangen sind.

Es heißt immer, erst mit Louis van Gaal habe der FC Bayern eine Spielphilosophie erhalten. Richtig ist, dass der Niederländer dem Rekordmeister „Ballbesitzfußball" vermittelt hat. „Wir wollen immer dominant sein!", heißt es seither in München, wobei diese Dominanz von Trainer zu Trainer von unterschiedlicher Intensität ist. Aber ist es wirklich so, dass die Bayern damit eine unverrückbare Spielphilosophie verfolgen? Resultiert ihre Dominanz (und die damit verbundene hohe Ballbesitzquote) nicht einfach aus der Qualität des Kaders und dessen Überlegenheit in den meisten Spielen?

Strategischer Partner versus Finanzinvestor

„Kein Klub wird um die Frage herumkommen, sich mit einem Partner wirtschaftlich zu stabilisieren. Die reinen Vereinsmodelle werden keine Wettbewerbschance haben in Zukunft", meint Axel Hellmann, Vorstand von Eintracht Frankfurt. Ob Werder sich einen strategischen Partner zulegen soll, ist umstritten. Ein strategischer Partner bedeutet nicht automatisch, dass dieser das Sagen hat. Er darf so viele Anteile an der Kapitalgesellschaft kaufen wie er will, aber er darf nicht bestimmen. Die Mehrheit der Stimmen muss beim Mutterverein liegen.

Bislang sind die Erfahrungen mit Investoren allerdings sehr durchwachsen, was auch daran liegen dürfte, dass sie sich manchmal zu stark und ohne Fachkenntnisse ins sportliche Geschehen einmischten und häufig im Eiltempo ihr Ziel erreichen wollten: siehe Kühne (Hamburger SV), Windhorst (Hertha BSC), Ponomarev (Uerdingen), Ismaik (1860 München) und Kivran (Türkgücü München).

Die Autoren sind davon überzeugt, dass ein x-beliebiger Investor kaum hilft, vielleicht sogar eher neue Probleme mit sich bringt. Was Werder nicht gebrauchen kann, ist ein reiner Finanzinvestor. Wie Andreas Rettig sind wir der Meinung: „Investoren sind immer willkommen, solange sie die sozialen, kulturellen und wirtschaftlichen Wurzeln respektieren. Sie sollten die Herzen der Fans erreichen und nicht nur deren Portemonnaie."

Was Werder also nicht nur nicht ausschließen sollte, sondern aktiv forcieren, ist die Suche nach einem „strategischen Partner", der ein Ausbildungskonzept, wie wir es skizziert haben, durch finanzielle Mittel unterstützt. Der Partner muss die Werte und die Vision von Werder teilen und mit dem Klub weiterentwickeln. Partner, Klub und Mitglieder müssen sich auf einen langfristigen Weg verständigen.

Der strategische Partner sollte die Eigenkapitalausstattung von Werder verbessern und darüber hinaus in das Ausbildungskonzept und dessen Infrastruktur investieren. Kurzfristige Investitionen in den Profikader sind natürlich nicht ausgeschlossen, aber „Investitionen in Steine und Ideen", beispielsweise in Form eines „Sport-Campus", wären mittel- und langfristig wichtiger. Wünschenswert wäre es, in diese Campus-Idee auch den Mädchen-Fußball viel stärker zu integrieren als bisher und dazu möglicherweise auch noch Spitzensportler und Trainer aus anderen Sportarten, um wechselseitig von der jeweiligen Expertise profitieren zu können. So könnte sich daraus ein Zukunftsprojekt für Werder, andere „Sport-Akteure" in Bremen und das ganze Werderland entwickeln.

Die Frage ist natürlich, ob ein solcher Partner irgendwo da draußen existiert. Vermutlich wären Gesamtinvestitionen von mindestens 50 Mio. Euro notwendig, um einen solchen Weg seriös zu beginnen (noch mehr, um ihn nachhaltig zu verfolgen). Auch wenn natürlich Konditionen frei verhandelbar sind, würde der Investor dafür vermutlich einen Anteil von ungefähr 20 Prozent an der KG erhalten können. Gibt es tatsächlich einen Investor, der über die notwendige Kraft verfügt und dazu bereit wäre, gemeinsam mit Werder das Thema „ganzheitliche Bildung" anzugehen? Ist Werder noch attraktiv genug? Und kann ein solches Projekt funktionieren?

Wir meinen, dass das sehr wohl realistisch ist. Werder ist auch durch den Abstieg nicht verschwunden, sondern immer noch ein bekannter und beliebter Fußballklub, der als sympathisch wahrgenommen wird und für positive Werte steht. Der Fußball-Finanzexperte Prof. Henning Zülch ist der Auffassung, dass „die Marke Werder immer noch stark und auch international sichtbar (ist), wenngleich sie durch den sportlichen Misserfolg der letzten Jahre und den letztlichen Abstieg natürlich gelitten hat. Die aktuelle Studie von *Brand Finance*, die wir als sehr relevant ansehen, führt Werder in den Top 50 der europäischen Fußball-Marken. Auf Platz 47 liegt Werder direkt hinter Olympique Marseille und vor Celtic Glasgow."

Außerdem glauben wir, dass immer mehr global orientierte Unternehmen (das können trotzdem regionale Unternehmen sein) nach jungen Talenten suchen, die neben fachlichen Fähigkeiten auch über vielfältige „Life Skills" verfügen, also kognitive, emotionale und soziale Fertigkeiten, die man zum Beispiel im Fußball erlernen kann. Vermutlich wäre der strategische Partner nicht *ein* Unternehmen, sondern eine Gruppe von Unternehmen oder Einzelpersonen, die sich als Team in einem solchen Projekt engagieren könnten. Dieses Team von Partnern würde in Werder mehr sehen als nur einen Fußball- oder Sportverein. Im Vordergrund stünde der gemeinsame „Purpose", die Ausbildung und Entwicklung von Talenten, um ihnen zu ermöglichen, etwas Sinnhaftes für ihr Leben zu erreichen, im Fußball und Sport, aber auch daneben oder danach.

„Imagine Werder"

Mag sein, dass wir im Folgenden zu viel träumen. Vielleicht. Aber wie schon John Lennon sang: „You may say I'm a dreamer ... but I'm not the only one!" Wir glauben, dass Klubs wie Werder Bremen eine besondere Erzählung brauchen, um für Investoren attraktiv zu sein. Eine Erzählung, die nicht nur von sportlichem Erfolg handelt, sondern eine, die auch dann noch gilt und erlebbar ist, wenn es mal gegen den Abstieg geht, oder man sich sogar in der zweiten Liga wiederfindet.

Als die Autoren mit dem Verlag über einen Titel diskutierten, hatten wir auch die Idee, das Buch „Imagine" zu nennen. Das Buch hat dann einen etwas anderen Schwerpunkt erhalten, aber wenn es um die Zukunftsperspektive der Traditionsklubs geht, braucht es nach unserer Auffassung eben auch eine große Portion Fantasie! Tradition und die Erfolge von früher müssen keine Belastung sein, aber Tradition allein wird nicht reichen, um in Zukunft *besonders* zu sein. Und um in Zukunft Tore zu schießen.

Machen wir zum Abschluss dieses Buches also ein kleines Gedankenexperiment und versuchen uns ein Werder Bremen in fünf bis zehn Jahren vorzustellen.

September 2030. Einige junge Sportlerinnen und Sportler sitzen in der Nachmittagssonne im Café des „Campus 4", das im vergangenen Jahr gebaut wurde. Aber erst mit der Eröffnung des Internats vor vier Wochen wurde es so richtig zum Leben erweckt. Jetzt wohnen hier an der Galopprennbahn 40 Athleten im Alter von 15 bis 20 Jahren aus acht verschiedenen Sportarten, zur Hälfte Fußballerinnen und Fußballer.

Mit dem „Campus 4" ist ein Ort entstanden, an dem sich alles um Sport, Bildung und Innovation dreht. Im Zentrum steht ein kleines Fußballstadion für 4.000 Besucher, in dem das Frauen-Bundesligateam spielt, wenn es nicht im Weserstadion antritt, genauso wie die U23.

Alle beteiligten Sportvereine des „Campus 4" haben immer noch ihre heimatlichen Sportstätten, so wie Werder in der Pauliner Marsch, aber hier in der Vahr ist ein wunderbarer Ort der Begegnung entstanden, von dem alle profitieren werden. Und für die Stadt Bremen, die sich immer mehr als innovative „menschliche Großstadt" positioniert, bedeutet die sich toll entwickelnde Galopprennbahn, nach Überseestadt, Tabakquartier und Überseeinsel ein weiteres spannendes Quartier.

Auch der SV Werder Bremen stellt den Menschen und das Thema Persönlichkeitsentwicklung immer mehr in den Mittelpunkt. Die Strategie SPIELPLAN 2025, die schon im Abstiegsjahr 2020/21 entwickelt wurde, formulierte die Ziele, Menschen zu begeistern, Talente zu entwickeln und Verantwortung zu übernehmen – für Mitarbeiterinnen und Mitarbeiter aber auch für die Gesellschaft.

Natürlich blieb und bleibt wichtig, sportlich erfolgreich zu sein. Es geht auch darum, Ergebnisse zu erzielen, aber noch wichtiger ist, den Fans ein emotionales Erlebnis zu geben und auch die Werder-Werte zu leben. Und tatsächlich gelang das ja auch meistens in der Bundesliga, nachdem Werder unter dem Chef-Trainer Ole Werner wieder aufgestiegen war. Im Weserstadion wird seit Jahren wieder nachhaltig „Werder-Fußball" gespielt, beherzt, mutig und (wenn möglich) offensiv und erfolgreich.

Auch in den vergangenen Jahren gab es immer wieder mal schwierige Phasen zu überstehen, und es ist keine Selbstverständlichkeit, in der oberen Tabellenhälfte zu landen. Deshalb war es umso schöner, dass es vor zwei Jahren trotzdem gelang, sich wieder für einen europäischen Wettbewerb zu qualifizieren. Die Spiele in der Europa League in der vergangenen Saison waren natürlich Highlights für die Fans. Aber niemand ging davon aus, dass es nun einfach immer so weitergehen würde.

Mit dem Einstieg der IMAGINE AG als strategischer Partner hatte sich Werder auch wirtschaftlich stabilisiert. Auf der Basis gemeinsamer Werte und dem strategischen Ziel, Talente ganzheitlich auszubilden, investierte Werder vor allem in seine Infrastruktur, zum Beispiel in das Projekt Campus 4, das in der Bundesliga einzigartig ist, gerade weil es nicht nur auf (männlichen) Fußball ausgerichtet ist. Für Werder bietet der Campus 4 in Kombination mit der außergewöhnlichen Ausbildungsphilosophie definitiv eine Chance, im Kampf um die besten Talente attraktiv zu sein, auch wenn andere über größere finanzielle Möglichkeiten verfügen.

Dass schon in den vergangenen Jahren die Durchlässigkeit aus dem LZ, in das Profiteam der Männer immer besser wurde, soll nur der Anfang gewesen sein. Trotzdem hält Werder weiter an einer „hybriden" Kaderplanung fest und wird auch künftig immer mal wieder auch den einen oder anderen Potenzialspieler oder auch einen gestandenen Spieler von außen holen.

Auch die Entscheidung, Frauenfußball neu zu denken, war zweifellos ein Meilenstein für Werder. Es stimmt, dass die Spielerinnen immer noch deutlich weniger verdienen als ihre männlichen Kollegen. Aber die Erkenntnis, dass es nicht um gleiche Bezahlung, sondern zuerst um gleiche Wertschätzung geht, kam einem Paradigmenwechsel gleich. Dass jetzt im Internat Spielerinnen und Spieler zusammen unter einem Dach wohnen, dass in bestimmten Feldern nicht nebeneinander sondern miteinander trainiert wird, und dass die Vereins-Ressourcen von allen genutzt werden, hat viel verändert – und den Männerfußball nicht gebremst sondern bereichert.

Ein weiterer wichtiger Gedanke des ganzheitlichen Ausbildungskonzepts sind die Kooperationen mit internationalen Universitäten und Colleges in inzwischen sechs verschiedenen Ländern. Talente, die es bei Werder nicht in die Profikader schaffen, haben die Möglichkeit, einen anderen, trotzdem sportnahen Weg zu gehen. Auch sie tragen ein positives Bild von Werder in die Welt. Und manche von ihnen werden sicher zurückfinden nach Bremen und in die Werder-Welt.

Durch die neue, klare Strategie und ein sehr positives, menschenfreundliches Image gelang es Werder nach und nach neben klassischen Sponsoren auch „Purpose"-getriebene Partnerschaften zu Unternehmen zu entwickeln, von denen manche in der strategischen Partnerschaft der IMAGINE AG mündeten. Die unterschiedlichen Kompetenzen, die die Unternehmen und Persönlichkeiten dort einbringen, haben geholfen, Sport, Bildung und Innovation stimmig miteinander zu verbinden.

In Deutschland steht Werder nun noch mehr für eine Haltung. Werder engagiert sich als Klub für mehr Gerechtigkeit im Fußball und für einen Ausgleich zwischen den finanziell starken und schwächeren Vereinen. Außerdem ist Werder international populär als „Common Goal Club" und wichtiger Akteur im wachsenden „Football-for-Good"-Netzwerk.

Insgesamt hat der SV Werder mehr Stabilität gewonnen, sportlich und finanziell. Aber vor allem ist es gelungen, sich mehr und mehr unabhängig zu machen von reinen Ergebnissen. Werder ist ein Leuchtturm in der Region und bedeutet den Menschen viel. Diese Identifikation hängt nicht an sportlichen Ergebnissen, sondern basiert auf weicheren Faktoren und Werten.

Die Erfolge der Vergangenheit aus den 1990ern und 2000ern konnten nicht mehr erreicht werden, aber sie bleiben im kollektiven Gedächtnis der Werder-Familie. Eine Belastung sind diese Erfolge nicht mehr … eher eine schöne Erinnerung.

Tradition schießt nach wie vor keine Tore … aber jetzt wenigstens auch keine Eigentore mehr!

Dank

Marco dankt seiner Familie für ihr Verständnis, vor allem während seiner Schreibblockaden. Dietrich dankt seiner Familie, die das mit dem Fußball jetzt seit 30 Jahren aushalten muss.

Wir beide danken allen unseren Gesprächspartnern für ihre Zeit und für die Bereitschaft, sich auf unsere Fragen einzulassen. Ein besonderer Dank geht an unsere drei Erstleser Thiemo Müller, Jan Christian Müller und Björn Knips für ihre konstruktiv-kritischen Hinweise sowie an Christoph Ruf und Christoph Schottes für das Lektorat.

April 2022, Bremen / Altenberge

Die Autoren

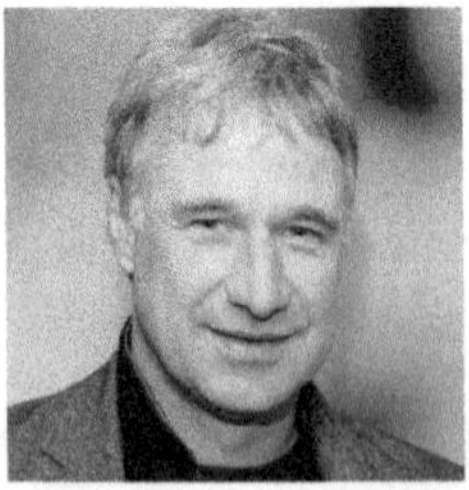

Marco Bode, gebürtig aus Osterode im Harz, hat seine gesamte Laufbahn als Profifußballer beim SV Werder Bremen verbracht. In 379 Bundesligaspielen kam er auf 101 Tore und war damit Rekordtorschütze des Vereins, bis er 2016 von Claudio Pizarro abgelöst wurde,. Als Nationalspieler wurde er 1996 Europameister und 2002 Vizeweltmeister. Im Aufsichtsrat von Werder Bremen seit 2012, übernahm er 2014 den Vorsitz. Nach dem Bundesligaabstieg 2021 trat er nicht mehr zur Wiederwahl an.

Marco Bode hat während seiner Profilaufbahn Mathematik und Philosophie studiert, aber nicht abgeschlossen. Nach dem Ende seiner Karriere hat er eine betriebswirtschaftliche Weiterbildung absolviert. Er lebt mit seiner Familie in Bremen.

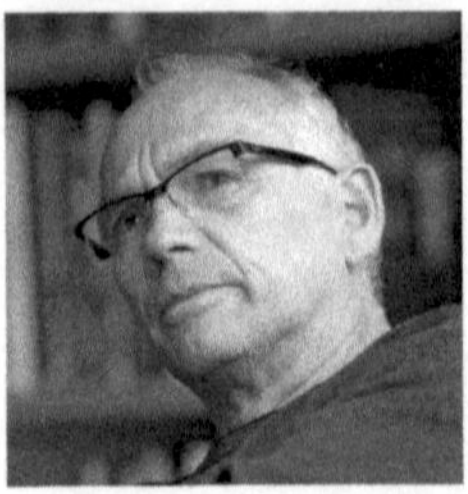

Dietrich Schulze-Marmeling zählt zu den bekanntesten Fußballautoren deutscher Sprache. Seit seinem Erstlingswerk „Der gezähmte Fußball", das 1992 erschien, hat er zahlreiche Spieler- und Trainer-Biografien (u. a. Cruyff, Neuer, Guardiola), Vereinsgeschichten (u. a. Borussia Dortmund, Bayern München, FC Liverpool) und Überblickswerke (u. a. „Das goldene Buch des deutschen Fußballs") verfasst. Er beschäftigt sich als Autor, aber auch als Vortragender, Kolumnist und Blogger mit den sozialen und politischen Aspekten des Fußballs, so etwa mit dem Fußball im Nationalsozialismus und mit den in Vergessenheit geratenen Beiträgen jüdischer Bürger zur Geschichte des Fußballs. Für seine Arbeit wurde er u. a. mit dem Preis für das „Fußballbuch des Jahres" ausgezeichnet.

Dietrich Schulze-Marmeling lebt mit seiner Familie in Altenberge bei Münster.